山东
1945

金延铭　编著

山东人民出版社

国家一级出版社 全国百佳图书出版单位

图书在版编目 (CIP) 数据

山东1945/金延铭编著. —济南：山东人民出版社，2015.8

ISBN 978-7-209-08874-9

Ⅰ.①山… Ⅱ.①金… Ⅲ.①抗日战争—史料—山东省—1945 Ⅳ.①K265.06

中国版本图书馆 CIP 数据核字（2015）第 180306号

山东 1945

金延铭 编著

主管部门　山东出版传媒股份有限公司
出版发行　山东人民出版社
社　　址　济南市胜利大街39号
邮　　编　250001
电　　话　总编室（0531）82098914
　　　　　市场部（0531）82098027
网　　址　http：//www.sd-book.com.cn
印　　装　山东良晨工贸有限公司
经　　销　新华书店

规　　格　16开（160mm×230mm）
印　　张　25.75
字　　数　240千字
版　　次　2015年8月第1版
印　　次　2015年8月第1次

ISBN 978-7-209-08874-9
定　　价　45.00 元
　　　　　　　如有印装质量问题，请与出版社总编室联系调换。

历史是最好的教科书

王军民

习近平总书记指出：历史是最好的教科书，也是最好的清醒剂。2015 年是中国人民抗日战争胜利 70 周年。纪念这个伟大的胜利，重温那段血与火的历史，能使我们加深对近现代中国国情和中国社会发展规律的认识，增强励精图治、奋发图强的历史使命感和责任感，自觉地按照历史规律和历史发展的辩证法办事，坚定不移地在党中央的领导下走中国特色社会主义道路。

山东人民具有光荣的革命传统。1921 年，王尽美、邓恩铭同志建立了济南共产党早期组织，参与了中国共产党的缔造过程，使山东成为中国共产党早期组织的发源地之一。从那时起，山东的党组织和广大党员带领山东人民为争取自由解放，进行了长期艰苦卓绝的斗争，谱写了可歌可泣的光辉历史篇章。

近代的中国，积弱积贫，苦难深重，成为帝国主义列强的刀下鱼肉。日本侵略者为了达到以武力占领中国的罪恶目的，继九一八事变后，于 1937 年 7 月 7 日制造了震惊中外的卢沟桥事变。中华民族到了最危险的时候，抗日战争全面爆发。面临民族危难，中国共产党挺身而出，呼吁建立以国共合作为基础的抗日民族统一战线，号召发动全民抗战、驱逐日寇。

平津沦陷后，日寇的铁蹄于 1937 年秋踏入山东。由于国民党军队弃战退逃，短短数月，山东国土大部沦于敌手。中共山东省委以民族兴亡为己任，领导各地党组织发动了一系列抗日武装起义，建立起共产党领导的抗日武装队伍。中共中央对山东抗战给予了极大关怀和正确指导，及时派来一批红军干部，帮助山东建立和领导抗日武装，开辟敌后战场。1939 年 3 月，陈光、罗荣桓率八路军一一五师师部和主力一部入鲁，大大增强了山东抗日武装力量。而国民党的正规军和省政府，却在抗战相持阶段扔下山东人民、放弃山东国土，躲到皖北。自此，中国共产党在山东独立担负起领导全省抗战大局的重任。

经过八年艰苦卓绝的奋斗，中国共产党与山东人民同心协力，粉碎了日伪军一次又一次的"扫荡"和"蚕食"，消解和击退了国民党顽固派制造的一次又一次政治摩擦和军事袭击，创建了一块又一块抗日根据地，解放了一片又一片沦陷的国土，使山东成为全国敌后抗日的重要战场。八年抗战，山东抗日根据地军民对敌作战 7.8 万多次，毙、伤、俘日伪军 53 万余人，创造了卓越的战绩。

日本宣布投降时，山东八路军部队发展到 27 万人，民兵 50 万人，自卫团 150 万人；解放区拥有 12.5 万余平方公里，2 400 余万人。除了少数几座大城市和铁路沿线，其他国土均已解放。山东的党组织，形成了从中共中央山东分局、各大战略区党委、地委、县委、直到基层党支部的组织体系，党员从抗战初期的 2 000 多名发展到 20 余万名。山东的抗日民主政权，在全国独树一帜，建立了第一个由共产党领导的省政府，并形成了从省政府、大战略区行署、地区专署、县政府，直到乡村政权的行政体系。

抗战胜利后，按照党中央的战略部署，山东八路军主力又挺进东北，开辟东北解放区。面对国民党在抗战胜利后返回山东抢夺胜利果实，聚集大军向山东解放区进攻的局面，山东军民又毫不犹豫地在共产党的领导下，投入到保卫和平、保卫民主、保卫解放区的新的斗争中去。

有关山东抗日战争的史料和书籍非常丰富，山东文史研究馆馆员金延铭同志从浩瀚的历史资料中整理编写的《山东1945》一书，以 1945 年抗战胜利前后为时间截点，记述了这一年在山东发生的重大历史事件，是一个比较简明也比较系统的读本。这本书记述了我们党、军队和山东人民的抗日功绩，使人们认识到我们党的伟大、人民军队的伟大、山东人民的伟大，还记述了美国作为二战时期的盟国，抗战胜利前后在山东的所作所为，有助于人们认识战后世界格局的形成乃至延续到今天的影响。这本书还用专门的篇章，记述了抗战胜利后，国民党为了抢夺山东抗战胜利果实，一方面与日伪合流，对付共产党和人民，一方面在内部争权夺利、贪污腐败成风，迅速失去民心的历史事实。这使我们更加深刻地体会到，毛泽东同志在党的七届二中全会上向全党同志提出"两个务必"的要求，对于共产党人在胜利面前保持清醒的头脑、经受住执政的考验，是多么重要。这本书值得大家一读。

对党的历史和革命斗争史进行回顾和总结，可以使我们更深刻地理解中国人民为什么会选择共产党来领导自己，更加深刻地理解今天我们在党中央领导下开创和发展中国特色社会主义的历史必然性。从而使我们更加坚定理想信念，倍加珍惜、始终坚持、不断发展中国特色社会主义道路、中国特色社会主义理论体系、中国特色社会主义制度，实现中华民族伟大复兴的"中国梦"！

2015 年 3 月

前　言

　　公元1945年的山东大地，上演了一幕幕风起云涌、波澜壮阔的历史大剧。

　　这一年，浴血奋战八年的山东抗日军民，终于迎来了敌寇败降、河山光复的胜利。

　　这一年，山东人民在抗日战争胜利后，面临着新的挑战和危机。

　　这一年，各种政治力量、军事力量在齐鲁大地上展开了错综复杂、纵横捭阖的交锋与斗争。

　　抗日战争的胜利是怎样得来的？是谁在山东团结和领导人民群众流血牺牲、坚持抗战直到胜利？抗战胜利时，山东为什么会有共产党和国民党各自领导的两个省政府？抗战胜利后，共产党和国民党在山东都做了些什么？山东人民为什么会拥护共产党和她领导的八路军？为什么不拥护当时所谓正统的国民党政府和"中央军"？这一切对后来解放战争中人民的抉择又有怎样的历史影响？这些问题，在对1945年的山东历史有了真实的了解后，会有一个客观的答案。

　　当我们已经进入新的世纪，抗日战争的烽火硝烟已经散去70年的今天，书报杂志上关于那段历史的各种揭秘、传说令人

1

眼花缭乱，良莠难辨。不过，历史就是历史，不是演义。每一段历史的大结局，都体现着历史的客观规律性。有一句名言：忘记了过去就意味着背叛。其实，真正严重的后果，是忘记历史上的经验教训，会使人们重犯已经发生过的历史错误，再次走上已经摆脱的苦难道路。

作者参阅了大量的文史资料，把 1945 年山东发生的历史事件，整理编写成了这本《山东1945》，是为了使今天的读者，能够了解山东抗日军民在中共中央山东分局、八路军山东军区的领导下，自 1945 年年初开始，从向日伪军展开局部反攻到组织五路大军全面大反攻，夺取山东抗战最后胜利的战斗历程；了解在抗战期间撤出山东的国民党山东省政府和国民党正规军，在抗战胜利后与日伪军合流回省内抢夺胜利果实，以及在接收日伪投降过程中内部争权夺利、钩心斗角、贪腐成风的历史事实；了解抗战胜利前后，美国盟军在山东的不同表现；了解山东军民按照中共中央的战略部署，派出主力部队挺进东北和为东北解放所做的贡献；了解这年年末，山东人民在新组建的中共中央华东局领导下，为保卫和平、保卫山东人民抗战胜利果实所做的努力。从而使今天的人们能够理解，为什么说在抗战胜利时处于弱小地位的中国共产党，在四年之后成为中国的执政党，是历史的选择、人民的选择。

在纪念抗日战争胜利 70 周年之际，谨以此书献给在抗日战争中牺牲的先烈、参战的勇士、受难的先辈！

金延铭

2015 年 3 月

目 录

第一章　报　晓

一、攻势 1944

1944 年 12 月 31 日，山东省莒南县西筵宾村。6 天前，八路军山东军区司令员罗荣桓的指挥机关从大坊前村移驻到这里。

第二天就是 1945 年的元旦。按照中国的农历，过了 1945 年的春节，就是鸡年。从七七事变算起，中国人民的抗日战争已经进入第八年。自 1939 年 3 月，陈光、罗荣桓率领八路军一一五师师部和主力一部进入山东，已有 6 年了。在经历了抗日战争艰苦的防御、相持阶段后，山东抗日军民在 1944 年对日伪军实行局部反攻，山东抗日根据地得到了很大的巩固和发展。作为中共中央山东分局书记、山东军区司令员兼政治委员、八路军一一五师政治委员兼代师长的罗荣桓，此时考虑的是如何在新的一年里对日伪军开展反攻作战，如何在鸡年里实现"雄鸡报晓迎天亮"。

罗荣桓的桌子上，放着山东军区司令部当天公布的 1944 年 1 月至 11 月的战绩。尽管已经是 1944 年的最后一天，由于战争环境所限，这份战绩是不完全的，不仅 12 月的战绩尚未统计进来，而且还缺了鲁南地方武装的战绩。不管怎么说，这份战绩的公布对全省抗日军民的士气将会有极大的鼓舞：这 11 个月里，在山东军区的作战范围内，粉碎了敌人千人以上战役性的"扫荡"49 次；敌人参加"扫荡"的总兵力达 11 万，时间达 261 天；我军进行主要战斗 3 500 多次，攻克文登、荣成、栖霞、利津、乐陵、南皮、临邑、沂水、莒县等 9 座县城及敌伪据点 765 处，迫退敌伪据点 500 余处，攻克碉堡 2 600 余座；歼灭日军 4 800 余人，占津浦路东山东日军的 1/6；歼灭伪军 54 000余人，争取伪军反正 142 起，11 000 余人，两者总计占津浦路东山东伪军的 44%；解放国土 44 000 余平方公里，村庄两万余个，人口 930 余万；现在八路军控制山东津浦路东面积 72%，控制海岸线 1 500 里。

山东军区 1944 年的攻势作战成绩是巨大的。发起攻势作战还要从国民党军队和省政府机关撤离山东说起。

1943 年 7 月初，国民党苏鲁战区司令于学忠率部西撤皖北，国民党山东省政府随战区司令部一起离去，躲到安徽阜阳。从此，山东的抗日战争重任全部落到了共产党和她领导的八路军身上。国民党军自 1939 年起控制了山东战略腹地沂鲁山区和五莲山区。日军对这两大山区一直蓄谋侵占。1943 年 1 月，国民党顽固派苏鲁战区新编第四师师长吴化文、新编第一师师长于怀安、鲁西保安司令部参谋长宁春霖，率部 4 万余人投敌；2 月，苏鲁战区第二纵队司令厉文礼于潍县率部投降日军，致使鲁山山区大部、沂山山区一部被日伪军控制。1943 年夏，蒋介石令李仙洲部入鲁接替于学忠部防务。由于李仙洲部被阻于微山湖西，一直未进入鲁中，于学忠不待李部接防便先期撤往皖北。6 月，苏鲁战区驻鲁南第一一二师副师长兼第三三四旅旅长荣子恒率部投敌；加上原驻五莲山区的国民党保安第二师师长张步云再次投敌，使位于诸（城）、日（照）、莒（县）的五莲山区也面临沦丧的危险。

能否抢先控制于学忠部撤离后的沂鲁山区和五莲山区，对于改变鲁中、滨海、胶东、清河抗日根据地被分割、封锁的状态，改善山东八路军的斗争地位，具有重大战略意义。中共山东分局和山东军区决心与日伪抢夺这两大山区。于学忠部撤离后，伪军吴化文、厉文礼、张步云及顽军张里元等部乘机袭击沂鲁山区和诸（城）、日（照）、莒（县）山区抗日武装，企图控制这一地区。中共中央山东分局、八路军山东军区及时部署反击。7 月上旬，鲁中军区一部沉重打击了伪军吴化文、厉文礼、张步云等部。滨海军区主力一部越过莒（县）日（照）公路，粉碎了日伪军的"扫荡"，全部控制了苏鲁战区孙焕彩部放弃的诸、日山区，顽军张里元部被迫西撤。7 月中旬，鲁中军区主力一部进入莒（县）、沂（水）、安（丘）边区，歼灭顽军秦启荣部大部、伪军厉文礼部 1 个团，同时粉碎了日伪军的"扫荡"，给伪军张步云部第五旅以毁灭性打击。8 月上旬，鲁中军区部队在滨海军区一部配合下，奇袭伪军厉文礼的司令部，歼其特务团大部，击毙藏匿在厉部的反共顽固分子秦启荣。接着，鲁中军区主力一部乘胜向盘踞鲁村一带的吴化文部发起第一次讨吴战役，歼敌 1 000 余人。至此，鲁中军区部队控制了沂山山区全部和鲁山山区一部，计 2 250 平方公里的广大地区。胶东军区第十四团一部跨过胶济铁路，进入藏马山区，开辟了诸（城）、胶（县）边游击区，首次打通了滨海区与胶东区的联系。

经过 1943 年 7、8 月份的作战，八路军控制了山东腹心地带战略要地的大部，解放村庄 300 多个，人口 30 余万。打通了鲁中与清河、滨海、胶东几个战略区的联系，极大地改善了山东八路军的战略地位，为 1944 年发起攻势作战奠定了基础。

1944 年 2 月，为了打通从中国东北到越南的大陆交通线，日本侵略军将山东战场的第三十二师团、独立第七混成旅团调往华南，山东只留第五十九师团、独立第五混成旅团、新编独立步兵第一旅团共 2.5 万人，驻山东日军数量降到抗战以来的最低点。由于战线绵长，兵力严重缺乏，山东日军一方面收缩防线，在山东的主要城镇、交通干线、工矿资源区配置 47 处重点，实施重点守备，以巩固其战略支撑点；一方面大量收编、扩充伪军，以巩固其对山东的侵略和控制。伪军多，是抗战时期山东战场的一个特点，到 1944 年 2 月底，山东伪军已增至 20 万人，为华北各省之冠，其大部分是由成建制投敌的国民党军队或委派人员编成。

中共中央山东分局、山东军区审时度势，抓住日军南调的有利时机，制订了 1944 年山东攻势作战的总的战略部署：完全控制沂鲁山区，扩大诸（城）、日（照）、莒（县）山区根据地，夺取深入解放区之孤立的日伪据点，扩大解放区，使胶济路南的三个战略区完全连成一片；向胶济路东段两侧地区发展，以打通和加强胶济路南北各战略区的联系；在胶济路北，彻底改变渤海区被封锁分割的局面，变游击区为根据地；进一步肃清胶东心腹地区的日伪势力，创造更有利的局面。依据这一战略部署，山东八路军和各地区的地方抗日武装在 1944 年的春、夏、秋、冬发起了四次连续的战略攻势，成为全国首个对日伪军进行全年局部反攻的大战略区。

春季攻势首先在滨海军区打响。1 月 21 日，八路军滨海军区部队在地方武装的配合下，拔除日（照）莒（县）公路上的重镇石沟崖的日伪据点，歼灭了汉奸惯匪朱信斋部，俘获朱信斋，扫除了滨海区中部与北部联系的障碍。1 月 29 日，是农历正月初五，朱信斋被公审处决，日照百姓谓之"杀猪（朱）过年"。接着，鲁南、胶东、渤海三个军区的部队先后袭占和逼撤了一批日伪据点，歼灭了数量不等的日伪军。

春季攻势的重点战役，是第三次讨伐伪"和平建国军"第三方面军的吴化文部。

在 1943 年 8 月第一次讨吴战役后，鲁中军区于同年 12 月 4 日发起了第二次讨吴战役。鲁中军区集中主力第一、第

二、第四团和基干武装第十一、第十二团共 5 个团的兵力，在地方武装和民兵的配合下，向盘踞鲁山以南东里店、大张庄、石桥地区的吴化文部发起进攻，经四个昼夜战斗，攻克东里店等 20 余处吴部据点，歼伪军 800 余人。战役结束后，山东军区指示鲁中军区，为坚持阵地，粉碎敌人的分割封锁，打通沂、鲁、泰、蒙各山区的联系，改善与清河区的交通，争取有利的反攻阵地，鲁中军区应准备于 1944 年春组织第三次讨吴战役。

当时，吴化文尚有兵力万余人，嫡系第六、第七两个军共 12 个团，用于一线者即 8 个团，纵深多为杂牌武装，防御正面大，空隙多，兵力分散。吴部盘踞的地区，北靠淄（川）、博（山），西通泰（安）、莱（芜），连接着胶济、津浦两条铁路，包围着泰山区，威胁着沂蒙区。

为了打好第三次讨吴战役，罗荣桓多次召集山东军区有关领导人反复分析研究敌情。1944 年 1 月，罗荣桓派参谋处长专程去鲁中军区，与鲁中军区司令员王建安、政治委员罗舜初一起制订具体作战方案。

3 月中下旬，由于日军调防、伪军整编，日伪部署较为混乱。鲁中军区于 3 月 25 日抓住有利时机，果断发起第三次讨吴战役。在王建安、罗舜初指挥下，以鲁中军区第一、第二、第四团和滨海军区第六团为东路梯队，担任主要突击任务；以鲁中军区第十一团及蒙阴独立营为南路梯队，鲁中军区第十二团为北路梯队，分别由南北两线攻击敌之两侧；以鲁中军区第十团为西路梯队，从鲁山主峰以西进攻，断敌后方补给。25日夜，各梯队发起攻击，至27日，吴化文部四面防线均被打乱。28日，吴化文将其第六、第七两军余部集中于以鲁村、悦庄为中心的狭小地带，固守待援。29日，日军第五十四旅团、独立第五混成旅团各一个大队，分由莱芜、临朐驰援，并每日派飞机轮番为吴部助战。鲁中军区遂将主力隐蔽转移至机动位置，待机歼敌，战役第一阶段结束。30日，两路日军在悦庄会师，当即掩护吴化文重新布防。由于未发觉鲁中军区主力位置，日军于4月8日陆续回防。鲁中军区部队乘日军回撤，吴化文调整防务尚未就绪之机，发起第二阶段作战。4月15日，鲁中军区主力围攻悦庄吴伪第四十九师，全歼其1个团另4个连，以政治攻势招降了吴部独四旅600余人。吴化文不得不亲率4个团由莱芜东援，于16日抵鲁村。鲁中军区乘其后方空虚，集中5个主力团于18日晚挥师西进，奔袭莱芜郑家王庄的吴伪总部，歼其总部留守人员之大部。20日，吴化文被迫将其增援部队和第四十九师残部撤至鲁村一带，悦庄地区为八路军控制。第三次讨吴战役胜利结束。

此役共歼灭吴化文伪"和平建国军"总部及2个师部、7个整团又6个整营、9个整连，共毙伤俘敌7 000余人，占其总兵力的60%以上；攻克重要据点40余处，重要山寨12处，解放村镇千余个，人口30余万；控制了战略要地鲁山山区大部，打通了沂、鲁、泰、蒙各山区的联系。延安《解放日报》为此发表了社论《鲁中讨吴战役的胜利》，指出："这次战役不仅对山东的抗日根据地很重要，而且是敌后战场上我八路军、新四军配合正面战场作战行动的一部分。""吴逆大部歼灭后，我鲁中抗日根据地的形势就大大改善了。"

为了进一步扩大抗日根据地，配合正面战场作战，保卫夏收，山东军区发起 1944 年的夏季攻势作战，指挥各军区组织了一系列的战役。

鲁南军区首先发起讨伐伪军荣子恒的崮口战役。荣子恒原是于学忠部第五十七军第三三四旅旅长，1943 年 6 月率 3 000 余人投敌，被编为伪"和平建国军"独立第十军。该部盘踞的费县南部崮口山区，与天宝山区、抱犊崮山区互为犄角，为鲁南重要山区之一，严重威胁着鲁南抗日根据地。鲁南军区为改变鲁南根据地被分割的局面，决心解放崮口山区。1944 年 5 月 1 日夜，鲁南军区集中主力第三、第五团全部及 8 个独立营、部分区中队和民兵，兵分三路，奔袭荣部第二师师部驻地天井汪。八路军在一昼夜内接连发动四次攻击，至 2 日晚，将伪二师全歼，伪师长刘国桢在突围时被击毙。鲁南军区主力乘胜移师再战柳行头，歼伪第一师第二团主力，后继续向梧桐峪、仁和庄一带进攻，威胁荣部的后方。日伪军自临沂出动西援，接应荣子恒余部退往费县、临沂。此役后，崮口山区全部解放，为鲁南军区控制。

7 月 18 日，鲁南、湖西八路军之一部及新四军一部，向微山湖地区的投降派申从周、周侗等发起进攻，控制了湖东百余里地区，重新打通了湖西与鲁南的联系。

与此同时，渤海军区以12个连的兵力，在益（都）、寿（光）、临（淄）、广（饶）边区地方武装及民兵的配合下，向广益公路出击。驻扎在寿光县丰城的伪暂编第一师王道部，经过山东军区半年多的政治瓦解工作，已决心脱离敌伪。当渤海军区部队出击时，王道于7月20日率部1 600余人宣布起义，以后该部被编为山东军区独立第一旅。8月，渤海军区集中直属团、特务营和第四军分区部队，攻克利津城。8月11日至15日，首先扫除利津城外9个据点，将利津守敌伪二十七团半数和伪警备队大部歼灭。16日晚，发起攻城战斗，当晚突破东门；17日下午攻占西门，入夜，全歼守敌，解放利津城。攻克利津城是渤海军区首次获得城市攻坚战的胜利，锻炼了部队，扩大了抗日根据地。

滨海军区组织了讨伐伪军李永平的战役。李永平原是诸城、日照一带的土匪，抗战初期被国民党收编为保安第十二团，1941年投敌，编为伪滨海警备军，归日军驻青岛的独立第五混成旅团指挥，盘踞在以泊儿镇为中心的诸（城）、胶（县）、日（照）地区。滨海军区集中第六、第十三团，滨海支队，警备团，第一、三军分区部队，在民兵的协助下，于1944年7月23日晚，分左右两个纵队，在王台至两城70多公里的战线上，打响讨李战役。经四昼夜激战，李部全线崩溃。7月25日至8月5日，诸城、胶县、日照等地日军先后多次出兵援助，均被击退。此役历经37场战斗，毙伤俘日军130余人，伪军 550 余人，攻克据点 40 余处，解放村庄 600 余个、人口 30 余万，建立了诸（城）、胶（县）边和藏马县抗日民主政权。从此，西起五莲、东至铁镢山，南抵日照、北达诸城 2 500 平方公里的广大地区为滨海军区所控制，巩固与发展了滨海区与胶东区的联系。在战役过程中，滨海区各级抗日民主政府发动广大人民群众组织担架队、运输队，支援前线，慰问伤员，激励士气，保证了战斗的胜利。延安《解放日报》为此发表社论指出："滨北讨李战役，在整个战争的组织与军民合作上，成绩特别显著。……如此密切的军民关系和健全的组织工作，这就是敌后根据地的胜利之道。"

8 月 15 日，鲁中军区集中 4 个主力团，在地方武装和民兵配合下，进攻沂水城。1939 年日军占领沂水后，修建了飞机场，城内驻守的日伪军有千余人。日军对鲁中、滨海进行多次"扫荡"的指挥机关均设在沂水。该城工事坚固，四周设有强固的外围据点。第三次讨伐吴化文战役结束后，鲁中军区连续作战，攻克了沂水周围大部日伪据点，使沂水城东、南、西三面暴露在八路军的挟制之下。15 日夜，鲁中军区部队以奇袭和强攻相结合的手段，突入城内，至 16 日下午，全歼守城伪军，俘伪县长牛先元及部下 800 余人，毙伤 200 余人。随后，调动主力攻击由日军固守的围寨，先后爆破 5 个碉堡，于 17 日拂晓攻克中心碉堡，全歼守敌，毙日军小队长以下 30 余人，俘 20 人。沂水外围的 8 处日伪据点同时拔掉，战役胜利结束。延安《解放日报》发表社论指出："沂水的收复，意味着我有计划地突破严重分割封锁的局面以及敌人之日渐缩小和孤立；作战过程，证明我军素质的提高，虽装备低劣，仍能攻破敌设防坚固的据点。"

1944年8月，驻山东日军在全省范围内调动9个大队，加上吴化文、荣子恒等部的伪军1万多人，对滨海地区进行"扫荡"，企图合击驻在莒县南部的八路军山东军区和滨海军区领导机关。山东军区驻济南、青岛的情报站及时报告了这一敌情。敌人先后合击了莒县东南的十字路、三界首、坪上，日照西南的碑廓，赣榆西北的黑林等要点，但都扑了空。由于敌人抽调兵力"扫荡"滨海区，为胶东、渤海、鲁中、鲁南、冀鲁豫各抗日根据地造成了开展攻势作战的有利时机。山东军区统一组织各根据地发起秋季攻势作战。

胶东军区南海独立团于8月19日夜首先打响了秋季攻势战斗，强袭平度东之古岘，战至25日，解放了平南大片地区。23日夜，第十三团和西海独立团向大泽山东麓的旧店、大田发起攻击，歼伪军5个连，之后连克马场、七十里铺、下店、小庙后、驿道等据点，收复了胶东西部的战略要地大泽山区，改变了西海军分区被分割封锁的局面。24日晚，第十六团、东海独立团攻克牟平南部日军的强固据点水道，成功地伏击了增援的敌军，于8月31日收复文登县城，9月2日收复荣城县城。至9月4日，除烟台、威海、牟平等沿海城镇外，东海地区大部获得解放。9月2日至10日，北海军分区的部队连克龙口、黄县、蓬莱的外围据点 10 余处，收复了蓬黄山区。9 月 8 日起，胶东军区的攻势作战转向烟青公路，第十四团、十六团、北海独立团及地方武装向沿线日伪军多路出击，至 23 日，拔除、追退敌据点数十处，控制了福山至莱阳段（除栖霞城外）近 100 公里的烟青公路。

胶东军区的秋季攻势作战历时两个月，歼日伪军 5 000 余人。其中毙伤日军 222 人，俘 35 人；毙伤伪军 1 500 多人，俘伪团长以下 2 600 多人，争取伪军 7 个中队 970 人反正。攻克、追退敌据点 138 处，收复国土 5 000 多平方公里，使东、南、西、北 4 个海区的根据地连成一片。

8 月 19 日晚，渤海军区发起秋季攻势作战。首先攻克利津，接着收复乐陵、临邑、南皮等县城，解放沾化除县城以外的全部国土，共歼灭日伪军 5 000 余人，收复国土 1 万余平方公里，解放同胞 400 多万。渤海军区各分区之间被敌伪严重封锁、分割的局面被打破，变成了相互连接的大片抗日根据地。

鲁南军区为支援滨海区的反"扫荡"，于 8 月 21 日至 28 日，组织部队、民兵和群众把滋（阳）临（沂）公路、临（沂）枣（庄）公路彻底破坏，切断"扫荡"滨海日军的后方补给线。鲁南部队同时在泗（水）北、滕（县）东、郯（城）马（头）以北连续作战，摧毁了由滕县到城后的公路封锁线，粉碎了敌人对沂河以南地区的封锁，扩大了各分区间的联系，抗日根据地扩大了 5 000 平方公里，增加了人口 140 余万。

山东军区在各地发动的秋季攻势，使敌人在滨海的"扫荡"难以继续，只好于 8 月 27 日起分兵撤离滨海区。山东军区立即命令鲁中、渤海、鲁南军区组织部队打击撤退的敌人，截击被抢走的物资和牲口。

9 月 2 日，"扫荡"滨海回撤的日伪军 2 200 余人，由莒县沿沂（水）博（山）公路回返博山、张店，当晚宿营于沂水东南四十里铺一带。鲁中军区以 4 个主力团隐蔽埋伏在沂水城西北葛庄、陶沟一带。3 日晨，敌分两路向博山方向行进。右路是日军第五十九师团第四十三大队，即草野清大队 450 余人及伪军 500 余人，沿沂博公路北撤。下午，日伪军进入葛庄伏击区。鲁中军区第一团突然发起攻击，日军迅即退守葛庄东岭高地并多次组织反扑。第一团与敌展开争夺葛庄东岭的白刃格斗，刺死敌第五中队长冈田健以下 50 余人，将敌人主力压于岭下。黄昏，鲁中军区第二团、第十二团投入战斗，随即展开总攻，冲向敌人阵地展开白刃战，敌伤亡惨重，退守葛庄西小岭上。4 日下午，日伪军向南突围，鲁中部队沿沂河两岸跟踪追击，敌人在渡河时大部被歼，仅 40 余人逃往莒县。左路系伪军吴化文部第四十七师 4 个营和独立第一旅一部共 1 200 余人，沿沂河右岸北进，掩护日军左翼安全。3 日下午，该部进至陶沟、岳庄一带时，鲁中军区第四团、特务营采用正面阻击、两翼迂回战术将其包围。经彻夜激战，歼敌一部，4 日该部突围时，第四团再追歼其一部，击毙伪旅长陈三坎，仅逃走残敌 200 余人。

葛庄伏击战歼灭了日军草野清大队，击毙日军中队长以下

300 余人，俘 30 余人。毙伤、击溃伪军 1 000 余人，俘伪军第四十七师参谋长以下 360 多人。敌人"扫荡"滨海时抢掠的牲口、物资大都被夺回。这是继 1939 年 8 月梁山战斗后，山东八路军在运动战中全歼日军一个完整大队的又一模范战例，山东军区司令员罗荣桓向参战部队指战员颁发了嘉奖令。

对山东军民在夏、秋攻势作战中连续取得胜利，延安《解放日报》于 1944 年 8 月 28 日发表了题为《山东捷报》的社论。社论指出：这一连串的胜利，说明我军已由反"扫荡"为重点的防御作战转为主动的进攻作战，不仅能攻破敌人设防坚固的据点，而且开始攻入和收复敌占县城，但敌强我弱的基本形势尚未改变，因此不能骄傲自满，应当不断研究敌人，要有效地打击敌人，争取新的胜利。

1944 年 9 月 27 日，中共中央北方局代理书记邓小平和八路军前方总指挥部参谋长滕代远致电毛泽东、彭德怀："半年来，胜利最大且最突出者是山东，而山东距日本最近，海岸线很长，必为敌人所重视。现局势既已打开，应采取……以巩固为主的方针，埋头巩固新开辟地区的工作。"[1] 10 月 7 日，毛泽东在中共六届七中全会主席团会议上说：这几个月我们的作战，特别是山东有很大的发展。[2] 对于北方局和党中央的关注，

---

① 黄瑶主编:《罗荣桓年谱》,人民出版社 2002 年版,第 383－384 页。

② 中共中央文献研究室编:《毛泽东年谱》(1893－1949)中卷,中央文献出版社 2013 年版,第 549－550 页。

中共山东分局和山东军区非常重视。10 月 12 日，山东军区发出《山东根据地之发展情形与今后军事部署》的指示，在总结了 1944 年前 9 个月攻势作战的战绩，分析了面临的敌情后，要求各军区"求得更加巩固发展自己，保有最有利反攻阵地"，对各军区下一阶段的作战方向和目标进行了部署。各军区按照部署发起了冬季攻势作战。

山东 1944 年冬季攻势作战最大的胜利是攻克莒县县城。

莒县是有 91 万人口的大县，地处鲁中、滨海两区接合部，东临黄海，西接沂蒙，北连诸（城）、日（照）、莒（县）山区，战略位置非常重要。日军于 1938 年侵占莒县后，构筑了坚固的城防工事，修建了兵营、机场、弹药库，使莒县成为对鲁中、滨海两区"扫荡"的战略基地和南北运兵的要道。到1944 年，莒县城驻有日军 1 个中队 100 余人。莒县伪保安大队莫正民部有 30 个中队 3 500 余人，16 个中队驻城内，14 个中队分布在外围据点及莒县至枳沟一带。

八路军对莫正民部的方针是军事攻势和政治攻势相结合，争取他反正起义。山东军区领导分析，经过长期的工作，争取莫正民部起义的时机已经成熟。1944 年 11 月，山东军区领导决定集中滨海军区第四、第六、第十三团，鲁中军区第一团，山东军区特务团，独立第一旅以及地方武装、民兵共万余人，发起莒县战役，要求莫正民起义做内应。14 日下午，攻城开始，莫部按计划起义，并引导八路军占领各要道、制高点。起义部队将伪县长、日本教官、顾问等押到城外。23 时，八路军已将日军压缩在城内一个小围子内的 4 个碉堡中。经长时间围困和多次爆破，敌人的两个碉堡被攻破，另两个碉堡的残敌在增援之敌的接引下逃离莒县。延安《解放日报》称收复莒县"不仅是山东的辉煌胜利，也是敌后我军的大胜利之一"，并指出，"伪莫正民部 3 500 人光荣反正并配合我军作战，是此次胜利的极重要原因"。

山东军区 1944 年冬季攻势作战的一大特点，是争取大股伪军起义。莫正民部进入根据地后，编为山东军区独立第二旅，莫正民任旅长。滨海军区于 1945 年初争取了诸城伪保安大队长张希贤部 1 300 余人反正。之后，鲁中军区争取了鲁东伪"和平建国军"独立第十团团长韩寿臣部 1 800 余人起义。此外，还有千人以下反正者 150 余股，共 7 000 余人。其中，有胶东军区收复荣成县城时反正的伪军滕品三部 6 个中队；1944 年 11 月杀死日军 17 人宣布反正的威海刘公岛伪海军郑道济部 400 余人；11 月 10 日在荣成龙须岛反正的一股伪海军 67 人，11 月 11 日这三支部队反正后编成了胶东军区海军支队，由郑道济任支队长，欧阳文任政委。

鲁中、鲁南、胶东、渤海等军区在冬季攻势中也连传捷报。鲁中军区向南肃清了临沂、费县城外围据点，向北直逼胶济铁路。鲁南军区控制了滋（阳）临（沂）公路泗水至费县段，直逼临城、费县、泗水、滕县等城镇，并接近了津浦、陇海两条铁路线，使鲁中、鲁南两区完全连成一片。胶东军区于 11 月中旬粉碎了日伪军 5 000 余人的"扫荡"，解放了栖霞县城。渤海军区粉碎了日伪军 5 000 人的"扫荡",挫败了敌人重占利津县城的企图。冀鲁豫军区主力及地方武装、民兵夜袭聊城,攻克寿张,收复肥城,拔除敌伪据点数十处。

山东八路军在 1944 年春、夏、秋、冬发起的这四次攻势作战,战果辉煌,为第二年发起战略反攻打下了坚实的基础。

二、你们的路线是正确的

战场上的胜利,是靠广大指战员英勇战斗、流血牺牲换来的。新年来到,山东的党政军首长惦记着还在与伤痛和疾病作斗争的伤病员。1945 年 1 月 1 日,中共中央山东分局书记兼山东军区司令员罗荣桓、山东省战时行政委员会主任委员黎玉、山东军区政治部主任肖华联名在《大众日报》发表《新年告伤病员同志书》,指出:"由于党的正确领导,全体同志的努力,特别是你们不顾流血与疾病的艰苦奋斗,一年来使我们的民族解放事业又增加许多新的战绩。山东抗战形势有了新的发展,我们改善了阵地,我们团结与提高了自己的力量。这些都说明我们为迎接伟大反攻任务而作着艰巨的准备工作。""我们要加强卫生工作的领导,提高医务工作的技术,加强爱护伤病员的观念,并求得在物质困难的条件下,尽量改善伤病员同志的生活待遇与医药治疗,以求你们少受痛苦,早日痊愈。"他们决定,元旦期间,给每位伤病员多发一斤肉。

令山东干部和广大军民感到欢欣鼓舞的是，党中央和毛泽东同志对山东的工作给予了充分的肯定。

在抗日战争中，中共中央为了克服严重困难，坚持长期抗战，制定了一系列行之有效的工作政策。1943 年 10 月 14 日，毛泽东在中共中央西北局高级干部会议上讲话时阐述了党的"十大政策"①，即对敌斗争、精兵简政、统一领导、拥政爱民、发展生产、整顿三风、审查干部、时事教育、"三三制"政权、减租减息。这就是我党在抗战时期著名的"十大政策"。1944 年 7 月 28 日，毛泽东致电李先念、饶漱石、罗荣桓、黄敬、邓小平、程子华、林枫等各战略区负责人，要求调查并答复执行十大政策有关情况的十个问题。② 这十个问题分别涉及实行"三三制"和团结党外人士、减租减息、拥政爱民与拥军优抗、军队整训、民兵工作、沦陷区与接敌区工作、城市工作、减轻人民负担、群众和部队生产、群众团体等方面。

8 月 12 日，罗荣桓同黎玉致电毛泽东，汇报山东执行中央"十大政策"的情况，答复他 7 月 28 日来电提出的十个问题。电文如下：

---

① 中共中央文献研究室编：《毛泽东年谱》(1893－1949)中卷，中央文献出版社2013 年版，第 475－476 页。

② 中共中央文献研究室编：《毛泽东年谱》(1893－1949)中卷，中央文献出版社2013 年版，第 372 页。

泽东同志：

午俭电收到，兹答复十个问题：

甲、关于"三三制"：经过时事教育、整风反省，对上层党外人士一般没有产生"左"右现象。他们主动起而响应，也有不少改造。山东政委会、参议会、"抗协"以及一些专署的党外人士，在分局的坦白大会后，反省争论，亦如党内，但未发现内奸问题。一些动摇二者之间，足蹬两只船，对我一贯有成见的人均有反省、有改变。

农村地主阶层，一般有四种态度：其一，被群众斗争过的恶霸、地主及其走狗，以为民主政府不是他们的，只望"晴天"（指国民党来）。其二，保持中立，或对穷人们眼红。其三，认为斗争的对，以为他们不办好事的被斗，并不是都斗。其四，有不少的地主，经过减租斗争后，以为过去不劳而食，是不光荣的，现在改变了，要劳动、纺线。农村地主上层怕斗争心理是不少的，不满的心情在参加生产后似已稍减。

党外人士一般不满是民主作风问题、参议会领导问题。我们准备在减租减息完毕后，即重新开展民主运动，同时，要求党员参议员在参议会起模范作用。

党外人士一些进步分子要求入党，因在整风中未批准，他们感觉党为了"三三制"，叫他们当长期党外人士，不情愿。敌占区人士来我根据地参观，看到官兵平等，纪律好，老百姓夜不闭户，不见乞丐，群众生活好，东西便宜，一般印象良好，感觉我党非成功不可。

乙、关于减租：这一年执行中央"十一指示"①，得到很多经验。

（一）过去两年减租工作不彻底，明减暗不减现象很多。

（二）查减后，发现租佃关系是分散的。

（三）减息过去没有做，事实上有各种各样的实物高利贷，粮食有吃一还四的。因物价变动，有利息形成百分之七百的。分局去冬今春抓紧这一问题。鲁中、滨海发动了不少群众，而且是十余村庄联合斗争，对于开展工作很有利（有的是调解）。

（四）一些恶霸是典型封建主，过去仗势欺人，群众恨入骨髓。在减租减息中不斗倒他们，群众是不敢起来的。十个月来，在滨海打了不少。群众说，这才翻身了、晴天了。

（五）地主反攻是多样的。抽地、"让地"、威

---

① 中央"十一指示"，指 1943 年 10 月 1 日，毛泽东为中共中央写的《开展根据地的减租、生产和拥政爱民运动》党内指示。见《毛泽东选集》1991 年版第三卷，第 910－913 页。

胁、利诱，甚至派狗腿子打入群众团体。击破地主这种反攻，主要建立农会，培养积极分子，分化地主狗腿子，使其在群众大会上进行良心检讨①最有效。

（六）干部几年来对群众路线不明确，方法不会。因此，"左"的右的经常摇摆，但较以前有些进步。

（七）估计现在全山东减租完成百分之五十到六十二。一年来增加新地区，村庄约一万个（游击区在内），群众大多数尚未组织起来。分局已有七、八、九、十这四个月再度减租减息查减的指示。基本根据地要求今年十月底完成。新地区今冬明春仍是一个严重任务。

在这期间，要与改造农会、发扬民主、改造村政权联系起来。

丙、关于军民关系：拥政爱民，较前进步。缺点是，对群众工作除经常帮助房东家务劳动、宣传群众、训练民兵外，一般还不会组织群众。拥军优属今年有较大进步，对主力认识提高了一步，各村墙壁上都贴了拥军公约。各地一二月份进行拥军教育，分局动员参军、充实主力。渤海一个多月完成了六千余人参军，胶东三千余参军。归队：鲁中沂蒙区一个月约

---

① 良心检讨，当时用语，即自我检讨。

21

一千余，渤海七八千。参军者贫农约百分之八十以上，民兵约占百分之六十左右。入伍后，要求打仗，学习努力，比过去均好。现在主力充实了，部队群众观念增强了，指战员情绪更加高涨。

以上三个政策，需要中央进一步号召开展群众路线，才能使战后优势获得雄厚基础。

丁、关于大力整训部队：明年春夏有完成的可能。我们正在开各军区高级军事会议，整训部队是主要内容，已完成对连队工作与战术问题的总结，对敌顽统一作战方针的总结，还有对地方武装与精简问题的总结。整训部队以中央指示作根据，再充实我们的计划。单纯军事观点、狭隘的经验观点比较普遍。军事训练与政治工作结合不够。现在正在召开战斗英雄大会，以动员练兵、练技术为中心。开始纠正部队中会议繁多，脱离战斗、生产与群众的现象。有些主力兵团政治工作强调自己第一，把一元化领导同军事指挥对立起来，胶东比较严重。

戊、民兵工作：估计由现在的二十万达到五十万可能做到。地雷战在胶东很普遍，去年起已制造六万个地雷。其次是鲁中，滨海亦有发展。在山地制造石雷是很便当的。民兵战斗与生产结合还缺乏具体经验。民兵在边缘区无战斗能力，中心区组织不健全。

己、关于沦陷区与接敌区工作：我们有了更好条件。敌人"蚕食"被打破，逐渐收缩，人民更倾向我们。伪组织、伪军不能不向八路军留个后路。武工队进入敌后活动更便利。滨北对张步云、莫正民两股较大的伪军工作有很大成功，使我跨过日诸路、台潍路。胶东对通敌反共之赵保原部进行了剿办，打垮了该匪对我的封锁。

庚、城市工作：过去在方针上有错误。如济南只走中上层路线，使原有组织遭到破坏。胶东城市工作发展前途很大。青岛、烟台在工人及学生中，已经有了我们党及群众组织。经过商业关系对东北十几个大商埠都可以开展工作。加强这一工作的领导，向东北发展是有希望的。

在年节时，胶东、滨海都召开了在根据地居住的青岛、烟台及海外商人座谈会，到会三四百人以上。胶东各县委都召开了同样的会议。我们的情报、锄奸、工商管理、贸易与对日伪工作，在上海、天津等城市都有了一些单线联系。青岛、烟台、济南、连云港、上海、天津城市工作发展更快些，有数处已建立情报电台，可能做出更大成绩。

辛、人民负担：去年与今年公粮比一九四二年减轻了。收入尚不足军需开支，需依靠出入口税、工商局经营盈利解决。滨海上半年工商利税占全部收入百分之八十。

壬、生产：部队在生产初步发展的基础上，一般主力、机关每日可吃到五钱油盐，一斤多菜，每月一斤多肉，并能补助牙刷、牙粉、黄烟等日用品。今年上半年生产盈余每人解决衬衣一套。指战员体力亦渐增强。农民在发动减租减息与民主的村庄，对生产有热情，开荒、纺织、运盐、打油，做到了生活上的改善。除还债外，穿衣、吃饭比以前好些。认为用得是毛主席的法子，过得是共产党、八路军、民主政府的日子。今年根据地秋季受旱不能丰收。除沂蒙区，余够吃。布匹除鲁南外，各地均可做到自给。纸、盐在鲁中、滨海、胶东大部自给。棉花估计今年可产一千万斤。

癸、群众团体：有一些变化。一般县区群众团体，很少是选举的。现在发动群众并通过代表会，完全同意减租减息后，转到生产、文化、卫生、民主选举和民兵工作方面来。我们准备再订出一定时间来进行工作。

以上答复有不正确和不够处请指示我们。①

电报发出后 4 个多月，在临近新年的 12 月 25 日，毛泽东复电罗荣桓、黎玉："关于十个问题的答复，早已收到，内容

---

① 罗荣桓：《罗荣桓军事文选》，解放军出版社 1997 年版，第 242—250 页。

很好。你们的路线是正确的。……你们已有丰富经验，估计1945 年山东全党工作会有极大进步。"① 毛泽东的这个复电，对山东的工作给予了充分的肯定，给山东的党政军民迎接1945 年抗战的反攻鼓足了士气。

"你们的路线是正确的。"虽只有一句话，但要做到是很不容易的。军事斗争、政权建设、经济工作、文化教育等等，山东都做得非常出色，其关键在于山东很好地坚持了党的群众路线，扎扎实实地做好群众工作。所以，罗荣桓、黎玉在电报中建议："需要中央进一步号召开展群众路线，才能使战后优势获得雄厚基础。"

在减租减息工作中，罗荣桓、黎玉通过调查研究，认为这项工作进展缓慢的主要原因，是一些干部存在模糊甚至错误的认识。山东封建地主的势力很大，农村中约有80％的农户租种地主的田地。在莒南县大店，占总户数7％的地主却占有60％的土地。山东农村的封建剥削和超经济的封建压迫十分严重。一些恶霸地主欺压掠夺、横行乡里，欠下了累累血债。可是有的干部不深入调查研究，就宣称山东农村土地分散，租佃关系不多。有的干部怕"双减"影响统一战线，妨碍"三三制"的贯彻。他们不懂得只有启发群众自身的阶级觉悟，才能使群众自己解放自己。

为了推动"双减"工作的开展，必须澄清干部的模糊认

---

① 中共中央文献研究室编:《毛泽东年谱》(1893－1949)中卷,中央文献出版社2013 年版,第 570 页。

识，放手发动群众。中共山东分局召开了群众工作会议，罗荣桓在会上说，我们做群众工作，一要根据群众的需要，二要遵守群众自愿的原则。他要求，当群众还没有觉悟时，要对他们进行"谁养活谁"的教育。

深入农村搞"双减"工作的干部按照山东分局群众工作会议的要求，联系租佃地主土地农民的生产劳动实际，给群众算"地瓜账"。即种一亩地的地瓜能产多少斤，农民花了多少工本，应该得多少，实际得了多少，被地主剥削去了多少，等等。当农民觉悟了，干部便引导他们成立农民救国会，开展减租减息。对那些群众最痛恨的恶霸地主，组织群众用说理和控诉的方式，揭露其罪恶，开展有组织的斗争。

当时山东有一个远近闻名的"平鹰坟"的故事。1944 年 5 月 28 日，在中共山东分局和滨海区党委直接领导下，莒南县大店村召开了有本地和莒南县四乡及外县代表共三四千人参加的斗争大会，斗争了外号"庄阎王"的恶霸地主庄景楼，控诉了他残酷压迫农民、逼死人命的罪行。庄景楼家养的鹰飞到贫苦农民魏老头院里抓鸡，被魏老头打死。"庄阎王"带领狗腿子将魏老头毒打一顿，逼着魏老头给鹰出殡。被迫之下，魏老头卖了地，按"庄阎王"的要求，给鹰买了棺材，披麻戴孝，把死鹰葬在自己的院子里，起了坟，树了碑。魏老头的老母亲被活活气死。恶霸地主的残暴行径，激起了广大农民的无比愤怒。参加斗争大会的农民在看了魏老头院子里的鹰坟、鹰碑后，义愤填膺，当场铲平了鹰坟，砸碎了鹰碑。这类血泪事件，各地都有。革命文艺工作者把它们编写成小说、戏剧、诗歌、曲艺、连环画等，广为宣传，启发了农民的阶级觉悟，鼓舞了农民的斗志，有力地推动了"双减"工作。

在发动群众的同时，山东分局要求防止"左"的偏向，把大地主和中小地主、顽固地主和开明地主、收租地主和经营地主、地主和富农、地主和小土地出租者区别开来。同时教育农民要按规定交租交息，以团结各阶级共同抗日。

据当时不完全统计，1944 年山东各根据地召开了约 1.9 万次群众斗争大会，斗争了顽固抗拒减租且有民愤的恶霸地主约 1.3 万人，追回了地主非法掠夺农民的粮食、土地、房屋、牲畜、农具、现款等，总值北海币① 3 亿元以上。山东解放区内 2.34 万个村庄中，63% 的村庄进行了减租减息，组织起来的群众达 400 余万人。

山东军区要求八路军部队每到一地，都要进行当地村史、阶级关系、工作现状的调查，协助地方党组织和群众团体开展群众工作，做到"走一村做一村，住一户做一户"。减租减息激发了人民群众的抗战积极性，广大群众参军、支前的热情空前高涨，主力、地方部队和民兵都得到很大的发展，根据地得到了巩固和扩大，这为山东在 1945 年对敌伪开展反攻打下了雄厚的基础。

---

① 北海银行发行,并在山东抗日根据地内流通的货币。

三、迎接 1945

1945 年的元旦到了。山东军区政治部主任肖华忙着修改为罗荣桓起草的《一九四四年的过去和一九四五年的到来》讲话稿。这个讲话稿是他负责组织起草的，成文后，罗荣桓又提出了修改意见。元旦期间，肖华根据罗荣桓的意见，再次进行修改。这个报告要总结 1944 年的工作，更主要的是展望新的一年。

如何迎接 1945 年的到来，罗荣桓认为要根据山东的实际情况，落实好毛泽东主席提出的 1945 年要完成的 15 项大任务。

1944 年 12 月 15 日，在陕甘宁边区第二届第二次参议会上，毛泽东发表了《一九四五年的任务》的演说，指出："整个反法西斯战争有很大的胜利，打倒希特勒明年就可以实现。我们唯一的任务是配合同盟国打倒日本侵略者。"但是，中国内部的状态仍然是不团结，国共谈判毫无结果，国民党仍然固执其一党专政及失败主义的政策。中国解放区现在已经成了抗日救国的重心。1945 年解放区的任务有 15 项，主要是：巩固和扩大解放区，缩小沦陷区；整训和扩大正规军、游击队、自卫军和民兵，加强军队的内部团结，进一步改善军民关系；加强民族统一阵线，认真执行"三三制"政策；深入开展减租运动，普遍开展大规模的生产运动；注意文教工作；提高干部的能力和水平；用多方面的努力和各种办法促成民主的联合政府尽可能迅速建立起来。毛泽东在讲话中特别强调党内党外都要大大地提倡民主作风,指出:"我们许多人中仍然缺乏民主作风,我们一定要改正这个缺点。我们一切工作干部,不论职位高低,都是人民的勤务员,我们所做的一切,都是为人民服务,我们有什么不好的东西舍不得丢掉呢?如果我们改正了这个缺点,那我们就能团结更广大的人民,我们的事业就能获得更大的与更快的发展。"①

罗荣桓认为,毛泽东的讲话,是山东1945年工作的总方针,应在演讲稿中,体现这一思想。同时,由于1944年12月31日山东军区发布11个月的战报,不是全战略区全年的战果,山东军区政治部又连夜将各军区全年的战果进行了汇集。

1944年的中国抗日战争正面战场,发生了令中国各阶层人民和国际舆论十分震惊、失望和愤怒的豫湘桂大溃退。

日军由于在太平洋战场节节失利和本土遭受盟军大规模空袭轰炸,在中国大陆启动了"一号作战"计划。目的是打通平汉铁路、粤汉铁路、湘桂铁路,贯通从东北到越南的大陆交通线,以保证在海上运输线被盟军切断后,继续支持日军在东南亚作战的战略需求。

1944年4月、5月间,日军首先调集华北方面军15万兵力,渡过黄河,发动河南战役。担负河南正面战场作战的国民党第一战区副司令长官汤恩伯,统率着4个集团军约30万兵

---

① 中共中央文献研究室编:《毛泽东年谱》(1893－1949)中卷,中央文献出版社2013年版,第565－566页。

力，加上其他国民党部队约 60 万之众，但日军一来，竟不战而退，失地 30 个县以上。日军迅速占领了郑州、洛阳、许昌等重要城市，打通了平汉铁路。接着，日军集中更大兵力从湖北沿粤汉铁路南下，占领长沙、衡阳，再沿湘桂铁路折向西南，攻陷桂林、柳州、南宁，前锋第十三师团在 12 月初直达贵州独山，控制了黔桂铁路的末端。短短七八个月的时间，日军以 50 万兵力侵占中国 20 万平方公里的国土。这里有大后方近 1/3 的工矿企业，是中国富饶的粮食产区，居住着 6 000 多万百姓。日军所到之处，烧、杀、抢、掠，无恶不作，人民遭殃、生灵涂炭，处处是惨绝人寰的地狱景象。设在柳州、桂林等地的盟军空军基地的 36 个机场，也被日军摧毁。

河南战役于 6 月份惨败后，国民政府通过舆论欺骗世人，甚至在长沙陷落时，一向偏袒国民政府的《大公报》还发表文章说："倭在大陆的攻势，大体只能发展到今天的地步。要继续深入西部或真正威胁川滇黔，是绝对不可能的。"① 结果，国民党军队节节溃败，日寇长驱直入。连据有天险，号称"能打三个月"的桂林国民党军队，也只战了 36 小时。《大公报》不得不说："战事从湘桂一直蔓延到黔省，变化得那么快，实为一般意料所不及。"②

令国际舆论哗然的是，豫湘桂大溃退是发生在世界反法西斯战争节节胜利，形势已有根本变化的时候。1944 年，苏联红

---

① 傅斯年：《我替倭奴占了一卦》，见 1944 年 7 月 9 日《大公报》。
② 《转换战局的两件工作》，见 1944 年 12 月 6 日《大公报》。

军在大反攻中收复了全部国土，把战争推进到德国及同盟国境内；英、美、法等盟军在诺曼底半岛成功登陆，随后解放了法国首都巴黎，攻克了意大利首都罗马。在太平洋战场，盟军在塞班岛战役获得全胜，接着登陆菲律宾，对日本本土组织了大规模轰炸，发动太平洋战争的日本东条内阁被迫倒台。史迪威将军指挥的中美军队解放了缅甸北部重镇密支那，打通了从印度经缅甸到中国的陆上交通线。《大公报》在1945年的元旦社论中说："就全战局看来，的确胜利纷纷，但胜利却不在我们这一角；的确反攻处处，除缅北与滇西外，而反攻大致也不在我们的战场。……去年这一年的经过，实在不能不令人愧悚万分。"① 盟国政府和外交官中有不少人公开表示出对国民党当局的不满；《纽约时报》等国际媒体的记者发表了对国民党军队表示失望的报道和分析；美国外交官谢伟思在1944年10月10日给史迪威的备忘录中写道："随着国民党失败越来越明显地暴露，中国国内的不满在迅速发展，党的威信空前低薄，蒋越来越失去作为领袖曾一度享有的尊敬。"②

偏袒国民政府的《大公报》，报道了国民党正面战场大溃败的事实，却不敢报道中国共产党领导的敌后战场反攻的胜利。据延安《解放日报》1944年12月31日报道："根据一年不完全的统计，一年来我军对敌大小战斗两万余次，毙伤

---

① 《今年应为新生之年》，见1945年1月1日《大公报》。

② 〔美〕埃谢里克编著：《在中国失掉的机会》，国际文化出版公司1989年版，第164页。

敌伪二十二万余名，俘获敌伪三万余名"，"收复县城十六个，攻入县城四十七个，克服据点碉堡五千余处，光复国土八万余平方公里，解放同胞千二百万"，"我们的正规军由过去的四十七万增加到现在的六十五万，民兵由二百万增加到二百二十万，解放区的人口由过去的八千万增加到现在的九千二百万，这就大大增强了我们的反攻力量"。在 1944 年共产党领导的敌后战场取得的胜利战果中，山东战场无疑是最辉煌的。山东光复的国土面积、收复的县城数、克服的敌伪据点碉堡的数量，均占全国的半数以上；解放同胞的人数达到全国的 5/6。

国际、国内和山东的抗敌形势，罗荣桓准备在 1945 年第一个干部会议上讲清楚，以此激励士气，明确山东的党、军队和各级干部担负的重任，在新的一年开展更大规模的反攻作战。

1945 年 1 月 3 日，中共山东分局、山东军区直属队干部会议召开，肖华主持会议，罗荣桓在会上作了《一九四四年的过去和一九四五年的到来》的报告。报告分两部分：一是 1944 年的过去，二是我们如何迎接 1945 年的到来。[①]

这是一个令人鼓舞的报告。报告概括了 1944 年世界反法西斯主义势力和国内抗日战争中人民势力高涨的形势，总结了 1944 年山东斗争的胜利。报告指出："1944 年我们从坚持反对

---

① 见《山东革命历史档案资料选编》第十四辑，第 3 - 13 页。

敌人蚕食、分割、封锁中，展开了进攻的战斗，粉碎了敌人分散配制之自信心，而被迫转变和采取了重点主义。"报告说，在一年的斗争中，我们根据地扩大了4万平方公里，人口增加1 000万。我们之扩大是向敌人大中小城市、重要交通线及平原走去的。北跨胶济线两侧联系之打通，西越津浦线突出之发展，东则延长了海岸线，尤以胶东形势之进一步发展，海岸线更延长了，南则已逐渐巩固了对陇海路之接近，形成我们准备反攻之最好依托场所。鲁中、滨海、鲁南已以临沂为中心造成了一大环绕之宽大地带，使临沂陷于孤立。一年来攻取了9个城市，伪军反正成为一时潮流。我军已超过15万，民兵35万。我们同国民党之间已占取优势。

报告指出，敌我形势的改变并不是基本的改变，敌人仍是强大的。敌人的兵力，加上18万伪军，在实行重点主义之下，仍然保有机动能力，不断向我"扫荡"或报复。随着胜利步伐的加快，要注意别产生自满与麻痹现象。

如何迎接1945年，罗荣桓强调："毛主席在1944年底在延安参议会的讲演，已给我们迎接1945年提出了总方针与具体的任务"，"我们应深思熟虑地把毛主席的指示领会贯通起来，把每条具体任务联系我们自己的情况加以细致地研究，分别出执行的重点"。报告提出了目前在执行毛主席指示时应特别重视的几项工作：要继续扩大解放区；要做到以生产保证供给，军民一齐走向丰衣足食；贯彻减租减息与发动组织群众；大练兵要贯彻群众路线，克服官兵隔阂；贯彻民主作风，贯彻群众路线，贯彻领导骨干与群众相结合的做法。

这次干部大会后，山东分局召开扩大会议，学习毛泽东在延安边区参议会上的讲话，进行两天的专门讨论。1945 年 1 月 14 日，中共山东分局向各区党委发出《关于讨论执行毛主席在边区参议会的讲演中提出的一九四五年十五项任务的指示》，强调："讨论毛主席这个演讲，必须联系到自己的实际情况，使普遍真理与具体条件相结合，求得有重点的执行。"①

进入 1945 年，山东党政军领导围绕着准备反攻和战后建设开展了一系列的工作安排。

1 月 3 日，在山东分局召开干部会议的当天，山东省战时行政委员会发出了《为准备反攻开展拥军运动的指示》："为了准备反攻到来的需要，决定新旧年关各地普遍开展大规模的群众性的拥军参军运动，以达到党政军民进一步的团结，完成扩大八路军的光荣任务。"② 指示要求：（一）普遍地再三再四地进行教育干部、教育群众，打通战争观念和拥军思想，造成拥军参军的热潮，使之体会"八路军是共产党领导的队伍，是革命的队伍，是中华民族生存唯一的依靠。民族少了它就要灭亡，人民少了它就不能安居乐业，就会变成奴隶""没有八路军主力，就没有根据地，就没有抗日民主政府，就没有饭吃，没有衣穿，就没有自由的人民""国民党的队伍是无望无能进

---

① 见《山东革命历史档案资料选编》第十四辑，第 147 - 150 页。
② 见《山东革命历史档案资料选编》第十四辑，第 13 - 18 页。

行反攻的，只有靠八路军、新四军反攻打走鬼子"。（二）普遍地、有组织地动员参军，扩大主力军，扩大反攻力量。（三）贯彻群众性的优抗抚恤工作。"认清优抗抚恤是我们每个同志的一个政治责任"，"使优待、尊敬抗属和荣誉军人做到群众性、经常性、及时性、普遍性"。（四）正确的领导劳军。"组织慰问团、军民联欢会、秧歌队、农村剧团表演等，不要光是送猪送粮"，"尤其注意对伤病员和模范英雄的慰劳，要与当前工作结合起来"，"根据今年人民生活情形，不应强调物质慰劳"。

这一指示迅速传达到了山东抗日根据地的各级政府，在新年春节期间掀起了拥军参军的热潮。到 1 月底，全省有 3 万余人参加了八路军。

为了做好打败日本侵略者后重建国家的准备工作，1 月 5 日，山东省战时行政委员会作出了《关于成立抗战建国学院的决定》①。这个学院是在原有的山东建国学校基础上组建的，由省战行委直接领导，省战行委主任黎玉、副主任李澄之出任院长、副院长，主要是训练在职高级干部和培养生产中专门技术人才。第一期学员于 3 月 1 日开学，每期 6 个月。行政干部的培训，整风、政策学习、实习各占1/3；专门技术人员的培训，整风和时事教育、业务研究、实验各占 1/3。整风着重于群众观念、群众路线的个人反省，以增强其革命的人生观。专门技

————————————

① 见《山东革命历史档案资料选编》第十四辑，第 18－19 页。

术人员分合作、纺织、农林、化学、工业等类别，由各行署在现有专门技术人员中保送来校学习。同时争取国统区、敌占区的知识分子、青年学生来校学习。

山东建国学院在各大区建有分校，最著名的是胶东分校。1941年10月，胶东区党委、行署成立胶东财经学校，第一期学员70人，于1942年5月结业，全部成为解放区的财经干部。1942年10月，胶东财经学校与抗日军政大学一分校胶东支校的政权队、民运队合并，成立胶东建国学校，1945年改为山东抗战建国学院胶东分校。胶东分校在1946年创办了烟台分校，1948年设立北海分校，1949年设立西海分校等，到1950年停办时，毕业学员13届，培养行政、专业干部1万余人。

为了使全山东各级各阶层迅速全力投入1945年抗战的各项工作，罗荣桓、黎玉在1月16日结束了正在召开的山东省第二次行政会议。这次会议从1944年8月6日开幕，历时5个多月，超出了会议原定时间。会议期间因敌人两次"扫荡"，耽误了一些时间。参加会议的同志先进行了两个月的整风学习，又用两个月的时间对抗战时期的各项政策进行了研究，在元旦前后开展了民主检查。1月7日，会议进入总结阶段，由省战行委主任委员黎玉作《民主思想、民主政策、民主作风》的总结报告。

罗荣桓出席了第二次行政会议的闭幕典礼并发表致词。他代表中共中央山东分局，总结了过去一年的胜利，诚恳地指出了工作中的缺点。他说:"西方击败希特拉①是今年(编者注:1945 年)的事,东方打败日本还要依靠中国的努力","也就是解放区的努力","国民党统治腐败无能,逐渐趋于崩溃;敌后方解放区则日益上升,继续胜利"。我们应该从各方面促使挽救正面战场的严重危机,1945 年解放区的任务是更加繁重了。罗荣桓最后强调:"大会总结所指出的任务,是执行毛主席十五项任务最基本的东西。贯彻这些任务,才会使 1945 的胜利继续扩大。"②

---

① 希特拉,即希特勒,当时翻译为希特拉。
② 见《山东革命历史档案资料选编》第十四辑,第 150 – 153 页。

第二章　战斗的春天

一、击毙荣子恒

飞雪伴随着春天的脚步飘洒在齐鲁大地。

元旦刚过，中共山东分局和山东军区领导乘着 1944 年一连串攻势作战的胜利之势，趁热打铁，迅速部署发动了 1945 年春季的攻势作战。山东的抗日军民迎来了一个战斗的春天。

战斗首先在鲁南地区打响。

1 月 7 日，鲁南军区第二军分区的部队向西跨过津浦铁路，发起南阳湖东战役。此役至 2 月初结束，拔除日伪军据点 12 处，歼日伪军 800 多人。收复济（宁）邹（县）公路以南，夏镇以北，津浦铁路以西，南阳湖以东大片国土，100 多个村庄，进一步扩大了鲁南地区与冀鲁豫地区的联系。

接着，鲁南军区调集第一军分区第三团、尼山独立营、鲁中第三军分区第九团、费县独立营等部队，于 1945 年 2 月初发起了泗水城战役。

泗水因泗河发源于境内而得名，位于山东省中南部，东接平邑、西邻曲阜、北靠新泰、南连邹县。泗水城是津浦路上战略要地兖州通往临沂公路上的一个重要据点，是连接鲁南、鲁中的交通要道。

驻守泗水城的是伪"和平建国军"第十军，伪军长为荣子恒。荣子恒的父亲荣臻当过东北军张作霖的总参谋长，九一八事变后，投靠了日本人。荣子恒靠其父亲，当上了东北军三三七旅的旅长。在抗日战争进入最残酷的阶段，率部投降日寇，和他父亲一样成为汉奸。他所率的部队被日寇编为"和平建国军"第十军，调往鲁南。荣部来到鲁南后，盘踞在崮口山区，烧杀掳掠、剿杀抗日力量，无恶不作，被日寇视为鲁南伪军的支柱。鲁南群众对其恨之入骨，纷纷要求八路军剪除此害。

1943 年 11 月，荣子恒所属第三师在鲁南反"扫荡"中被歼灭，外号"刘黑七"的匪首师长刘桂堂被击毙。1944 年 5 月，鲁南军区在夏季攻势中发起崮口战役，歼灭了荣子恒的第二师，击毙师长刘国桢，解放了崮口山区。荣子恒率残部逃入费县城。1944 年 11 月，日军由于兵源不足，为了达到重点守备、要点控制的目的，将荣子恒残部调往泗水，要荣部凭借泗水城的坚固，与兖州、曲阜遥相呼应，互为支撑。

这次负责主攻泗水城的是鲁南军区的主力部队第三团，团长是经过二万五千里长征的老红军王吉文。这个团原先是八路军山东纵队一旅三团，后与津浦支队合编为沂蒙支队，又改为鲁南军区第三团，经常在鲁南、鲁中交界的兖州至临沂公路两侧打击敌伪。这个团的作战特长之一是攻坚战，特别是用炸药爆破的技术很拿手。原因是有一批井下采煤的矿工加入了队伍，他们熟悉炸药的性能，掌握使用炸药爆破的一套技术，创造了偷爆、空爆、飞爆、连环爆等许多爆破方法。爆破手马立训在多次战斗中，炸破敌人的碉堡、城楼等，战功卓著，成为当时有名的爆破英雄。马立训等创造的爆破技术被山东军区广泛推广，对提高部队的攻坚作战能力起了重要作用。由于三团打了很多漂亮的攻坚战，敌人闻风丧胆，群众亲切地称他们为"老三团"。

攻城之前，三团详细地侦察了敌情。泗水城内外伪军总兵力达 2 000 余人，其主力驻于城北故县、城东杨家庄、城南的南关及韩家庄。城内除少量日寇外，主要是荣部的指挥机关及直属部队，另有伪县大队 180 余人，相比城外伪军其战斗力较弱。泗水城是古城，城墙较高而且比较整齐，城外有护城壕，城内兵力多用于城楼及制高点，荣子恒的伪第十军司令部设在文庙内。2 月 2 日凌晨，三团参谋长林毅带领侦察兵摸进西关进行实地侦察，搞清楚了敌人具体的布防情况，于第二天凌晨返回营地。

王吉文团长马上召集有关人员对侦察的情况仔细地进行了分析研究，认为城内的荣部直属机关和伪军部队战斗力不强，如果我军避开其城外主力，突然攻入城内，将其指挥机关消灭，敌人势必陷入混乱，易于被我军各个击破，并可乘胜迫使城外伪军投降。因此，确定了突袭攻入城内，迅速歼灭城内之敌，再打城外之敌的作战方案。王吉文团长决定当日下午向泗水城运动部队，19 时发起攻城战斗。

夜幕降临后，战斗打响。一营的一连负责直接爆破西门，三连负责和一连围歼西关守敌，掩护一连爆破，二连负责架梯登城。当一连在西关与敌人交火后，还未爆破城门，二连的勇士已经在西门北面架梯登城成功。登城部队迅速控占西城楼，打开西门，一营 3 个连的战士迅速入城，按照预先划分的任务区投入战斗，展开巷战。战斗发展很快，到 4 日上午，二营肃清了南关守敌，城内只剩下伪县政府高楼、东门和南门 3 个制高点的敌人。

4 日下午，曲阜的日伪军出兵援助泗水。负责阻击他们的尼山独立营早已布置在曲泗公路的金庄至梁公林路段上，他们做好了防御工事，砍倒了路旁的杨树横在路中间，以阻止敌人的汽车。三团留少部兵力在城内包围监视龟缩在三个制高点的敌人，大部兵力抽出协助尼山独立营打援。在我阻击部队的猛烈反击下，援敌很快被击溃。

4 日晚，三团向困守在伪县政府和东门、南门的三处守敌发起总攻。三处守敌中工事比较坚固、兵力较多较强的是伪县政府高楼，日寇指挥官石川、顾问长泽金鉴也在里面。王吉文团长亲自观察了地形，决定从西北角对敌人炮楼实行爆破。这里面有一段五六十米长的开阔地，王团长亲自指挥火力掩护。第一名爆破手在通过开阔地时负伤，爆破大王马立训立即跃出掩体，冲上去接过炸药包，他在夜色中忽东忽西、忽进忽停，躲过敌人的扫射，将伪县政府高楼炸开一个缺口。由于这个高楼建在一个 2 米多高的土坎上，未被直接炸倒，但敌人被炸得晕头转向、惊恐万分。随着爆破成功，我军战士一跃而起，发起猛烈冲锋，守敌缴械投降。石川等日寇负隅顽抗，被当场击毙。

此时的城外，在故县配合攻城的鲁中军区第九团等部队，乘着城内发起总攻的时机，以强大的军事攻势和政治攻势，劝降了荣部在故县、杨家庄的两个主力团。

荣子恒司令部所在的文庙被攻占后，荣子恒带着他的副军长、师长等百余人退守东门城楼。看到伪县政府高楼已被攻破，知道大势已去，全军覆没的下场已无可挽回。于是，他化装成伙夫，乘黑夜用绳子拴在城楼上溜了下去，企图逃跑。三营守候在城下的无数警惕的眼睛和黑洞洞的枪口，早在等着妄图流窜的敌人。荣子恒刚溜下城楼就被击毙，尽管他化了装，但经俘虏辨认，还是确认了他的真实身份。很快，南门、东门的敌人也被全部解决。至此，历时 26 小时的泗水城战役胜利结束。

泗水城战役击毙伪"和平建国军"第十军军长荣子恒、副军长陈镇藩、参谋长朱江以下 122 人；俘伪一师师长苏富玉、伪三师师长朱复宁以下 1 600 余人，争取伪军反正 400 余人；击毙日军顾问长泽金鉴、指挥官石川以下 20 余人；缴获大批轻重武器和粮食、布匹及电台、电话等军用物资。攻克泗水城周边据点 11 个，光复国土 560 平方公里。

此时已临近年关，经部队和地方政府研究决定，缴获的粮食除留一部分作为部队给养外，其余的分给贫苦群众。消息传开，远近百姓带着口袋、篮子，络绎不绝地进城领粮。整整一天一夜，泗水城内人山人海，人民群众敲锣打鼓，庆祝胜利。

2 月 11 日，罗荣桓、黎玉、肖华通令嘉奖泗水战役参战部队。嘉奖令指出：泗水的光复，为我创造了打击敌人、扩展根据地的极其有利的条件，鲁南、鲁中部队均有功绩。

二、讨伐赵保原

胶东军区 1945 年第一个主要进攻目标是赵保原。赵部挂着国民党军队和伪军两个旗号，是与敌共存的顽伪兼桃部队。赵保原长期盘踞在莱阳东南以万第为中心的五龙河和大、小沽河一带，是当时山东境内势力最大的一支伪军。

早在 1944 年 10 月 12 日，山东军区就山东根据地的恢复发展发出的电报中，指示胶东军区：为求得巩固地发展自己，保有最有利的反攻阵地，要公布赵保原等顽军公开资敌和投敌行为，将其作为主要作战目标之一。

赵保原，原名赵宝元，山东省蓬莱县大赵家村人。少时曾就读于山东省立八中，后入东北吉林绥芬军官讲习所，毕业后在东北军任排长、连长、营长，参加过直奉战争和抗拒北伐军的松江战役。九一八事变后，伪"满洲国"大汉奸李寿山组建伪军，赵保原投靠其麾下充当爪牙，算得上是伪军元老。他多次率部在大孤山、长白山一带攻打东北抗日义勇军，被升任伪满军第三旅骑兵六团团长。七七事变后，又升任伪军卫队第三师第一旅旅长。1938 年，伪满当局派遣伪满军配合日军进入山海关作战，赵保原所在的伪满军第三旅是第一批入关的帮凶。这年春天，赵保原部抵达山东胶县，9 月侵入平度。10 月在平度大青杨战斗中，赵部被八路军胶东第五支队打败。而此时李寿山因卷入日伪内部派系斗争在青岛被日军处决。赵保原怕被日本人追究，于 11 月率部 1600 余人在昌邑接受国民党的收编，番号为山东省第八区保安第三旅。1939 年 1 月，赵部移驻莱阳城北。因其源于伪满军，装备精良，受到国民党山东省政府主席沈鸿烈的注意，3 月份被任命为莱阳县代理县长。这年上半年，国民党在胶东设立山东省第十三行政区，赵保原被任命为专员兼保安司令。1939 年 4 月，八路军山东纵队第五支队与国民党胶东游击队共同成立鲁东抗日联军指挥部，赵保原出任总指挥。但随着国民党上层的风向变化，赵保原立即纠集胶东大大小小的投降派组成"抗八联军"，与八路军作对，自任联军的总指挥。1939 年 6 月，赵保原公开下令在其统治区内捕杀共产党员、八路军家属、青年抗日救国会会员、中华民族解放先锋队队员 200 多人。1940 年 3 月，国民党苏鲁战区任命赵保原为胶东游击区指挥官，不久将赵部改编为陆军暂编十二师，赵保原为师长，从而成为胶东最大的实力派。

1940 年夏天，赵保原与青岛日军秘密勾结，派代表驻在青岛日军独立第五混成旅团，并在青岛、莱阳设立办事处，与日寇信使往来、文电不绝、互通情报、配合行动，共同策划了一次次对抗日武装和抗日根据地的进攻与"扫荡"。仅 1942 年，赵部就三次配合日伪军"扫荡"抗日根据地，烧、杀、抢、掠，无恶不作。据赵部一名营长的记载：所到之处，席卷一空，妇女为之奸，壮丁为之捆，东西为之光。与日寇行径如出一辙。1944 年 9 月，赵保原接受日寇诱降条件，将其部队秘密改编为伪"剿共第七路军"，并以其一部公开打出"皇协军第一〇七团"的番号。当日寇在八路军一连串攻势作战下收缩兵力时，赵保原公然派兵接防日伪军的古岘、旧店、榆科顶、齐家沟等据点，并多次配合日伪军夹击、伏击八路军。

赵保原在其占领区内，实行血腥统治，横征暴敛，强抓滥捕。凡涉嫌"抗日"罪的，一律逮捕杀害，被其活埋、杀戮者数以千计，仅河源北沟一地就被其活埋 200 多人。1944 年秋冬，赵部逐村抓捕壮丁 4 000 余人，其中半数送交给日寇。在其统治区内，农民要缴三份捐税，一份给日寇，一份给伪政府，一份给赵保原。人民群众啼饥号寒，成群结队逃亡，仅 1944 年从莱阳地区逃往抗日根据地的难民就有 13 万人之众。当时流传着一首歌谣：

说莱阳，道莱阳，
莱阳本是好地方，
自从来了赵保原，
家家户户遭灾殃。

1944 年冬，赵保原被国民党苏鲁战区任命为"鲁东军区司令官"。这时，赵保原所辖部队有他自任师长的国民党暂编第十二师 5 000 余人，有丁綍庭的挺进第十六纵队、王豫民的挺进第十五纵队、姜黎川的独立挺进第二纵队、蔡晋康的挺进第十三纵队、阎轲卿的挺进第十九纵队、李德元的挺进第二十七纵队以及各县保安团、队等地方武装 22 000 余人，总数达 27 000余人，成为山东境内投降派中最大的一支队伍。

赵保原投靠日寇，牵制了胶东八路军相当多的兵力，对于八路军争取最有力的反攻阵地是一个重大障碍和威胁。因此，山东军区领导指示胶东军区把讨伐赵保原列为 1945 年开春主要的攻势作战目标。

自赵保原反共投敌、配合日军作战以来，胶东八路军多次对其进行打击，其中较大的两次打击是在 1944 年。第一次是在 2 月份的春季攻势作战中，胶东军区部队攻克赵保原老巢万第西北的河源西沟，歼灭赵部两个团 1 500 余人，缴获兵工厂 1 座、机枪 14 挺、长短枪 800 余支以及大量物资，新开辟了莱西北根据地，改变了南海军分区腹背受敌的局面。为此，担负此役主攻的胶东军区第十三团受到山东军区嘉奖。第二次是在 5 月份的夏季攻势作战中，当胶东军区部队攻打日伪据点大山所时，赵部出动 1 000 余人增援日伪军。胶东军区以主力一部，在东海独立团的配合下，直插赵部盘踞地区，一举攻克祈格庄据点，歼灭赵部 1 700 余人，进一步削弱了赵保原的武装力量。但是，虽然每次打击消灭了他一部分兵力，但其主力仍然存在，而且没能捣毁他的老巢。胶东军区领导认识到，这次讨伐赵保原，就是一场决战，必须打掉他的有生力量，清除这个大祸害。

单纯从军事实力比较，赵保原拥兵27 000多人，大部分是日式武器装备，一个班配有一挺轻机枪，战斗力不算弱。在其老巢万第、左村等地，都修建了强固的工事。胶东军区能调集的参战部队不过1万余人，在数量上不占优势。但八路军有大量地方武装和民兵配合作战，指战员同仇敌忾、士气高昂，可以在一点或数点上集中几倍于敌人的兵力，形成压倒优势。当时胶东军区已经组建了以迫击炮和钢炮装备的炮兵营，特别是人民群众的全力支援，是赵部根本没有的。

1945年2月初，胶东临时参议会发布《告胶东同胞书》①，号召胶东全体军民团结奋起，惩罚投敌叛国、破坏抗战、反共反人民的罪魁赵保原。胶东军区司令部、政治部也联合发出布告和《告莱阳同胞书》②，声明八路军为了抗战利益和解放莱阳80万同胞，决心讨伐赵保原，为团结抗日、准备反攻扫清道路。经过广泛深入的政治动员，当地群众和人民团体纷纷控诉、声讨赵保原的罪行，要求八路军兴师讨赵。

2月11日，是农历腊月二十九，胶东军区集中了5个团另

---

① 见胶东《大众报》1945年2月25日第1版。
② 烟台警备区军事志编纂委员会编：《胶东军事志》（1840－1985），军事科学出版社1990年版，第158页。

5 个营的主力部队，其中有 1 个炮兵营，以及部分地方武装，包围了赵保原的老巢万第。因军区司令员许世友奉调山东军区党校学习，战役由胶东军区政委、代司令员林浩和副司令员吴克华指挥。

万第分为前万第、后万第、西万第 3 个村庄，成鼎足之势，赵保原的司令部驻地在后万第。它北以莱阳城、日庄、南墅日伪据点为屏障，南以金口、夏格庄、即墨日伪据点为依托。外围设有围墙、壕沟、陷坑等障碍物，筑有 11 个大碉堡等坚固工事。内围有大碉堡 23 个，小碉堡 54 个。距万第不远的昌山院、左村一带，设有 11 个据点，形成了以万第为中心的屏护网。

胶东军区的作战部署是：以军区第十三团、十六团及北海军分区独立团、东海军分区独立团一营等部队为中央纵队，担任主攻，隐蔽集结于万第正东 10 公里处；东海军分区独立团二营、三营，海阳独立营，海莱区队等为左路纵队，集结于万第东南 10 公里处之宿院，准备阻击由左村、刘格庄方向增援万第的敌军；胶东军区第十四团、莱东独立营、西栖县大队为右路纵队，在万第西北 10 公里处，以清水河东岸之凤山为依托，阻击由莱阳城、昌山院、乔家泊等地来援之敌。发起攻击的时间定为当日 23 时 30 分。

各部队进入预定地域后，中央纵队开始向前万第村运动。中央纵队的任务区分是：第十三团从前万第村正东方向实施突击，与十六团密切协同歼灭守敌，同时以一部兵力夺占东山碉堡；第十六团从正南方向实施突击，与十三团协同歼灭守敌；北海独立团和东海独立营一营分别负责保障主攻部队之侧翼和后方安全。

2月11日21时许，第十三团第九连爆破组在接近前万第圩寨时，不慎惊动敌人，双方发生交火。面对突变的情况，深入前线指挥的第十三团团长聂凤智，当即命令各连迅速投入战斗，战役提前2小时打响。三营迅速突破敌人第一道围墙的防御，攻入南门，但遭到敌人疯狂反扑，进展困难。此时第十六团先锋队虽已到达万第，但主力部队尚未到达，没能形成梯次投入战斗，失去了突击性。突破南门的第十三团三营接连8次打退敌人的反冲击，守住了已占领的阵地。由于前万第没有完全突破，战斗成胶着状态，军区命令主攻部队撤到外围。12日凌晨，重新组织进攻，首先由炮兵营对守敌东山的4个碉堡抵近射击，将其摧毁，紧接着步兵投入战斗。至12日上午，将前万第外围据点全部占领。赵保原一面亲自督战，组织反冲击，一面向日军和附近顽军紧急求援。左村顽军10个连、乔家泊顽军1个营赶来增援赵部，被负责打援的左路纵队伏击歼灭。同时，右路纵队在迎格庄、鹿格庄一带击溃从莱阳城来援之敌1个营。赵保原闻知援军来了，纠集3 000余人连续发起10余次反冲击，企图夺回外围据点，均被击退。

林浩、吴克华亲临万第东山，与第十三团、十六团和东海部队、北海部队的领导开会，总结经验教训，重新调整部署，对部队进行了战前动员，决定当晚向前万第发起总攻。

12 日 18 时，开始炮火攻击，向敌人各目标点发射炮弹 300 余发。19 时，第十三团和十六团等部队采用左右两面对攻的战法，仅 10 分钟即从两个突破口攻入圩寨。经 4 小时激战，将敌驻前万第的 5 个营及赵保原的十三区专署机关全部歼灭。21 时许，赵保原看到大势已去，扔下前万第和西万第的"弟兄"，从后万第的地道逃走，被十四团拦截厮杀，除赵保原等少数人漏网，其余被歼。西万第之敌在第十六团二营、十四团一部和海、莱地方武装合围下，大部缴械投降。至午夜，整个万第守敌被肃清。第二天，日军派出 10 余架飞机，在万第一带轰炸后离去。万第战役第一阶段胜利结束。

为了扩大战果，不给敌人喘息之机，胶东军区指挥部队迅速转入战役第二阶段，扫荡五龙河两岸之敌。2 月 14 日，农历正月初二，第十三团、十六团、东海独立团和炮兵营包围赵保原的另一重要据点左村。19 时 30 分，在炮火轰击后，总攻开始。敌前沿阵地很快被突破，第十六团九连抢先攻下左村东北角的敌碉堡，打退其多次反扑。左村守敌是赵保原的第四团、特务团第一营、莱阳保安团，战至 23 时，已大部被歼。第十三团等部队占领左村。15 日起，胶东军区参战部队沿五龙河两岸连克河源、留格庄、迎格庄、朱洞等 10 余处敌据点。

赵保原率残部数百人逃向即墨，投入日寇怀抱，此后蛰居于呑山卫一带，直至日军投降。后来在 1946 年 6 月胶东军区主力部队攻克胶县城时，被胶东第十三团击毙。

此次讨赵战役历时 7 天，歼灭赵保原 8 个团的兵力，总计歼敌 12 000 余人，缴获存有 500 万公斤粮食的粮库、兵工厂、被服厂各 1 座和大批枪支弹药、电台等物资，基本上消灭了赵保原的武装力量，清除了山东八路军准备大反攻的一个重大障碍。海（阳）莱（阳）边区 70 万人民获得解放，胶东各分区的联系得到加强，形成了大片根据地。

2 月 17 日，罗荣桓等致电中央军委、八路军总部，报告了讨伐赵保原战役的情况。同时，准备进一步发动各军区向日伪军开展攻势作战。

三、血洒戈山克蒙阴

在泗水县西部与曲阜交界的地方，横卧着一座山岭，其形状像一支巨大的长戈，被人们称为戈山。山脚下有一个由 4 个自然村互相依傍组成的村庄，这就是在抗日战争中闻名鲁南的戈山厂村。村庄南靠戈山，北临滋（阳）临（沂）公路，是泗水和曲阜间公路交通的咽喉。

戈山厂村在历史上是曲阜孔府的佃户村。当年孔府的佃户村有"七屯、八厂、七十二官庄"之说，戈山厂村就是八厂之一。村里的佃户，世世代代向孔府和本村二地主交租。由于山地贫瘠收成少，交了租子所剩无几，佃户们过着极其贫困的生活。当地有一首民谣："穷戈山，乱石滩，一年到头少炊烟，石头缝里收把谷，经不住孔府的风车扇。"1924 年，残酷的剥削压迫使成年累月挣扎在生死线上的戈山厂佃户们实在不能忍受了，于是联合附近 10 多个村庄的七八百个佃户，冲进曲阜城，向孔府发起了一次大规模的抗租斗争。这次斗争，取得了连续三年不向孔府交租的胜利。

1945 年 2 月 5 日，八路军鲁南部队在鲁中部队的配合下，一举攻克泗水城，全歼伪"和平建国军"独立第十军，击毙军长荣子恒，取得了泗水大捷。日军获悉荣子恒部覆没，从兖州、邹县、曲阜等地调集 1 500 余名日伪军，于 2 月 6 日夜扑向泗水城。当敌人赶到时，八路军已撤离泗水。这股援敌扑空后，连夜西撤，拂晓时，包围了戈山厂村，制造了震惊鲁南的"戈山厂惨案"。

自抗战初期泗水、曲阜沦陷后，戈山厂村一直是日伪军的眼中钉、肉中刺，先后 4 次对戈山厂村进行"扫荡"进攻。

在军阀混战、土匪蜂起、兵荒马乱的年月，戈山厂村的农民为了防御乱军和土匪的扰害，在 4 个村分别筑起了一丈多高的石头圩寨，修建了一些石头碉堡，用于护村自卫。抗日战争爆发后，4 个村的农民又修复加固圩墙，把 4 个圩寨联结起来，形成连寨，抵御日寇的烧杀抢掠。1944 年，戈山厂村的民兵在八路军的支援下，4 次击退敌人对村寨的进攻，威名远扬。

1938 年初，日军从津浦路上的滋阳（今兖州）沿滋临公路东侵，占领了曲阜、泗水等县城。戈山的东南是绵延的群山和交错的山谷，中国共产党的抗日武装就在这一带活动。戈山厂村北距滋临公路只有 4 里，日军为防止八路军袭击滋临公路，在戈山厂村西面、东面的几个村庄和北面的公路旁，修筑了碉堡据点，安设了伪区公所。由于戈山厂村处于敌人三面包围之中，在1943年前，八路军没有进村展开工作。1943年6月，鲁南军区第三团和尼山支队铲除了距戈山东南15里的后五村土顽堡垒，抗日根据地不断向西延伸。年底，鲁南地委派干部深入戈山厂村，宣传抗日，发动群众，秘密发展党员，建立起农、青、妇、民兵等抗日组织。在共产党的领导下，戈山厂村人民与敌人进行了一系列的斗争。他们不再向敌伪交捐交税出壮丁，而是扣押伪军粮车，截击日寇军车，搅得敌伪昼夜不宁，发狠要荡平戈山厂村。

1944年6月19日拂晓，泗水县伪县长李香亭和伪县大队长率伪军500余人，第一次袭击戈山厂村。村里的民兵发现敌人后，立即敲响报警大钟，全村男女老幼紧急动员起来，有枪的民兵迅速登上炮楼、岗楼，没枪的民兵手持长矛、大刀、土枪、木棍守在寨墙上，寨墙上还准备了一堆堆的石块。天亮以后，伪军首先向东戈山包围过来。在敌人接近圩寨50米左右时，民兵的步枪、土枪、手榴弹一齐开火，打退了敌人的第一次进攻。敌人很快组织了第二次进攻，由于民兵的弹药用尽，东戈山人民用大刀、长矛、木棍、石头、菜刀与敌人拼杀，当日上午，东戈山厂圩寨被敌人突破。当敌人继续向北戈山厂进攻时，八路军尼山独立营三连和区中队闻讯赶来，在敌人背后攻击。伪军一看八路军来了，向村北撤退逃窜。这一仗，击毙伪军3人，伤敌18人。

敌人在第一次进攻失败后，从 9 月至 11 月又连续三次进攻戈山厂村。第二次是 9 月 6 日，第三次是 9 月 10 日。这两次来的都是伪军，戈山厂人民在尼山独立营和区中队的增援下，很快将敌人击败。第四次是 11 月 3 日，1 000 余名日伪军带着火炮和重机枪进攻戈山厂村。这次敌人仗着人多火力强，从四面包围了村寨。敌人首先用大炮轰开北门，当十几名日军向北门冲来时，被民兵及时击退。上午 10 时许，敌人以轻重机枪为掩护，开始全面进攻。当大批日伪军冲向围墙时，民兵埋设的石雷连续爆炸，敌人死伤 60 多人。戈山厂的民兵和外村来增援的联防民兵一起向敌人开火，特别是民兵们自制的 30 多条"抬杆"土炮发挥了威力，打得敌人始终没能冲进围墙。14 时许，邹东县二区区中队赶到戈山厂村，在击退包围村南的伪军后，从南门进入圩寨，立即组织民兵和区中队一起反击村东、北、西三面的敌人。至 16 时，敌人组织了 8 次进攻，均被击退。这一仗，击毙日军 13 名、伪军 10 名，伤敌 50 余名，俘虏伪军 13 人。4 名区中队战士和 1 名民兵光荣牺牲，21 名战士和民兵负伤。邹东县政府派人前来慰问伤员，抚慰烈士家属和戈山群众，号召大家以英雄为榜样，积极参军参战，坚决和敌人战斗到底。50 多名热血青年当即报名参加了八路军。

这次驰援泗水城的日伪军向戈山厂村的进攻，是戈山厂人民第五次迎战前来攻寨的大股敌军。

1945 年 2 月 6 日，是农历腊月二十四。凌晨 3 点，天阴沉沉的，寒风吹在人脸上像刀割一样。戈山厂村民兵队长李运常查岗时，忽然听到远处有吆喝牲口的声音，他借着星光向村外望去，只见黑压压的一片敌人已逼近村庄不足半里地了。后来得知，敌人在吴村一带抓了不少百姓用牲口给他们拉了几十门大炮，其中有人看到日伪军要包围这个村子，故意吆喝牲口送口信。李运常当机立断，马上到炮楼拉响了铁铃，通知各村做好战斗准备。

这天，邹东县二区区委书记魏壁轩正好住在戈山厂村，他和村党支部书记张从山指挥村里的民兵迅速集结，奔赴战斗岗位。为了减少伤亡，在民兵和青壮年做好战斗准备的同时，趁天色未明，立即组织老弱妇孺向村南山上转移。

拂晓时分，日军在村北公路上安好大炮，在村西北的房家村和村北的后桥上架起重、轻机枪。布置停当后，敌人先向北戈山厂打来一炮，接着叫一个翻译官喊话，要村里的人缴械投降。民兵陈长德一枪把翻译官击毙。敌人遂即用大炮、机枪向戈山厂村开火。陈长德等人守卫的西北炮楼被打塌，他们从废墟中爬出来又登上围墙固守。9时左右，敌军向村寨发起攻击，当接近村寨200米时，踏响了石雷，炸死炸伤数十名鬼子和伪军。借着地雷阵发挥的作用，民兵们乘机用各种火器反击敌人，打退了这次攻击。10时左右，敌人以猛烈的炮火发动了第二次攻击，在炮火轰击后，大股日伪军冲了上来。魏壁轩和张从山指挥民兵用抬杆、步枪、土枪、手榴弹、石头进行阻击。围墙被炮火轰倒了，他们就以瓦砾堆为掩体坚守阵地。中午，北围墙被全部轰倒，民兵和群众撤进南戈山厂，北戈山厂失守。

敌人占领北戈山厂后，继续向东、西戈山厂进攻。不久，东戈山厂失守，民兵掩护大多数群众突围上山，其余的撤到南戈山厂。在西戈山厂，敌人攻破西门后，立刻用机枪对撤退的群众疯狂扫射。民兵们一边与敌人展开巷战，一边掩护群众撤退。很快，西戈山厂失守，剩余的群众也撤到南戈山厂。14时，还留在村里的男女老幼 500 余人聚集在南戈山厂的南寨门口。出了南寨门就是戈山山岭，但敌人的火力封锁了南寨门，不能打开南门突围。民兵们急忙将两处有裂痕的南围墙推到，让群众从缺口处突围上山。架在南门外三官庙前的敌军十几挺机枪向着撤退群众一齐开火。陈长德等民兵端枪冲上去，边冲边射击，掩护群众突围，在打倒 3 个敌人后，陈长德等人壮烈牺牲。

16 时，敌军占领全村，到处放火烧房，开始了残酷的大屠杀。村民谭风友一家五口，因没跑出去躲在地窖里，被敌人堵在里面用火全部烧死。村民田富成和他的小孙女被抓住，敌人把煤油浇在爷孙俩身上，点着火以此取乐。一个不满 3 岁的小孩被日寇提起腿摔在石墙上，脑浆迸裂。村民陈运方怀孕的女儿回戈山探亲，被日寇抓住用刺刀剖腹。村民李繁瑞被日寇一刀劈成两半。80 多名村民被赶到村西南一个场上，敌人用机枪进行扫射，当场死亡 38 人。同时，敌人又用大炮轰击向戈山岭突围的群众。17 时，双手沾满戈山人民鲜血的日伪军抬着

32 具尸体、带着 64 个伤兵撤出戈山厂村。

在日伪军制造的这起"戈山厂惨案"中，戈山厂村被杀 96 人，受伤 130 多人，烧毁房屋 1 200 余间，烧死牲畜近 300 头。全村到处是断墙残壁、折断的长矛、带血的棍棒、满街满巷的石块……

"戈山厂惨案"发生后，鲁南区委在全区干部中募捐 9 000 余元，抚恤殉难者家属和受难群众。鲁南行署、尼山专署、邹东县政府给戈山厂人民捐献了大批衣服、粮食、牲畜、农具、种子等物资，召开了慰问大会。尼山独立营和区中队的指战员来到戈山厂，帮戈山厂村民盖房、种地，重建家园。罗荣桓、黎玉、肖华致电鲁南军区转戈山厂全体同胞："你们这次英勇抗战，保卫边沿，以民兵自卫武装抗击装备大炮、机枪的敌寇，并予敌寇以重大杀伤，充分发挥了中华民族优秀儿女临难不屈的高尚节操。你们虽在敌人残暴的兽行下，84 人①壮烈殉国，但你们抗敌的英勇事迹，为山东人民抗战写下了光荣的史页。除令鲁南军区设法救济外，特电向你们致亲切的慰问，并对死者致沉痛的哀悼。"②

八路军山东部队在 1945 年的春季攻势作战中，精彩一役是 3 月份的攻克蒙阴县城。

蒙阴，位于山东省东南部、沂蒙山区的腹地，因地处蒙山

---

① 当时遇难人数未统计全，最后统计人数是 96 人。

② 黄瑶主编：《罗荣桓年谱》，人民出版社 2002 年版，第 408 - 409 页。

北麓而得名，自西汉初年置县，已有两千多年的历史。县域东邻沂水、沂南，西靠新泰，南与费县、平邑交界，北与沂源接壤。境内群山耸立，较大的山峰有 520 多座，海拔千米以上的就有 12 座。县境南端的蒙山，逶迤百余里，蔚为壮观。古时蒙山称作龟山，孔子曾望山兴叹作《龟山操》曰："余欲望鲁兮，龟山蔽之！"县境的东北部，山峦密集，许多山峰周身陡峭，山顶浑圆平缓，地貌学上称为"方山"，当地俗称为"崮"。整个沂蒙山区有名崮 72 座，其中 36 座在蒙阴。1933 年 9 月，中共新泰县委发动群众举行龙须崮暴动，打响了蒙阴人民武装革命的第一枪。抗日战争爆发后，中共山东分局、八路军一一五师、山东纵队等抗日武装力量在蒙阴的险峰奇崮间辗转战斗，打击日寇。1943 年 11 月，为阻击日伪对沂蒙山区的"扫荡"，八路军的 1 个连，凭借岱崮天险，激战 18 昼夜，胜利完成了牵制日伪军 2 000 余人的战斗任务，并创造了毙伤日伪军 300 余人的光辉战例。

1938 年 1 月，日军侵占蒙阴县城，修建围墙、碉堡、壕沟，并在大望山西北与鸡冠山东南险要处修筑碉堡多座，在周边的垛庄、店子、汶南等 10 多个地方设立据点，修筑围墙、碉堡。蒙阴县城成为日军在沂蒙山区的中心据点和屯兵基地，对沂蒙山抗日根据地威胁甚大。

鲁中军区决心在 1945 年的春季攻势中解放蒙阴县城，拔除这个敌人插在沂蒙山区的大钉子。1945 年 3 月 8 日，鲁中军区集中主力第一团、第四团、第九团、第十一团、军区特务营、第二军分区特务营和部分地方武装、民兵，发起蒙阴战斗。

当时蒙阴城驻有日军"蒙阴分屯队"，即第五十九军团独立步兵——一大队的1个加强小队，50多人；伪军12个中队的1 200余人。其邻近的新泰驻有日军1个大队和10余个伪军中队，能够增援蒙阴的日伪军兵力不多。日军占领蒙阴城已有7年，守军大部分集中在城内，其余的分驻各城关据点。城内外明碉暗堡遍布，工事坚固，防守严密。城西门顶上两丈多高的大碉堡是全城的制高点，也是日军的中心火力点。

鲁中军区司令员王建安、政委罗舜初亲自指挥蒙阴战斗。鲁中军区的主力部队在此之前已经积累了不少攻坚战的经验，在1944年的夏季攻势作战中，他们攻克了有坚固工事的沂水城，在冬季攻势作战中又攻克了莒县县城。部队的弱项是重火力不足，不过第一团的炮兵连有一门葛庄伏击战缴获的四一式山炮，这是当时八路军里少见的重型火炮。蒙阴战斗的部署是：第一团主攻西门；第十一团、特务营和蒙阴县独立营负责消灭城周围据点的伪军；第四团和第九团组成打援梯队，负责阻击增援之敌。总攻时间定在3月8日22时40分。

担任主攻的第一团根据城内伪军内线工作的情况，决定利用伪军关系，先派有战斗经验的战士潜入城中，在总攻发起时炸毁西城门，为攻城部队打开通道。侦察员曹世范、曹凤洲被选中执行这一任务。这两人都是久经沙场的战斗模范，曹世范只有一只手，是鲁中军区有名的"单手英雄"。8日下午，曹世范装扮成一名客商，在内线接应下顺利进入县城。曹凤洲也在伪军内线掩护下将炸药带进城里。两人在城里汇合后，在内线的帮助下把炸药隐蔽在城西门洞内。

22时40分，总攻开始。"二曹"按时拉响了炸药包，"轰隆"一声巨响，西城门被炸开了。但是，只听城外枪炮声大作，都不见部队攻城。原来是第一团的突击队三连走错了方向，未能按时到达西门。等第一团逼近西关时，西门又被敌人堵死，增强了西关的防守兵力和火力。当晚的苦战未能攻破西门，部队被迫撤出。

第二军分区特务营首先攻破城南关的小围子，歼敌200余人，残敌逃进城内。他们留下一个连固守阵地，主力转向城东关协同第十一团作战。十一团突入东关，经一夜激战，歼敌200余人，残敌亦逃入城内。

8日的夜战打得不理想，前敌指挥员决定坚守已得阵地，重新组织攻城力量，准备9日夜间再战。

驻新泰的日军64人于9日上午分乘两辆卡车增援蒙阴，被鲁中军区第一团二营在离蒙阴县城6公里的墩台截击。经过激烈战斗，日军窜进公路旁一个小围子里固守，几次企图突围均被打退，至下半夜3时，除逃脱1名军医回去报告被歼情况和俘虏4人外，其余日军均被击毙。另一路日军1个小队、1个伪军中队经东都、汶南向蒙阴增援，于9日上午行至石泉庄时，遭费北独立营伏击，击毙了包括带队的宇留贺大尉在内的4名日军，俘虏1名日军，其余敌人逃回。

3月9日18时，鲁中部队再次向蒙阴城发起攻击。第一团的主攻连仍是一营三连，因前晚失利，该连发誓雪耻、士气高涨。攻城开始后，爆破手冒着弹雨抱着炸药包冲到城下，团里的炮兵连把山炮推到离城门80米处，轰击西门。炸药包炸响后，城门楼被炸开豁口。突击队架梯冲上城墙，打退了敌人一次次反攻，巩固住了西门阵地。与此同时，攻击东、南、北门的部队，也以强攻手段攻入城内，将敌人压至3个碉堡中。拂晓时，这些碉堡被逐个爆破，守敌被全歼。

蒙阴战斗击毙日军100余人，俘日军9人，毙伤伪军250余人，俘伪县长、伪县大队长以下伪官兵900多人。蒙阴城的解放，使鲁中军区和鲁南军区完全连成一片，为山东八路军创造了有利的反攻态势。3月17日，罗荣桓、黎玉、肖华颁布嘉奖参战部队的命令："蒙阴的解放是山东我军今年（编者注：1945年）继鲁南泗水战役以后的第二次大捷，是我军有力地打击敌寇重点配备，拔除插入我根据地腹心据点，使泰山沂蒙更加连成一片，并猛烈扩大解放区的标志。我鲁中部队在此次战役中所表现的出色的英勇果敢，不让一个敌伪从我军围歼中漏网，并将增援的敌军无情地歼灭，应引为我军的无上光荣，并应受到崇高的奖励。"①

---

① 黄瑶主编:《罗荣桓年谱》,人民出版社2002年版,第408页。

四、改造旧军队

山东军区自 1944 年发动攻势作战以来，在军事上打击敌、伪、顽的同时，注重发动政治攻势，争取伪军反正，取得了显著成果。其中几个大股反正的伪军队伍，编成了隶属山东军区的独立旅。1944 年 7 月，驻青州的伪"灭共建国军"暂编第一师王道率部反正，被编为山东军区独立第一旅。1944 年 11 月，莒县伪保安大队莫正民部里应外合配合八路军解放莒县城，同时宣布反正，被编为山东军区独立第二旅。1945 年 1 月，诸城伪保安队张希贤部在八路军的策应下反正，被编为山东军区独立第三旅。山东军区所辖各军区也都积极开展瓦解敌军工作，争取了不少小股伪军反正。到 1945 年春季，反正伪军总数已逾万人。

伪军人数多，是山东抗日战争中敌方力量的一个特点；争取反正的伪军人数多，是山东抗日战争中的一个亮点。后来的事实证明，日本投降后，国民党立即收编伪军，成为国民党投入内战的军事力量。在抗战中争取伪军向八路军反正，实际上是事先把蒋介石在战后用来反共的队伍变成了人民的队伍。显然，争取大股伪军反正，无论在军事上还是在政治上，无论对当时的抗战，还是对后来的解放战争，都具有重要的战略意义。

山东军区 3 个独立旅反正起义的道路是各不相同的。

独立第一旅旅长王道，莒县人，早年毕业于山东法政专门学校，曾任国民党莒县党部执委。他为人爽直义气，也很有抱负。抗日战争爆发后，他在当地组织了抗日游击队，起初被编为国民党山东纵队第六梯队第二十八支队，后被改编入吴化文的国民党新编第四师第二旅，王道任参谋长。因看不惯吴化文部祸国殃民的作为，又不是吴的嫡系，遭到旅长贺钫的排挤、孤立和打击。为了吞并王道的队伍，吴化文于1942年9月派部队将王道的队伍包围。王道为了保存力量，投靠了日军，其部被编为"灭共建国军"第八团，王道被封为暂编第一师的少将司令。

王道部队的官兵大多数是莒县人，而莒县是八路军的根据地和游击区，家里的亲属经常写信教育他们。日军把王道的部队放在最前线当炮灰，而王道部队的许多官兵又不愿与八路军打仗，真和八路军交战时，日军又不出兵支援他。在困苦之中，王道开始设法与八路军取得联系，以保住自己的队伍。

八路军清河军区司令员杨国夫了解了王道的情况后，认为他本人有民族意识，与日军貌合神离，只要做好工作，完全可以争取。如果能争取王道部反正，则有利于小清河南益（都）、寿（光）、临（淄）、广（饶）四县边区根据地的发展。当王道主动派他的妹夫、秘书科长刘同泰秘密前往清河军区拉关系时，清河军区领导决定派军区敌工科的沈复民以刘同泰同学的身份，打入王道部队，秘密开展工作。

王道本来就对八路军心存敬仰，在和八路军建立秘密联系后，了解和接受了共产党建立抗日民族统一战线的政策，下决心走抗日的道路。由于王道部队里的一些团长、营长等军官有的是真汉奸，有的是国民党的人，经常散布谣言，怀疑王道与八路军有联系。王道的基本力量只有独立一营、二营和那些青年学生出身的下层军官。为了掌握部队，争取下层官兵，王道建立了训练大队，轮训排以上军官，由刘同泰任政治教官，宣讲爱国主义和抗战主张。同时，清河军区通过各种渠道把中共山东分局办的《大众日报》、中共清河区党委办的《群众报》秘密送进王道部队里，在一些积极分子中传看，由他们向士兵讲抗日的道理。为了争取王道反正，山东军区派省参议会参议、王道的旧日好友牟宜之来到王道部队，帮助王道掌握部队。经过半年多工作，掌握了一批积极分子，控制了部分武装，发展了几个秘密党员。起义的准备工作在秘密进行着，王道提出起义前想同杨司令员见一面。7月10日下午，杨国夫司令员在广饶县南乡刘集村秘密会见了王道。和杨司令员的一席谈话，消除了王道所顾虑的问题。

7月20日晚，王道在丰城司令部召开连以上军官会议，宣布了起义决定。多数军官积极响应，几个顽固军官表示反对。埋伏在外围的清河军区直属团于21日包围封锁了丰城大围子，对占领两个炮楼企图负隅顽抗的死硬分子迅速予以解决。7月22日，王道部队驻广（饶）青（州）公路沿线2 000多人在八路军掩护下，胜利开往广北根据地。根据地的军民和政府敲锣打鼓欢迎这支光荣反正的队伍，为他们做衣服、洗被褥、补鞋袜，送来慰问品，使起义官兵深受感动。

7 月 28 日，罗荣桓、黎玉、肖华等致电中央军委、集总："为缩短清河与鲁中联系，清河以十二个连配合寿光的地方武装和民兵向广饶、益都线出击，并策应驻青州（益都）之伪'灭共建国军'暂编第一师王道部反正。二十二日，王道部五个营共二千人，携长短枪一千四百余枝，轻机枪二十余挺，战马一百余匹，汽车一辆，旋床两部反正，并发表告广饶、寿光同胞书。我乘胜攻克寿光西北、广饶东南据点十余处。"①

经过一段时间休整，王道所部被编为山东军区独立第一旅，王道任旅长，牟宜之任政治部主任。

王道起义在伪军中引起了极大震动。4 个月后的莫正民部反正，便是受到了王道的影响。

莫正民是山东莒县人，幼时家贫。抗战初期参加过中华民族抗日先锋队，和中共党员王东年共同拉起一支队伍。国民党爱国将领高树勋曾将莫正民的部队编为一个独立旅，莫正民任旅长。高树勋部奉命离开鲁中地区时，莫正民部脱离了高部，未随其撤离。后来在日军的压力下，莫正民为保住队伍，当了伪军，所部成为莒县伪保安大队。1942 年 7 月，莫部配合日军由莒县向南"扫荡"，遭到滨海军区八路军的沉重打击。为了求得缓和的生存局面，莫正民派人与八路军联系。经过多次秘

---

① 黄瑶主编：《罗荣桓年谱》，人民出版社 2002 年版，第 372 页。

密协商，八路军在该部设立了联络站，开始了对莫部的争取工作。

由于起初对莫部拉得多、打得少，斗争不够，莫正民在八路军与日军作战中，有过配合，也出现过反复。1944 年 3 月，八路军准备打掉莒县南部夏庄一带的日军，事先与莫正民联系好，让其放弃莒县南部，驻守北部，以利八路军作战。然而在八路军发起进攻后，莫部的第二大队反而坚守待援。八路军在消灭了一个日军小队后，将莫部第二大队一并歼灭，并生俘大队长刘振亚。莫正民丢了一个大队，又要求与八路军改善关系。

山东军区政治部主任肖华认为，争取莫正民的时机已到，就给莫正民写了一封亲笔信，派已在王道的山东军区独立第一旅任政治部主任的牟宜之去与莫正民会晤。牟宜之与莫正民见面后，送上肖华的亲笔信，向他进一步阐明形势，晓以大义，劝他不要三心二意，要改邪归正、戴罪立功。此时的莫正民，在几名顽固分子的怂恿下，仍是犹豫不决。莫部中表现最顽固的是驻井邱的第三大队，曾捕杀一名八路军侦查员，袭击过八路军一个区中队。鲁中军区下令攻克井邱，击溃了莫部的第三大队。莫正民亲率三个中队增援，又遭到沉重打击。莫正民事后又主动派人与八路军联系，此后与八路军的关系渐渐密切起来。不久，八路军将在夏庄战斗中俘获的莫部第二大队长刘振亚放回，使莫深受感动。几经反复之后，莫正民终于下定决心弃暗投明。

1944 年 11 月，在莒县战役中，莫正民按照八路军的要求，率所部 3 500 人起义。这是山东抗日战争中最大的一股反正伪军。起义队伍进入根据地后，被改编为山东军区独立第二旅，莫正民任旅长，当年曾和他一起拉起抗日队伍的中共党员王东年任政治部主任。

张希贤，诸城县枳沟普庆村人，幼时在村读私塾，后于枳沟高小毕业。1922 年考入济南正谊中学，毕业后回家乡小学任教。1926 年加入国民党，曾担任诸城县党部候补执委。1929 年任国民党嘉祥县特派员，此后加入国民党改组派，投入反蒋运动。1936 年，张希贤出任诸城县第三区区长，建立了一支 200 多人的区队武装，自己担任队长。1937 年冬，这支队伍发展到 1 200 余人，被收编为国民党山东别动总队二八支队第三分队。1938 年，被国民党第十军团高树勋部改编为第三旅第六团，张希贤任团长。1939 年冬，又被山东省国民政府统编为山东保安十二旅，张希贤任旅长，下辖 3 个团、2 个独立营和 1 个特务营，2 500 余人。1941 年 2 月，张希贤部的 1 个连在枳沟北凤凰官庄与日军 1 个小队作战，击毙日军小队长和 2 名日本兵，击溃了进犯的日伪军，受到山东省国民政府的通令嘉奖。数月之后，日军 100 多人与 200 多伪军向张部驻地红杏沟发起突然袭击，一团团长王幼农与敌激战，双方各有伤亡，王幼农阵亡。

张希贤早起虽然抗日，但他是反共的。1940 年春张部在长城岭袭击过中共诸城县委，在郭家崖打过八路军，在其盘踞的地方，老百姓深受其掠夺蹂躏之苦。

当时滨北地区国民党和伪军各派系之间，争抢地盘、相互吞并的斗争很激烈。伪军张步云部早有吃掉张希贤部的野心。张步云与张希贤名为结拜兄弟，实际上张希贤部时常受到张步云部的威胁和侵袭。1942年春，张步云出兵进攻张希贤部，并偷袭了张希贤安置在马耳山下张家沟村的家眷，杀害了张希贤的父母和五弟。这之前，张希贤为寻找依靠，曾在1941年投靠国民党驻莒县的五十军周毓英。看到周毓英帮不了他，面对家破亲亡的深仇大恨，张希贤决定另寻出路。当时敌后国民党军队在"曲线救国"论的影响下，纷纷成建制投敌。张希贤通过与驻管帅据点的日军联系，于1942年9月投降日军，编为皇协军第一支队，自任支队长，下辖6个大队。不久将其部队编入诸城伪保安大队，张任副大队长。由于张本人及其下属很多官兵耻于当伪军，所以仍打着"保安十二旅"的旗号，所辖各大队也称各团。

抗日战争期间，诸城境内伪军最多时有20多股，各股伪军之间相互倾轧，到1943年合并为张步云、李永平、张希贤三大股。他们拥兵割据，各霸一方，成为日寇的帮凶。诸城境内同时还驻有日军部队和国民党部队。日、伪、顽三方在全县建有据点300多处，不仅阻断了鲁中南与胶东抗日根据地的交通，而且严重阻碍了鲁中区和滨海区抗日根据地的发展。为了尽快扭转滨北地区的抗日局面，1943年7月，山东军区命滨海军区司令员陈士榘率部挺进莒日公路以北，以速战速决的方式取得三关口战役胜利，光复了以五莲山区为依托的滨北抗日根据地。同时，山东军区政治部抽调数十名干部，组成滨北办事处，由军区政治部联络部张梓桢部长兼任主任，专门做滨北地区大股伪军的反正工作。滨北办事处认真分析了张希贤部投敌的背景和多数官兵的思想状况，把张部列为重点策反的工作对象。

埋葬张希贤父母的马耳山一带，在1943年被八路军解放。9月，张希贤提出要将其父母和五弟的墓由解放区迁葬回老家。八路军予以准许并提供了一些帮助，使张希贤深受感动。八路军利用他和张步云之间的矛盾，提出双方建立联系共同对付张步云。张希贤对张步云怀有杀害父母兄弟之仇，同意建立秘密联系。滨北办事处派出了山东军区政治部联络部干事胡铭襄，化名陈超然，开展秘密工作。

据胡铭襄回忆，1943年10月，他以陈超然的身份与张希贤在诸城三区南老村进行了第一次秘密会谈。他转交了滨北军分区司令员梁兴初给张希贤的信，信中历数其部下侵犯边区、骚扰百姓的事实，要其约束部下，整顿军纪，同时希望他以民族大义为重，为抗战出力。张希贤表示要约束部属、少干坏事，双方同意进一步加强联系。两个月后，陈超然与张希贤在大泮庄第二次会谈。由于张希贤对整个战争形势缺乏了解，单方面受国民党和日军的反动宣传影响很深，对八路军局部反攻以来取得的胜利也茫然不知。陈超然带去了中国共产党方面出版的报纸和介绍全国抗战形势、八路军战绩的材料。他告诉张希贤，日军在太平洋战场连遭挫败，侵华日军在中国人民打击下已走向颓势，八路军在各敌后战场已开始局部反攻。国民党右派鼓吹"曲线救国"，是打着救国的幌子公开卖国。这次会谈，深深触动了张希贤。1944年3月，陈超然化装成伪军中尉进入诸城县城，与张希贤交谈了近10个晚上。这次接触时间长，交谈的内容广泛，从战争的走向、国家的命运到个人的前途，无所不谈。当陈超然问他能否反戈一击、高举义旗时，张希贤觉得这条路是合乎潮流的，但其部情况复杂，需待机而动。

为考验张希贤是否有意反正，滨北办事处研究通知张希贤撤掉皇华店附近一个较大的据点。按双方约定，八路军佯装强攻，张希贤指示该据点的伪军假装顶不住以蒙骗日军，经3次佯攻，张部伪军撤走，据点被拔掉。滨海军区据此给张希贤记功并致函嘉奖。1944年7月、11月，王道、莫正民两大股伪军反正，对张希贤的思想转化起了很大的推动作用。滨北办事处利用有利形势派陈超然多次与张希贤交谈，张的态度一次比一次明朗、坚决，但还有许多思想顾虑，如共产党、八路军会怎样对待他的十二旅？会不会跟他算旧账？等等。根据张希贤的表现，为防止其左右摇摆，促使他下定决心，率部起义，山东军区领导一方面告诉他我党的抗战政策，另一方面决定提前任命张希贤为山东军区独立第三旅旅长。1944年11月，当张希贤派心腹张崇文从八路军山东军区领回罗荣桓司令员颁发的委任状后，终于打消了疑虑，下定决心率部起义。

就在此时，发生了乔庄事件。11 月 14 日，伪山东国民自卫军第一军张步云部袭击了张希贤在诸城西部的重要据点乔庄。张希贤的第四团大部遇难，其主力不得不移驻诸城东乡，处境困难。八路军代表陈超然紧急会晤张希贤，向他提出马上起义的要求。张希贤表示同意，双方就起义的具体事项进行了商谈。为策应张部起义，滨海军区调集 2 000 余人的主力部队配合行动，以防意外。同时，将住在城里的张部军官家属秘密转移到城外。

1945 年 1 月中旬，张希贤从诸城动身，以视察为名，赶赴辛兴镇。跟随张希贤反正的旅直属部队、一团、四团、五团共 1 500 余人，从各自驻地在辛兴镇秘密集结。滨海军区主力部队于当日发起诸（城）东战役，一部分直插诸城东部，监视城内日伪军，另一部分向各伪据点发起攻击，攻克百尺河等据点 35 个，解放村庄 150 个。入夜，张希贤率起义队伍开往解放区，在大村一带与八路军策应部队会合。起义队伍在日北山区休整后，经石头河、松柏林、洪凝、石场，转移到山东军区和滨海军区所在地的莒南山区，沿途受到了根据地人民的真诚欢迎。起义部队被改编为八路军山东军区独立第三旅，下辖七、八两个团和一个直属队，张希贤正式公开了八路军旅长的身份，陈超然出任旅副参谋长兼七团政治部主任。

政治路线确定之后，干部就是决定因素。

大股伪军反正之后，部队的番号改成了八路军，但这些队伍要真正成为人民军队，必须在思想、政治、纪律等各方面进行脱胎换骨的改造。军队中的士兵和下层军官大多数是贫苦农民出身，具有改造成人民子弟兵的思想基础和阶级基础。能否把高中级军官从思想上、政治上迅速地改造成人民军队的指挥员，是把这些大股伪军从旧军队改造成新的人民军队的关键。

1945 年 2 月 21 日起，山东军区在战事频繁之际，拿出了12 天的时间，召开了王道、莫正民、张希贤 3 个独立旅的团以上高级干部会议。这个会议实际上是个学习培训班，主要目的是打通思想、加强团结、交流经验，研究和执行军区对各旅今后工作的指示。会议于 3 月 4 日结束，取得了很好的效果，对其他战场产生了很大的影响。

中共山东分局和山东军区首长罗荣桓、黎玉、肖华分别在会议期间作了关于时局、军政建设的重要报告，着重阐述了我党、我军在群众观念、拥政爱民等方面的政策和做法等。会议安排了山东省临时参议会马保三副议长、山东省战时行政委员会外事委员会李澄之主任、省战时行政委员会郭维城委员、省战时行政委员会民政处梁竹航处长，省文协姚尔觉会长等，分别作了中国共产党和抗日民主政权的各项政策、解放区建设、群众运动、军民关系等方面的报告和介绍，并对山东国民党政府及其军队的独裁专制、腐败无能，作了正确而生动的批判。从而使到会的干部对于建设和改造自己的部队，尤其是对今后个人的奋斗方向，有了较明确的认识。各旅分别作了军政工作报告，并进行了集体研究、探讨。到会干部提供了相关地区的敌伪情况，以利今后开展对敌政治攻势。

会议的安排十分有规律。每天清晨起床后，随即开始个人自由阅读山东军区政治部及大众日报社送来的各种书报杂志。白天开会、听报告、记笔记，遇有疑问随时提出研究，会场上充满了严肃活泼的气氛。每天晚上开讨论会，大家自由发言，热烈争论，有的争论到深夜亦不觉疲劳。与会干部都深深地感到了八路军的这种民主精神。

会议期间，以山东军区首长邀请的方式，安排与会人员赴军区教导团、日本工农学校山东分校、朝鲜革命军政学校山东分校等处参观。通过参观让大家感受八路军主力部队的精神风貌，感受八路军是怎样培训干部的，从而了解要把自己的队伍改造成一支什么样的部队。

日本工农学校，是抗战期间中国共产党创办的一所日军战俘学校。自平型关战役起，特别是百团大战以后，八路军俘获的日军数量越来越多，到1941年5月已达1 800多人，除一部分释放或转交国民党统战部外，大部分仍留在八路军的根据地。在日军战俘不断增多的时候，日本共产党人野坂参三于1940年3月从莫斯科来到延安。经过半年的调查研究，他在1940年10月给毛泽东写了一封信，建议中共中央在延安成立一所专门学校教育改造日军战俘。这一建议与中共中央的想法完全一致。鉴于日军战俘中绝大多数出身于劳动人民家庭，毛泽东亲自给学校定名为"日本工农学校"。野坂参三担任校长，八路军派政工干部担任副校长和各科教员。经过教育，这些学员从"日本鬼子"变成"日本八路"，成为反对日本侵华战争和瓦解日军的一支重要力量。随着抗战形势的发展，日本工农学校及其学员的数量也在增多。山东、山西、华中等抗日根据地先后成立了分校。山东军区邀请各独立旅高级干部参观的便是这所学校的山东分校。大多数学员经过教育引导，成为日本反战同盟的骨干，毕业后分赴各抗日战场，开展反对日本军国主义和侵华战争的斗争，有的为此献出了自己的生命。毕业于山东分校的金野博，1944 年在江苏赣榆县不幸被捕，面对日军的严刑拷打，他坚持反战立场不改，并告诉审讯他的日军："只要我不死，仍要回到八路军中去！"最后被残酷杀害。新中国成立后，中国人民在赣榆县烈士陵园为他树立了一座手榴弹形状的 4.5 米高的巨石纪念碑，上书"日本国友人金野博同志纪念碑"。组织独立旅的高级军官参观日本工农学校，对于提高他们的思想觉悟、坚定他们打败日本帝国主义的信心，有极大的促进作用。

朝鲜革命军政学校是朝鲜独立同盟创办的。1910 年 8 月，日本强迫大韩帝国签订《日韩合并条约》，正式吞并了朝鲜半岛。1919 年 3 月 1 日，朝鲜爆发了"三一"独立运动，遭到日本殖民当局的残酷镇压。朝鲜的大批爱国志士和革命青年流亡到中国，继续进行谋求朝鲜民族独立的斗争。1937 年中国抗日战争爆发，一部分朝鲜革命青年奔赴陕甘宁边区，参加中国共产党领导下的抗日斗争。1941 年 1 月，40 余名朝鲜革命青年从延安抗日军政大学毕业后，成立了朝鲜青年联合会，1942 年7 月更名为"朝鲜独立同盟"。同盟下设了分盟，分盟下设支盟。到 1944 年底，分盟发展到 10 多个，支盟 50 多个，盟员1 000 多人。从 1942 年 11 月起，"朝鲜独立同盟"在延安、太行山区、沂蒙山区等地创办朝鲜革命军政学校，培养朝鲜籍革命干部。他们在朝鲜侨民和侵华日军的朝鲜籍士兵中积极开展反战工作，宣传朝鲜民族抗日、民族独立的思想，鼓舞朝鲜侨民的抗日信心，揭露日军的欺骗宣传，宣传八路军、新四军和苏、美、英等国反法西斯斗争的胜利消息，支持中国人民的抗日战争，争取朝鲜的民族独立和解放。他们还组成武装宣传工作队，配合八路军开展反"扫荡"和瓦解敌军的工作，他们在支援中国人民抗日战争中发挥了积极作用。山东军区各独立旅高级干部参观的，就是位于沂蒙山区的朝鲜革命军政学校山东分校。看到这些矢志不渝地在异国他乡坚持抗日、争取民族解放的朝鲜革命青年，与会的独立旅干部深受教育。

山东军区 3 个独立旅高级干部会议于 3 月 4 日结束。罗荣桓司令员最后作总结讲话。他指出，各旅不论成立时间先后，均有进步。与群众的关系与过去相比，有较大进步。各旅还应努力加强思想教育，知道今后中国将要走向何处。对于各旅已经或正在开展的民主运动，罗荣桓指示，目前的主要问题不是纠正偏向，而是打通干部思想。在军政工作关系上，罗荣桓特别强调政治工作是我们革命军队的生命线；山东军区对各旅是一视同仁的，号召各旅和兄弟部队要互相团结、互相学习、互相鼓励进步。①

会议结束后，新华社和大众日报社记者采访了各旅负责人。三位旅长纷纷表示：听了各位首长的报告和指示后，解决了很多问题，增加了革命信心，加强了本人的革命人生观。王道旅长说："参观军区教导团和日本工农学校，对我教育很大。军区教导团不论在军事上还是在政治上都有原则性和丰富的理论根据，而且是无条件地为国家民族奋斗，与沈鸿烈所办的'政治学院'实有天地之别，他们是培养大批为自己升官发财而服务的爪牙。我深信共产党的崇高和伟大，这也是国民党方面从来没有过的事情。"莫正民旅长说："非常高兴参加会议，许多从未知道的真理都知道了。"他还说，来上级机关开会，本以为要像从前那样送钱，哪知道情况完全不同，真正感到了八路军的伟大。张希贤旅长说："我在国民党里也当过委员，但从来没有想过要替老百姓办一件事。到根据地后在首长们的教育下，才明白八路军才是百姓的军队，会议留给我的印象是共产党的言行是一致的。"独立二旅副旅长陈笏卿说："原先对共产党、八路军的认识是'夏日可畏'，但目前已感到'冬日可爱'，自己来得太晚了。"大家纷纷表示，要坚定地走革命的道路。②

---

① 见延安《解放日报》1945 年 4 月 14 日第 1 版《山东军区召开独立旅高级干部会议》的报道。

② 见延安《解放日报》1945 年 4 月 14 日第 1 版《山东军区召开独立旅高级干部会议》的报道。

3月15日，山东军区政治部致电中央军委总政治部、八路军野战政治部，报告了此次会议的情况。同日，中共山东分局和山东军区政治部致电中共中央、军委总政治部、中共中央北方局和八路军野战政治部，报告了改造旧军队工作的经验。3月28日，中共中央批示："此报转发各地仿照办理，并请转各地党委。"① 4月18日，延安《解放日报》发表题为《旧军队的改造》社论，指出：山东军区对于三个光荣反正的部队，采取了很正确的办法，就他们的原有建制编为独立的部队，从干部思想着手帮助这些部队的改造，创造出了极其宝贵的经验。这个经验对于将来改造中国二三百万旧军队非常有用。

① 黄瑶主编:《罗荣桓年谱》,人民出版社2002年版,第406页。

第三章　三个省政府

一、"国破山东碎"

1945年春山东政局的主要势力，可以概括为：两国、四方、三个政权。中日两国正在进行侵略和反侵略的战争；日军、伪军、国民党军、共产党领导的八路军四方在斗争中消长；在山东省内，日军扶持的伪政权、共产党领导的抗日民主政府同时存在；在山东省外，流亡皖北的山东省国民政府还挂着牌子，国民党在省内还有一些零散的地方势力。各种势力管辖的区域相互交错，把山东分得七零八落。

造成齐鲁大地这种山河破碎局面的根源，还得从日军入侵山东说起。

日本妄想侵占山东是图谋已久的事情。在发动全面侵华战争前，就曾三次以国家名义出兵，对山东进行武力侵犯。

第一次是在甲午战争中，日军入侵山东半岛。

1894年7月23日，日军攻占汉城（今首尔），劫掳朝鲜国

78

王，另行组织了傀儡政权。7月25日，日本政府不宣而战，命令海军偷袭中国驻牙山湾丰岛海域的北洋舰队，陆军进攻中国在牙山、成欢的驻军。8月1日，中日两国同时宣战，中日甲午战争正式爆发。

甲午战争在经过平壤陆战、黄海海战后，日本方面广造舆论，大肆鼓吹胜利战果，使日本朝野的侵华野心不断膨胀。日本政府自1894年10月下旬起，分兵两路入侵中国的辽东半岛，11月22日旅顺口陷落，辽东半岛沦陷。日军占领旅顺后，制造了骇人听闻的屠城惨案。4天内，2万多名中国百姓，全遭残害。日军夺取旅顺口海军基地后，清朝北洋水师缩在威海港内，北洋门户洞开，黄海制海权落入日军手中。日本政府侵华胃口进一步加大，决定进兵山东半岛，海陆夹击，歼灭北洋水师。

在决定进攻山东半岛后，日本把大将大山岩指挥的第二军第二师团与尚在国内的第六师团，编成"山东作战军"。1894年12月14日，日本海军军令部部长桦山资纪，给日本联合舰队下达了运送第二军到山东半岛，攻占威海卫，消灭北洋舰队的命令。23日，联合舰队司令伊东祐亨派军舰到荣成湾一带侦察登陆地点，经实地上岸侦察，选定荣成湾内龙须岛附近为登陆地点。

1895年1月中旬，日本"山东作战军"的第二师团、第六师团集中到大连湾。1月19日中午，日本联合舰队护送运兵船由大连湾向荣成湾进发，于第二天中午到达。日军到达后立即登陆，先占领了成山角灯塔和电信局，接着直奔荣成县城。清朝的官兵均不战而逃，日军唾手占领荣成。大将大山岩在荣成城里设立了"山东作战军"司令部，用 4 天时间在荣成湾登陆 34 600 人。25 日，日军兵分两路，合击威海卫。29 日，日本第二军左纵队占领温泉汤，右纵队占领九家疃，初步形成了对威海卫的包围圈。

　　1 月 30 日，是农历正月初五，日军对威海卫南帮炮台发起总攻。南帮炮台是摩天岭、杨枫岭、虎山、龙庙嘴、鹿角嘴、皂埠嘴等位于威海卫港南岸多座炮台的统称。身负威海卫南北两帮海陆炮台全面守卫之责的戴宗骞自尽身亡。南帮海岸炮台总兵刘超佩，在 30 日凌晨炮声一响，立马逃到刘公岛，后又逃往烟台。南帮诸多炮台的爱国官兵在这种情况下，仍然奋勇杀敌，浴血奋战。据日方记载，在威海卫南帮炮台战斗中，清兵伤亡 2 000 余人，日军死伤 228 人，其中在摩天岭炮台攻防战中，日军步兵第十一旅团旅团长大寺安纯少将被击毙。南帮炮台失守后，北帮炮台的守军已无力守卫。北洋水师提督丁汝昌为了不使北帮炮台为敌所用，派敢死队将炮台、弹药库、大炮一并燃烧毁坏。2 月 2 日，日军占领北帮炮台和威海卫城，北洋舰队在刘公岛和威海湾陷入四面包围之中。从 2 月 3 日起，日军发起向北洋舰队的攻击，虽然爱国官兵奋力抗击，但因弹尽粮绝、外援无望，丁汝昌于 2 月 11 日自尽殉国。2 月 12 日，北洋水师内部叛将与洋员盗用丁汝昌名义向日军乞降。16 日，叛将代表在投降条约上签字。17 日上午，日本联合舰队正式占领威海卫并举行了所谓的"捕获式"，将威海卫港内镇远、济远等大小 10 艘舰船俘获，插上日本国旗。至此，北洋舰队全军覆没，山东半岛战役结束。

在侵占区日军实行了穷凶极恶的抢光、烧光、杀光的"三光"政策。每到一村，老百姓的牲畜、粮食全部被抢光，日军挨家逐户抢夺财物，洗劫店铺；到处纵火烧房，宋家洼村、丁家庄、长峰村、雅家庄村等村庄房屋大都烧光；后亭子夼村被全部烧光。日军对手无寸铁的百姓的血腥屠杀，达到了灭绝人性的境地。威海卫周围的村庄，村村都有被日军杀害的人。兽兵所到之处，强奸妇女，不从即杀。不少家庭，女的被辱寻死，男的惨遭杀害，家破人亡。1962 年，在威海发现一册《丛氏钞存》抄本，内有《祭乙未殉难诸公文》一篇，记录了日军血洗威海长峰村的过程："官军鼠窜，倭寇鸱张，兵马纷扰，突围村庄，操戈入室，持刀登堂，拆毁我房屋，搜取我衣裳，糟蹋我黍稷稻粱，屠杀我鸡犬牛羊，一至黄昏，四起火光……"① 甲午战争最后以清政府向日本支付 2 亿两白银的巨款而结束。

甲午战争后，帝国主义列强像一群饿狼扑向中国，争抢瓜分这个东方巨人的肢体。1897 年 11 月，德国利用发生在山东巨野县的教案，扩大事端，派兵占领胶州湾，设立海军基地；于 1898 年 3 月胁迫清政府签订了中德《胶澳租借条约》，租借

① 戚其章著：《中日甲午战争史论丛》，山东教育出版社 1983 年版，第246－247页。

胶州湾 99 年。德国还取得了在山东境内修建胶济铁路、开矿、承办工程等一系列特权。英国在 1898 年 6 月 9 日与清政府签订《拓展香港界址专条》，取得租借九龙半岛及其附近岛屿和水面 99 年后，接着在 7 月 1 日，又胁迫清政府签订了中英《订租威海卫专条》，将威海卫及其附近海面租与英国，租期与俄国驻守旅顺之期相同，为期 25 年，英国有权在威海卫沿海筑炮台、驻军队。威海卫自甲午战争被日军侵占后，一直作为清政府履行《马关条约》赔款的担保，由日军占领，而当清政府的对日赔款刚刚付清，日军前脚撤走，它接着就落到了英国人的手里。

日本第二次武力侵略山东，发生在第一次世界大战期间，侵略规模和侵占时间都远远超出了第一次。日本提出了灭亡中国的"二十一条"，引发了中国近代史上震惊中外的五四爱国运动。

甲午战争后，日本挤入帝国主义列强队伍，成为争霸亚洲的强权国家。日本政府制定的对外侵略的"大陆政策"成为其基本国策。1914 年 7 月 28 日，第一次世界大战在欧洲爆发。由于欧洲列强敌对双方倾全力进行生死搏斗，难以兼顾亚洲事务，日本抓住这个时机，再次走上对华战争之路。1914 年 8 月 2 日，日本外务省公开表示，如果英国参战，日本将采取必要措施履行《英日同盟条约》的义务。8 月 4 日，英国宣布对德作战，7 日便正式向日本提出援助要求。但是，英国既希望借助日本的军事力量、削弱德国在华的势力，又担心日本会侵犯自己在华的利益。因此，英国要求日本声明不攻击德国在山东占领区以外的地区。经过两个强盗之间的交涉，日本承诺保护英国在中国的权利，英国保证对日本在山东的军事行动不予干涉。而袁世凯的北洋政府在这种局面下，竟于8月6日宣告"中立"，还公布了《局外中立条款》。

日本立即着手进攻山东的军事部署。海军方面，由第一舰队、第二舰队封锁胶州湾，另派舰队自中国东海至南海巡逻，监视德国军舰动向。陆军参谋本部制订了对青岛作战的方案，派第十八师团师团长神尾光臣中将为司令官，率5万陆军进攻青岛。

1914年8月15日，日本向德国发出最后通牒，要求德国立即撤走在日本及中国海上的所有军舰，不能撤走的要立即解除武装；要求德国在9月15日前将胶州租借地全部无条件地交付日本，以备将来交还中国。日本要求德国必须在8月23日正午前答复，否则将采取必要之手段。8月18日，英国政府发表宣言，支持日本的行动。

德国为了避免遭受日本攻击，保存在山东的势力，向北洋政府提议将胶州湾直接交还中国，并由德国驻华使馆派员与中国外交部进行了秘密会谈。日本知悉后大为不满，警告北洋政府立即停止这一活动。而袁世凯当时企图争取日本支持他恢复帝制，立即放弃了收回胶州湾的拟议。

8月23日，德国对日本的通牒未作回应，日本于当日正式对德宣战。为了实现独占山东的计划，日本要求北洋政府撤退胶济铁路沿线驻军，并将山东黄河以南划为中立外区域，日军可任选地点登陆。袁世凯不敢公开答应，向日本方面秘密表示，在中立区外登陆，中国会提抗议，但不会抗拒。北洋政府竟在山东划出了"交战地区"，9 月 3 日还照会各国公使，宣告在龙口、莱州及连接胶州湾附近各地方不负完全中立之责任。这等于认可日军可在这些地区自由行动。

9 月 2 日至 7 日，日军第十八师团的第一批派遣部队 2 万多人在龙口全部登陆，于 13 日抵达胶州。18 日，日军第二批派遣部队在崂山东麓的仰口海湾登陆。23 日，英国的西库斯舰队也从崂山湾登陆，与日军协同会攻青岛。日本的第二舰队封锁了胶州湾。日英联军从陆海两方面完成对青岛的包围后，于 10 月 31 日对青岛的德军发起全面进攻。当日日英联军投入兵力 3 万人，德军只有 5 000 人。日军出动了飞机助攻，这在日军作战史上是第一次。11 月 4 日，德军防御体系遭到严重破坏；7 日，德皇下令投降；10 日，德军正式投降。日军司令官神尾光臣宣布实行军管，德国在青岛的殖民统治和在山东的一切权益，被日本取而代之。

日本的侵略野心并未满足。在战争结束后，中方多次和日方交涉，要求留驻胶济铁路沿线及龙口、青岛间的日军撤至胶澳租借地之内，日方均不肯撤兵。1915 年 1 月 18 日，日本驻华公使日置益要求秘密觐见大总统，当日 15 时，袁世凯在怀仁堂接见了他。中方外交次长曹汝霖、日方参赞高尾亨参加接见。日置益向袁世凯当面递交了举世震惊的"二十一条"，并逐条予以说明，要求"绝对保密，尽速答复"。两天后将翻译的汉语文本递交中方外交部，作为正式交涉的依据。

"二十一条"共分为五号即五部分，二十一款。第一号就是关于山东问题，共4款，其主要内容是：中国承认日本享有德国在山东的一切权利；山东省内的土地和岛屿概不让与或租与他国；日本建造由烟台或龙口接连胶济路线之铁路；从速开山东各主要城市为商埠。这些条款，是谋求非法侵占变为合法占有，使山东沦为日本的殖民地。"二十一条"的其他条款，是关于满蒙问题、汉冶萍公司、中国沿海港湾及岛屿，以及中国政府须聘日本人为政治、财经、军事顾问，向日军购买军械，中日合办警政和军工厂，日本在中国有布教权等。

对于"二十一条"，袁世凯为了让日本支持他恢复帝制，很快做出了愿意举行谈判的决定。从1915年2月2日至4月26日，双方共举行了25次秘密会谈。期间日本为了胁迫中国尽快全部接受条款，于3月中旬在山东等地大量增兵。其中在山东济南、坊子等地增兵1 200名。5月7日，日本向袁世凯下了最后通牒，要求中国政府对日本在4月26日所提的修正案，不加任何更改尽速承诺，于5月9日18时前答复，否则将采取必要之手段。与此同时，日本政府颁布关东戒严令，命令在山东和奉天的日军做好战斗准备，日本舰队于渤海海面游弋。袁世凯在接到通牒的第二天即召开会议，决定除第五号各条容日后协商外，全部接受日本的要求。5月25日，北洋政府外长陆征祥和日本驻华公使日置益秘密签订了条约并换文。

为了加强对山东占领区的统治，日本采取了一系列殖民措施，实行野蛮的军事统治。日本首先在青岛设立军政署，后改为青岛民政部，归青岛日本守备军司令部统辖，颁布各种管制法令，强迫华人执行。没收了德国在山东的资产，包括中德合办企业，控制了青岛海关、海港、胶济铁路等要害部门，接管了德国人投资的坊子、淄川等地的中国矿区。同时，日本急剧向山东移民。1914 年前，在青岛的日本人最多时不超过 500 人，到 1918 年终，在青岛的日本居民是 19 260 名，华人78 804 人，其他国家 510 人，在青岛的日本人占全市人口的近 1/5。济南、烟台等地的日本人也急剧增加。

日本虽然以"二十一条"获取了巨大利益，但深知"二十一条"是个秘密协定，不足以作为拥有山东半岛的有效依据，而且也与其他列强在山东、在中国的利益有冲突。第一次世界大战以协约国的胜利而结束。1919 年 1 月，协约国集团在巴黎召开解决战后事宜的"和平会议"。日本利用这次国际会议，首先提出了解决"山东悬案"的问题，企图让国际社会认可日本在山东的权利。巴黎和会上，由于西方列强为了达到分配赃物、维护强权和自身利益的目的，在山东问题上对日本妥协退让，使中国代表在山东问题上的交涉完全失败。

此时的中国国内，政治、经济、文化、思想观念都已发生深刻的变化。当巴黎和会外交失败的消息传到国内后，中国人民对帝国主义、军阀统治和被外国列强欺压的屈辱地位有了深刻认识，中国人民反帝反封建的意识被唤醒了。在一批爱国知识分子的鼓动和带领下，爆发了划时代的反帝爱国的五四运动。五四运动中，山东各地群众游行、请愿、抵制日货，共同喊出了"誓死力争山东主权""还我青岛""还我山河"的誓言。在全国人民的共同斗争和努力下，终于在 1921 年 11 月召开的华盛顿会议上，使日本有条件地归还了山东主权。

日本第三次武力侵犯山东，是为了阻止国民革命军北伐，并于 1928 年 5 月 3 日制造了"济南惨案"。

日本虽然在 1922 年将青岛的主权交还中国，但仍然可以利用其特权，在山东保持和扩大经济势力，操纵和控制了山东的纺织业、煤矿业等多个行业，并在金融、贸易、航运等行业也大量投资。20 世纪 20 年代的青岛，在全市纺织业的 7 大纱厂中，日资占据 6 个，在山东纺织业中处于垄断地位。青岛仅有的一个华商纱厂还是个小厂。青岛的火柴、面粉、榨油等企业和商业，大多也是日资企业。

1926 年 7 月，以国共合作统一战线领导的北伐战争正式开始。北伐战争的节节胜利和工农运动的迅猛发展，动摇了帝国主义在中国的殖民权益。日本和英、法、美等列强勾结在一起，一方面集结兵力，准备在遇到紧急情况时进行武装干涉；一方面与国民党右派代表人物频繁接触，以谋求拉拢蒋介石，分裂国共，打击共产党和国民党的左派力量。1927 年 4 月 12

日，蒋介石在上海发动了屠杀共产党人和革命工人的反革命事变。7 月 15 日，汪精卫在武汉"分共"，公开叛变革命。第一次国共合作因国民党右派的背叛而破裂。

这时的日本国内，因严重的金融危机发生政局动荡，若槻内阁下台。4 月 20 日，以"强硬外交"为标榜的陆军大将田中义一受命组阁。田中上台伊始，便以反共为名，公开推行扩大对华侵略的"积极政策"。

1927 年 5 月，国民革命军在北伐中击败奉系军阀占领徐州，迫近山东。田中内阁于 24 日召开会议，决定向山东派兵，以阻止北伐军继续北上山东。日本政府以出兵山东的强硬方式，迈出了田中内阁的所谓对华"积极外交政策"的第一步。5 月 29 日，驻旅顺的日军第十师团 2 000 余人开赴青岛，于 6 月 2 日在青岛登陆。24 日，日军千余人改穿便衣由青岛赴济南，协助亲日的张宗昌部。7 月 11 日，日本第二次派遣陆军 3 000 余人由大连、旅顺赴青岛；18 日，日本炮兵队携大炮 10 门开赴济南，帮助直鲁军阀抗击北伐军。8 月份，由于国民党内部纠纷，加上日本出兵山东，北伐一时中辍。8 月 30 日，日本政府见北伐中止，发表声明撤退派遣军，但表示如有再次危害日本人安全的事件时，仍将采取适当自卫措施。这就是说，如果北伐再起，日本还会出兵进行武装干涉。

1928 年初，蒋介石在美国的支持下，联合冯玉祥、阎锡山和桂系军阀，准备再度北伐。日本迅速做出反应，日本舰队游弋于中国海面，陆军也扬言要增兵朝鲜，向南京政府施压。4

月 5 日，蒋介石在徐州誓师北伐。4 月中旬，北伐军攻入山东，军阀张宗昌、孙传芳部全线动摇。16 日，日本驻济南武官酒井隆少佐密电参谋总长铃木庄六，认为出兵山东的时机已经成熟。同时日本驻济南和青岛的总领事分别致电外务省，建议以"保护侨民"为名出兵山东。田中内阁随即做出出兵决定。19 日下午，日军参谋总长铃木庄六发布了关于派遣第六师团及"临时济南派遣队"的第 1 号命令。4 月 21 日，南京政府对日本出兵提出严重抗议，要所拟派赴山东的军队一律停止出发。但日方悍然不顾，决意出兵山东。

4 月 20 日，早已停泊青岛的日本海军第二遣外舰队派出 700 余名陆战队侵入青岛。日军第六师团及海军特别陆战队也从日本出发，向青岛开进。21 日，日军驻天津的驻屯军 3 个中队开进济南，对商埠区实施军事占领。25 日，第六师团首批部队 1 381 人在青岛登陆，次日侵入济南。至 27 日，第六师团的 5 091 人在青岛登陆完毕，分三批开赴济南。

4 月 28 日，北伐军占据万德，向济南进发；30 日进逼济南郊区，张宗昌率部北渡黄河逃跑。5 月 1 日，北伐军进入济南。5 月 2 日，蒋介石由泰安到达济南，在旧督办公署设立总部，任命方振武为济南卫戍司令，南京政府的外交部长黄郛也在济南设立了临时办公处。同日，日军第六师团一部在福田率领下进入济南，并在日资正金银行设立了司令部。日军从北伐军进入济南起，便不断进行挑衅活动，蓄意滋生事端，寻求战机，终于在 5 月 3 日制造了震惊中外的"五三惨案"，又称

"济南惨案"。

5月3日上午，中国军队1名士兵因病送往基督教医院治疗，日兵阻止通行，发生争执。日军突然开枪，打死中国士兵和民夫各1人。其余中国士兵躲入医院，日军又包围医院，用机枪扫射。同时，在另一条街上，中国军队1名士兵在张贴标语时遭日军哨兵无理阻拦，并被开枪打死。10时半，有一日本人欲强行通过中国第四十军防地，被制止后与中国士兵发生冲突。日军指使特务放枪引起战斗。此后，济南城里枪声四起，日军3000多人倾巢而出，沿街放枪，屠杀中国军民。由于中国军队毫无准备，更无抵抗命令，混乱之中，第四十军第七团1000余人竟被日军缴械。日军接着又强行占据了南京政府外交部长黄郛的临时办公室，并缴了黄郛及其卫士的械。

日军的侵略行径激起中国军队爱国官兵的怒火，第四十军和第四十一军的部分官兵在忍无可忍的情况下奋起抵抗。其中济南卫戍部队第四十一军第九十二师，反击最为英勇，很快压住了日军的嚣张气焰。但是，蒋介石闻讯后，马上传令各部，勒令停止对日军还击，并相继派黄郛、熊式辉等人去日军第六师团司令部交涉。而日军1个师团司令部竟将中国外交部长黄郛扣留达18小时之久。

下午，日军又相继占领济南邮政局、电报局，炸毁中国军用电台，杀死了守台的全体士兵。深夜23时许，日军冲入位于经四纬六路交叉口的南京国民政府特派驻济机关山东交涉使署，强行搜查，抢掠外交文件。当特派交涉员蔡公时用日语提出抗议时，日军将他和署内全体职员共 18 人捆绑起来，用刺刀逼蔡公时下跪，尔后剥光衣服，将他的耳鼻割去，继又将舌头、眼睛挖去，然后进行枪杀。除 1 人侥幸逃出，其余 17 人全部遇害。据济南红十字会等团体调查，当天惨遭日军杀害的中国军民达千人之多。

5 月 4 日凌晨起，济南枪炮声不断。日本侵略者得寸进尺，继续扩大事态，连续几天开枪杀人，恣意行凶。4 日，日本关东军第十四师团第二十八旅团及其他特种部队 2 000 多人，火速调往山东；驻青岛的岩仓旅团赶赴济南；日本海军增派军舰到青岛和长江口等海面。5 日，田中内阁决定扩大对华战争，日参谋本部向第六师团下达扩大侵略的命令。7 日，田中奏准日本天皇，决定派第三师团由名古屋开赴济南，继续增调关东军和一部分空军到济南。8 日拂晓，福田下达了占领济南全境的命令。8 日至 10 日，守城部队在兵力武器相差悬殊的情况下，英勇抵抗，把守着济南内城。在接到蒋介石"放弃济南"的电令后，部队突围撤退。5 月 11 日，济南沦陷，日军以搜查北伐军为名，在济南犯下了惨无人道的屠杀、抢劫、奸淫罪行。此次惨案，中国军民死难者达 6 000 余人。

"五三惨案"的发生，激起了全国人民极大的痛愤，各地群众迅速掀起了反日爱国运动，游行示威，抵制日货，要求政府对日作战。5 月 6 日，中共山东省执行委员会和共青团山东省执行委员会联合发出《为反对日本帝国主义告山东民众书》。5 月 9 日，中共中央发布《中国共产党反对日兵占据山东告全国民众书》，号召工人、农民、士兵及一切劳苦民众联合起来，誓死驱逐日本侵略军，要求日本赔偿一切损失。国民党蒋介石却置全国民意于不顾，一味忍辱退让。惨案发生当天，蒋介石下令城外的北伐军下午5时前撤离济南。5日，蒋介石再次下令，除留两个团的卫戍部队在城内，其余军队一律撤出，并严令取消一切反日运动。10日，又命令这两个团也撤出济南。蒋本人也在5日把总部从城里移到城西南的党家庄车站，当天与从河南前线赶来的冯玉祥举行会议，决定由冯玉祥指挥北伐军绕过济南继续北伐，他本人返回南京主持党政。蒋介石的屈辱妥协，致使此次日军占领济南一年有余，给济南人民带来了深重的灾难。

1937年7月7日，抗日战争全面爆发了。在全面抗战的初期，山东大部地区沦入敌手。

七七事变后，日本迅速向华北调集兵力，发动全面侵华战争。7月下旬，日军攻占北平、天津。为了达到"三个月灭亡中国"的目的，又在上海制造了事端，企图攻占上海、夺取南京，迫使国民政府屈服。8月15日，蒋介石下达总动员令，将全国临战地区划为五个战区。山东地区被划为第五战区，负责津浦线方面苏鲁方向的作战，司令长官起初是蒋介石亲自兼任，后由李宗仁接任。把驻扎山东的韩复榘的第三路军、撤入关内的原东北军于学忠第五十一军、沈鸿烈的青岛守备队和第三舰队，统编为第三集团军，由韩复榘任总司令，承担黄河防务。

9月下旬，日军制订了进攻山东的计划。10月3日，日军以少量兵力侵占德州。韩复榘为保全实力，消极避战。德州失陷后，韩部沿老黄河右岸布防，与日军对峙1周。10月12日，日军偷渡老黄河，韩部消极退守徒骇河一线。此前，上海沦陷后，国民政府又在冀鲁交界处设立第六战区，冯玉祥任司令长官，蒋介石令韩复榘拨两个师给冯玉祥指挥，但韩态度消极。当日军过了老黄河，韩部还未出战，蒋介石命令冯玉祥、韩复榘以主力进攻德州，并进击沧州。于是，韩部第八十一师等部队自徒骇河一线向北反击。10月20日，在平原县与日军激战；21日，收复德州、桑园，并一路北进，直指沧州、马厂。

正当北进反攻连打胜仗之时，11月初，韩复榘突然下令第八十一师撤回禹城。原来，为防止日军渡河，韩在9月份向第五战区司令长官李宗仁要求调30门重炮到黄河南岸，李宗仁应允后将驻徐州的炮兵旅调往泰安。蒋介石闻讯后，对把一旅炮兵调给韩复榘心存不满，当11月初韩部正在黄河以北反击日军时，蒋下令调走了重炮旅。韩复榘得知此消息后，下令把黄河以北的作战部队撤回。由于韩部撤退，日军反守为攻，迅速分路南犯。11月10日，攻占庆云；次日，攻占惠民。短短数日，黄河以北的大片地区沦陷。

韩复榘的所作所为，引起韩部爱国官兵的不满。在所属官兵坚决抵抗的要求和压力下，韩被迫北渡黄河，于11月13日与冯玉祥同往前线督战。韩到济阳后，行动被敌侦知，日军出动装甲车别动队袭击济阳。韩及卫队遭敌包围，经奋力拼搏，仅和几个随从脱险，回到济南。当日，济阳失陷。其他各线战斗也十分激烈，韩部损失惨重。11 月 16 日，韩复榘下令所部撤退河北防线，将洛口黄河大桥炸毁，改在黄河南岸设防。

12 月中旬南京陷落后，日军参谋本部通知日军华北方面军进军山东作战。韩复榘表面上摆出了抵抗的态势，重新部署了兵力，实际上已安排军政机关南移，做撤退的准备。12 月 23 日，日军第十师团及本川旅团于齐河与济阳以东分两路渡过黄河南下。韩复榘坐视国土沦丧，10 万大军不战而逃。一路日军于 27 日侵占济南，31 日侵占泰安；另一路日军于 25 日侵占周村、博山，沿胶济铁路东犯。国民党第三舰队司令兼青岛市市长沈鸿烈也不战而撤，率海军陆战队向诸城、莒县、沂水一带撤退，驻胶济路东段的第五十一军也仓皇撤往徐州。1938 年 1 月 10 日，青岛沦陷，胶济路沿线的城镇被日军占领，鲁中大片地区沦陷。随后，日军沿青（岛）烟（台）公路向胶东地区进犯，烟台、威海等地相继沦陷，数千万山东人民陷入灾难的深渊。

1938 年 1 月 11 日，蒋介石在开封召开北方将领会议，将韩复榘逮捕，押至汉口。1 月 19 日，以军政部长何应钦为审判长，组织了对韩复榘的高等军事法庭会审。24 日，以违抗命令、擅自撤退等罪行，将韩处决。

日军侵占山东后，疯狂镇压抗日活动，打击抗日武装，迫降、诱降国民党军队和政府官员，推行伪化统治，企图永远霸占山东。国民党的军队虽有部分坚持抗战，但为了自保实力，大多遇敌即逃，许多将领率部成建制投敌，成为伪军。山东省国民政府成了逃亡政府，后来竟流亡省外。只有共产党领导的八路军、民兵等抗日武装力量和抗日民主政权，从无到有、从小到大，在与日寇的浴血奋战中不断发展壮大。

1945年春夏之际，在经历了抗日战争的防御、相持阶段，特别是1944年开始的局部反攻后，山东的政治版图与抗战初期的1938年相比，已是格局大变。日本侵略军从当初要全面占领山东的嚣张态势，变为收缩兵力，对重要城镇、交通要道和战略支点实行重点守备。日本人扶持的伪政府，随着敌占区的不断缩小，其管辖范围也日益缩小。国民政府由于消极抗战，一跑再跑，这时已没有一个完整的县级以上的管辖区域。共产党领导的抗日根据地、解放区日益扩大和巩固，五个大片的解放区已形成了对敌占区的包围。1945年春山东政治版图的主要色块，是红色的解放区和黑色的敌伪占领区。

二、流亡的国民政府

1944年12月30日，国民党中央发表了何思源接替牟中珩任山东省政府主席的免职和任职令。1945年新年过后，何思源离开重庆，前往安徽阜阳城外的赵棚、三塔集一带，这里是他赴任的地方，也是山东省国民政府的所在地。

国民党山东省政府自从被韩复榘撤出济南后，就不断地漂泊、转移、流亡，直到抗战结束。抗战爆发后，山东省国民政府主席几易其人，先后有韩复榘、沈鸿烈、牟中珩，到何思源已是第四任。

1938 年 1 月韩复榘被捕后，于学忠接替了第三集团军总司令，沈鸿烈接替了山东省政府主席。

于学忠是山东蓬莱人，早年跟随吴佩孚，1917 年任北洋陆军第十八混成旅炮兵营长，1927 年吴佩孚兵败后，转入奉系，任镇威军第四方面军团第二十军军长等职。1935 年 6 月，出任陕甘边区"剿匪"总司令，11 月任甘肃省政府主席，所部驻西安、天水一带。1936 年 12 月，参与西安事变。张学良被扣押后，按张学良的手谕，于学忠全权负责东北军，后东北军内部分化，被瓦解。1937 年 4 月，于学忠率第五十一军移驻蚌埠、淮阴、宿县，抗战爆发后开往青岛布防，8 月被任命为第三集团军副总司令。

沈鸿烈，湖北天门人，18 岁时考中秀才，23 岁，公费赴日本海军学校留学。1911 年，29 岁时毕业回国，加入国民政府海军。10 月，参加辛亥革命，参与策动长江下游清廷海军起义。1912 年任中华民国南京临时政府海军部军机处参谋，次年任参谋本部海军局上校科长，掌管海军事务。1920 年任吉黑江防司令公署参谋长，1923 年协助张作霖建立东北海防舰队，任海军中将司令。1931 年九一八事变后，率渤海联合舰队移驻青岛海军基地，12 月被任命为青岛市市长。抗日战争全面爆发后，沈鸿烈受命指挥青岛地方陆海部队。日军进攻山东，韩复樊弃守逃跑，沈鸿烈于 12 月 28 日下令炸毁 20 多家日商在青岛的工厂后，率所统海军陆战队及其他军政人员撤离青岛，退至诸城、沂水一带。1938 年 1 月 23 日，国民党中央正式任命沈鸿烈为山东省主席，次年 2 月 11 日又任命沈为山东省保安司令。这时于学忠南调，参加淮河前线对日作战。

沈鸿烈就任省主席时，省政府机关已撤至曹县，在沈鸿烈当主席的头一年里，省政府机关不停地在鲁西、鲁北地区游动，直到 1939 年 1 月进入鲁南，才有了在东里店和吕匣店子等地几个短暂的稳定期。

1938 年 10 月武汉失守后，国民政府军令部重新调整战略区划，将全国划分为 10 个战区，增设苏鲁、冀察两个游击战区。1939 年 1 月 14 日，任命于学忠为苏鲁战区司令部总司令，沈鸿烈为副总司令。3 月底 4 月初，于学忠所部约 2 万人从苏、皖地区陆续进入鲁南，集结于沂水、莒县、诸城一带。苏鲁战区部队的到来，使省政府有了安全保障。但是，战区总部驻地圈里和省政府驻地吕匣店子相距不过百里，两者却不能和谐配合，双方高级人员很少往来。沈、于都是东北军旧人，本有合作基础，但两人关系并不融洽。在战区里沈是于的副司令，沈鸿烈在于学忠率苏鲁战区部队进入鲁南前夕，请行政院任命于学忠兼任省政府委员，而行政院竟通过了这一任命。当沈鸿烈在欢迎于学忠大会上公布这一消息时，于学忠当面拒绝省政府委员一职。此后两人关系日渐恶化，以致发生了 1941 年夏的韩子嘉"刺于事件"。

　　韩子嘉是苏鲁战区第五十七军第六六八团的一个营长，因涉投敌案件被撤职。韩子嘉的同乡李子虔，是国民党山东省党部委员，沈鸿烈通过李子虔收买了韩子嘉，令其埋伏在于学忠去战区干训团上课的途中，掷手榴弹炸之。于学忠久经沙场，见手榴弹投来，迅速卧倒，只伤手部。韩子嘉投出手榴弹后，即逃向八路军驻地，企图嫁祸于人。八路军捉住韩子嘉后，将其送交国民党苏鲁战区总部。经战区军法处审讯，韩子嘉供出沈鸿烈派李子虔收买他的经过和沈给韩的亲笔信，省保安司令部参谋长宁春霖也参与其中。军法处一再传李子虔、宁春霖到庭对质，但两人未去。

　　至此，于学忠与沈鸿烈的矛盾已达到水火不相容的地步。沈鸿烈陷于无法与于学忠同在山东共职的境地，遂于 1941 年 9 月，将政务交给省政府秘书长雷法章代理，悄然离开鲁南，经阜阳转赴重庆。1941 年是山东抗战形势最严峻的年份，日伪军对国共双方的进攻都很厉害，"扫荡"一个接一个。这种形势下，国民党在山东的最高军、政长官之间竟发生了这样的事件。1942 年 1 月 9 日，沈鸿烈被免去山东省政府主席等职。

　　沈鸿烈不辞而别后，国民党山东省政府几乎陷于停顿。谁来继任山东省政府主席，蒋介石颇费脑筋。沈鸿烈虽说是东北军出身，但他效忠蒋介石，蒋介石很信任他，这从他到了重庆后，又被任命为国民政府农林部部长就可以看出。于学忠就不一样了，如果从发挥战区与省政府统合作用上讲，而于学忠曾参与西安事变，蒋介石对他不信任。最初，蒋介石提出过让于学忠兼任，但很快又改变了主意，令于学忠保荐两名部下送中央选定。

于学忠保荐了苏鲁战区总部秘书长周从政和第五十一军军长牟中珩，并表示自己有意让周从政出任省政府主席。蒋介石认为周从政在东北军里为张学良、于学忠所信任，不可靠。1942年1月9日，国民党中央正式任命牟中珩为山东省政府主席，但蒋介石还是不放心，不让牟中珩兼任省党部主任委员，从重庆另派范予遂来担任这一职务。抗战爆发后，国民党一般都是由省政府主席兼任保安司令和党部主任委员，沈鸿烈就是如此。对牟中珩、范予遂的安排，显然是想利用省党部来制约省政府。

牟中珩是山东黄县人，因家道贫寒，中学毕业后在本村小学任教养家。后投考保定军官学校陆军第9期，毕业后分属湖北军中，后转属于学忠部。1935年升任师长，抗战爆发后率部参加徐州会战、武汉会战。1938年升任第五十一军军长，隶属苏鲁战区。范予遂是山东诸城人，原属国民党改组派汪精卫系，汪精卫投敌后，与汪分裂，向蒋介石靠拢，在重庆担任国民党参政会参议员。蒋介石在范予遂赴山东上任前召见了他，叫他今后有事直接向蒋报告。还叫侍卫长送给范一本密电码，有事时直接拍电报。这一做法，实际上是叫范予遂到山东监视和制约于学忠、牟中珩。

国民党中央对山东省军、政、党长官的这种安排，引起诸多方面的不满，省政府机关里呈现人心涣散的局面，国民党在山东的军政活动也日趋混乱。日伪方面为纪念汪伪政府"还都南京"和"华北政务委员会"成立两周年，自 1942 年 3 月 30日起，发动了历时两个半月的第四次华北"治安强化运动"；10 月 8 日，又发动了历时两个月的第五次"治安强化运动"。这期间，驻山东日伪军发动了一系列全省范围的对抗日根据地武装的"扫荡""蚕食"和封锁行动，进行所谓"治强战"。国、共双方的军队都是日伪军"扫荡"的目标。在日伪军的不断进攻下，山东的抗日根据地被严重"蚕食"，苏鲁战区的处境日趋艰难。国民党军队动摇、投敌的情形日见增多，并公开化。日伪军的"频繁扫荡"，彻底打破了战区和省政府短暂的稳定局面。在第五次"强化治安运动"历时两个月的"扫荡"中，战区的部队频频失利，省政府也被迫频频移动、四处躲藏，一切工作几乎陷入停顿。这期间，在山东省的国民党军就有15 000人投敌，省政府护卫部队的吴化文新四师亦表露出投敌迹象。

1942 年由于日军的频繁"扫荡"，加上自然灾害，造成粮食歉收，至年底，鲁中山区出现大面积粮荒，战区和省政府面临粮饷无着的威胁。至 1943 年春，粮荒日益严重，省政府控制区临朐、沂水、博山三县交界处出现了方圆近百里的"无人区"，省政府失去了经营多年的立足地，面临重建或流亡的选择。而吴化文在 1943 年 1 月 18 日率新四师和保安第一师公开投敌，省政府失去西部外围护卫屏障，陷入慌乱之中，仓皇由沂山北麓移往沂山南麓的于沟、九山一带。

战区面临的情况比省政府更严重。由于吴化文的投敌，使日军于 1943 年 1 月底直接进入吴化文防区，威胁战区总司令部，战区被迫北移。2 月下旬，日军独立第六混成旅团与第五混成旅团配合，在安丘城顶山发动进攻，俘国民党军第一一三师师长韩子恒和第二纵队司令厉文礼，厉文礼率部投敌，使战区又失去了右面的护卫屏障。4 月，日军第十二军集中兵力、陆空配合，发动了对苏鲁战区总部的正面作战，战斗十分惨烈；山东八路军配合作战，以伤亡 1 个连的代价，掩护第五十一军跳出了日军的包围圈。5 月 11 日，日军和吴化文部合击战区总部。战区总部被迫避于八路军根据地，受到了八路军的热情接待，还得到八路军 3 万斤军粮的帮助。在各方大力配合下，战区部队苦战 10 余天，终于冲出日伪军包围圈，战区总部移到莒（县）日（照）边活动，西部山区几乎全部放弃。6 月 6 日，驻防鲁南山区的第五十七军第三三四旅旅长荣子恒又率部投敌，被汪伪政府任命为伪"和平建国军"独立第十军军长。至此，战区和省府陷入难以摆脱的困境。

在苏鲁战区和山东省政府面临危机之时，其外部环境也在恶化。在省内，共产党领导的抗日根据地在日军的"扫荡"、封锁、"蚕食"下，自 1941 年起进入艰难时期，到 1943 年上半年，局面有所好转，但未摆脱困境。国民党的地方武装又各有算盘，使于学忠部成为日军进攻的主要目标。在省外，与山东为邻的河北省国民政府主席、冀察战区副司令长官兼第二十四集团军总司令庞炳勋，与新编第五军军长孙殿英联名通电，率部投敌。国民党河北省政府被迫流亡河南。在重庆的蒋介石，本来就对于学忠的东北军放心不下，对于学忠在山东反共不力尤为不满。1942 年秋，看到山东形势急变，于学忠部日陷困境，蒋介石认为于学忠在山东不可能有大作为，遂电令第二十八集团军总司令李仙洲率部入鲁，接替于学忠部防务。此时，于学忠的东北军不仅疲惫不堪，而且日益分化。有的继续追随国民党，有的投了敌，一些爱国抗日的官兵宣布起义、脱离国民党。

1943 年 3、4 月间，李仙洲部进入微山湖西地区，拟渡湖东进鲁南。李仙洲是山东长清人，在山东有些人脉，因而在入鲁前，就与省内一些地方势力联络，培植自己的势力。蒋介石则以调整为名，将苏鲁战区所辖的山东地方武装暂编第十二师、新编第三十六师、保安第二师等划归李仙洲部建制，调于学忠部出省整训。于学忠为保持其势力，便通过牟中珩以山东省政府的名义，将所有小股地方部队统编为县和专区的保安部队，与李仙洲抗衡。对张步云的保安第二师，则以不听指挥为名进行讨伐。张步云原系沈鸿烈的人，与于学忠的苏鲁战区历来缺少配合、多有矛盾。在于学忠的武力讨伐下，张步云竟率部公然投敌，并配合日军反击进逼于学忠部驻防的莒（县）日（照）山区。

日军对李仙洲部入鲁十分警惕，不想让人强马壮的李部进入山东接替已经损兵折将、支离破碎的于学忠部，于是加强了对陇海路、津浦路和微山湖西岸的防守，对李部入鲁进行阻截和攻击。当李仙洲率主力第九十二军直属部队和第二十一师、五十六师开进鲁西南单县地区时，遭到配以坦克、汽车的日军当头截击，遭受严重伤亡。李部突击转移到微山湖西侧，此后几次强行渡湖均未成功。日军派飞机不断轰炸扫射，迫使李部无法集中，分散滞留于湖西地区。

李仙洲公开宣称"先打八路，后打鬼子"，一进山东就强占八路军的藤（县）峄（县）边根据地，抢掠八路军兵工厂的物资。1943年6月，国民党顽固派挑起第三次反共浪潮，李部加紧反共活动，围攻八路军在湖西、巨野的根据地。在此情形下，八路军被迫自卫。7月，山东军区和冀鲁豫军区的八路军开始反击李部，阻滞李部东进。

这时，在莒日山区的于学忠已到了弹药缺乏、补给无术的地步。7月上旬，于学忠看到李部入鲁不知何时，为免继续遭受损失，不等李仙洲来接防，便开始撤离。他们由莒县、日照一带出发，先向西经八路军鲁中根据地的坦埠、旧寨，进入费滕山区，冲过津浦铁路，然后由鲁西南南下，过陇海铁路，于8月初进入安徽阜阳。过津浦路后两次遭遇日军袭击，损失甚重。

国民党山东省政府随苏鲁战区一起，转移到阜阳。这在山东国民党地方武装和地方政权中产生了相当大的振动，其程度不亚于韩复榘的南逃。在深感失望和震惊中，一些国民党地方武装为求生存，有的公开投敌，有的暗中与日伪联系来往。这使国民党在山东表现出一种全面退缩的趋势。从这时起到抗战结束，山东不再有国民党的正规部队存在。

苏鲁战区和省政府到达皖北后，更加无所作为。1944 年 5 月，蒋介石以作战重心南移，加强华南作战力量为由，下令撤销苏鲁战区，将其所辖的东北军部肢解拆划给其他战区和部队。任命于学忠为中央军事参议院副院长，是个无实权的职务。省政府由于远离山东本土，实际上已不能履行职能，成为挂名的地方流亡政府。蒋介石既然解散了苏鲁战区、肢解了东北军，自然不会让东北军出身的牟中珩继续掌管山东省地方大权。1944 年 12 月 30 日，何思源接任山东省政府主席，牟中珩被免去山东省政府主席职务，调到第十战区担任副司令长官。

何思源是山东菏泽人，曾就读菏泽省立第六中学和北京大学哲学系。1919 年留学美国，后转赴德国、法国学习。1926 年回国，受聘为中山大学经济系教授兼图书馆馆长，后兼任经济系主任、中山大学政治训育部主任等职，加入国民党。何思源与戴季陶关系密切，1928 年 3 月，由戴推荐出任国民革命军总司令部政治训练部副主任，并代理主任，参加第二期北伐。6 月 1 日在泰安就任山东省政府委员兼教育厅厅长。1938 年兼任鲁北行署主任，1942 年撤销鲁北行署，改任山东省政府民政厅厅长。

山东省国民政府流亡皖北后，何思源到重庆进行活动。此时，蒋介石正想换掉牟中珩，何思源便成为了理想人选。何思源自 1928 年起，一直在山东任职，熟悉省情，而且他曾任职于国民革命军总司令部政治训练部，深得蒋介石的信任，当初是被蒋作为亲信派往韩复榘任主席的山东省政府中的。在免去牟中珩职务的同一天，何思源被委任为山东省政府主席。

何思源拿到委任状后，很快返回安徽阜阳，着手改组省政府。这时在太平洋战场，美军已展开围绕日本本土的进攻作战，日军转入防御。1945 年 1 月，美军登陆菲律宾，构成对华南、华东沿海地区日军的威胁。这种有利的国际形势，使流亡省外的山东省国民政府到了需要重新振作，返回省内抢夺地盘的时候。何思源就是本着重返省内的目的，对省政府进行了较大幅度的变动。在行政体制上，合并机构，实行战时体制，将原有的 4 厅 4 处合并改组为政务、总务、军事 3 个厅；取消了"处"这一层次，将原来 1 个厅或 1 个处的业务合并于 1 个科。同时在人事上进行了调整变动。改组完成后，何思源于 3 月 16日在阜阳赵棚主持召开了新调整的省政府委员会第一次会议，决定在省内设立 6 个办事处，以加强省政府与省内的联系。接着，何思源又对省内专员区、县的机构和人事进行了调整。

完成对省政府的改组后，何思源开始寻找机会，准备把山东省政府迁回山东。

三、汉奸伪政权

当何思源在安徽阜阳就任国民党山东省政府主席，着手改组省政府的时候，济南的伪省政府也在走马换人。1945 年 2 月 16 日，杨毓珣接替唐仰杜担任山东省伪省长，成为第三任也是最后一任伪省长。

1937 年 12 月下旬，韩复榘 10 万大军南撤，日军占领济南。为了维持市内治安和社会秩序，日军网罗了一支为其效劳的汉奸队伍，建立了傀儡政权。1938 年 1 月 1 日，伪组织"济南治安维持会"正式挂牌，马良出任会长。

马良是河北省清苑县人。北洋武备学堂毕业，曾任北洋政府常备军第五镇第十协统领。马良是个寡廉鲜耻的铁杆媚日派，巴黎和会召开时，公然主张中国应在合约上签字，公开反对抵制日货，甚至强迫人民买卖日货。五四运动爆发后，他以参战军第二师师长、济南镇守使的身份担任戒严司令，以武力镇压济南的五四爱国运动，枪杀济南回族爱国领袖马云亭等 2 人，残害爱国学生和无辜群众，引起全国人民的公愤和声讨，北洋政府迫于压力将其解职。1924 年段祺瑞再度出山，组织北京临时执政府，马良随之复出，任段祺瑞执政府的军事顾问。1928 年蒋介石北伐到山东，马良投向蒋介石，1932 年 2 月任国民政府军事参议院参议，1936 年 1 月被授予陆军中将。济南沦陷后，又投入日寇怀抱。马良担任"维持会"会长后，搜罗了一批旧军阀、汉奸、政客，为山东省伪政权的建立准备了骨干力量。

侵占济南后，日军在短短两个多月占领了山东大部分地区，扶植和组织一个统一的山东省汉奸政权已成为必需。1938

年 3 月 5 日，日本人控制的北平伪中华民国临时政府发布了成立山东省公署的命令，任命马良为山东省省长。日本人西田耕一任省公署顾问。伪省公署一面组建省级机构，一面划分地方辖区。除青岛作为特别市直属伪中央外，全省设济南、烟台两个省辖市和鲁东、鲁西、鲁南、鲁北四道，道下辖县，开始是107 县，后来把即墨、胶县划归青岛，为 105 县。

由于马良在山东臭名昭著，口碑极差，虽然全力效忠日军，仍不为其满意，当了不及半年省长，日军就想寻找合适人选替代他。1939 年 1 月 13 日，伪华北临时政府将马良调北平内务总署任职，任命唐仰杜为山东省伪省长。唐仰杜是山东邹县人，清末举人，抗战前曾任山东省财政厅科长、省议会议员、省会市政厅总办等职。1938 年 3 月，伪山东省公署成立，任伪财政厅厅长。唐仰杜升任山东省伪省长后，仍兼任伪财政厅厅长，并兼任其他伪职。1943 年 8 月，伪山东省公署改为省政府，设立伪省保安司令部，省长兼任保安司令。

唐仰杜主掌山东伪政权达 6 年之久，直到 1945 年 2 月结束。他效忠日寇的"政绩"非常突出。唐仰杜任内，伪山东道（市）、县及基层行政组织的扩建与强化幅度较大。武汉会战后，日军在山东的兵力增强，连续不断的"扫荡"使山东伪政权的控制区明显扩大。1938 年末建立伪政权的县有 44 个，唐仰杜上任后，1939 年末达到 95 个，1940 年达到 102 县，占全省 107 县的 98.1%。加上朝城等设立"维持会"的县，总数达105 个。1941—1943 年山东境内伪县政权的数目大致如此。一直未能设立伪县政权的只有观城、范县。但真正能在全境推行伪政令的县不多，大多数县的伪政权只能在县城等驻有日伪军的地方活动，并时时面临着抗日武装力量的打击。日军对各级伪政权有绝对的控制权、指挥权，日本顾问分布于伪政权的各核心部门，并有日军的特务机关在幕后指导。

唐仰杜任内，卖国求荣，助纣为虐。1941 年 3 月至 1942 年底，日本侵略者在华北推行了 5 次"强化治安"运动，以"灭共"和建立"东亚新秩序"为中心，疯狂地持续"扫荡"抗日根据地，在其势力所及范围内加大军事、政治、经济、文化等各个方面的侵略。伪省公署为此成立了省治安强化本部，唐仰杜亲自兼任本部长，充当日寇的马前卒。唐仰杜还兼任由日军特务机关炮制的汉奸组织"新民会"山东总会会长，并在山东道、市、县建立"新民会"组织。据 1942 年 6 月统计，全省"新民会"的会务职员中，华人 394 名，日人 522 名，足见日本侵略者在山东的控制程度。

伪政权本来就是日军扶持、利用的傀儡政府，在民众中没有基础可言。尽管唐仰杜等汉奸极力效忠日本主子，镇压人民，实行经济掠夺，但改变不了经济衰败、物价暴涨、民众生活困难的局面。伪省政府从建立到结束，年年财政都有短绌，需靠伪"中央协款"的补助。1940—1943 年，日伪猖狂时期稍好些，但也是年年入不敷出。1944 年，在山东八路军春、夏、秋、冬连续四次大规模攻势作战下，日伪对山东的军事控制越来越困难，八路军越打越强大，县级伪政权不断被消灭，抗日根据地面积越来越大。伪政权里人心惶惶，显出撤离倾向。这一年伪省政府连个像样的工作报告都没有了。1945年2月，唐仰杜调任伪华北政务委员会常委兼工务总署督办，把烂摊子甩给了继任的杨毓珣。

杨毓珣是安徽泗县人，毕业于北京陆军大学第五期，曾任江西警备队统领、北京大总统府侍从武官等职。1926年7月任北京政府参谋本部次长，1928年4月兼任北京政府军事部军政署署长。蒋介石组织第二次北伐时，投靠国民政府，授陆军中将。抗战爆发，跟随汪精卫投敌。1940年3月汪伪政权成立，出任伪"中央政治会议"议员。1945年2月，接任山东省伪省长，4月又被伪中央"最高国务会议"任命为山东省伪省长兼驻济南绥靖主任。

杨毓珣从1945年2月16日上任，到8月15日日本投降，正好当了半年整的伪省长。这半年，是伪政权从人心惶惶、动摇不稳，到瓦解灭亡的时段。1944年下半年，随着盟军在欧洲开辟第二战场，德国法西斯败局已定。1945年1月，美军在菲律宾吕宋岛登陆，直接构成了对日本本土和中国大陆日占区的威胁。中国的东南沿海包括山东沿海暴露在盟军的攻击之下。盟军的战机多次对驻济南、青岛等地的日军进行轰炸。这使山东伪政权中的恐慌气氛弥漫开来，许多伪职人员感觉到日本侵略者靠不住了，开始明里暗里另寻出路。有的与抗日力量偷偷来往，有的弃职另谋生路。全省各地伪军反正的消息也不断传来。山东伪政权里人心离散，秩序紊乱。杨毓珣在这种局面下，根本谈不上有何长远打算和执政方针，只是勉强支撑而已。

1945年上半年的山东伪省政府，除了济南市已没有多少行政管辖力。各道、市、县伪政府驻地，都处在八路军的包围之中，一些县城已被八路军解放。而济南市里，已经是民不聊生，天天有人饿死了。

据新华社1945年3月31日发自山东的电讯报道：济南人民的生活，从上年开始了急剧的恶化，伪币的贬值使物价飞涨，物价几倍几十倍地上升，贫苦市民无力购买粮食，饿死者每天百数十人。商号则是存货不存钱，货物今天卖了，明天再也买不回来了，商号间酝酿着一条无形的商规："宁要跑了，勿要少了。"即要的钱太贵，把顾客要跑了也不要紧，要少了就一定要赔钱，这使物价无休止地上升，随后商家的无形规则又进了一步，是"卖够吃的"，即计算每天开销多少就卖多少，事实上商家已经无利可图了。

由于伪币不断贬值，济南市民的生活水平降得可怕。三合面、窝窝头、豆腐成了上等饭菜，经济条件好的市民才能吃得起，贫民只能吃咸菜。就是伪组织的公务员，也是入不敷出，难以维持生活。不仅中国人难以为生，就连日本的居留民和日籍的职员，有些人也要借钱买食物。这种情况下，一般市民如有客人来家，哪怕正赶上吃饭，也不敢招呼客人吃饭。

除了那些汉奸兼大客商，勾结日军，囤积居奇，发不义之财，一般商户则是大商号变成小商号，小商号变成小买卖。日伪政府为了市面繁荣，不准停业，商户只好每天"卖够吃的"就不卖了。经济衰败的影响所及，是商政各界都普遍裁人。杨毓珣的伪省政府，以"强化机构"为名进行减员，省会减2/10，外县减3/10，只有特务组织不减员反增人。工商企业也纷纷裁员，失业的人遍布济南市每个角落。人们找事情做的条件降低到只管饭吃就干，但这样的活也难找到。

市民中间盛传着八路军胜利的消息和解放区人民生活的充裕与自由，劳苦市民十分向往。伪组织人员和伪军也忙着找朋友、托亲戚与八路军联系，以便给自己留个后路。

此时，山东伪政权控制的县不断减少，伪政权在所属各县，大部龟缩在靠日伪军守着的县城里，除靠近交通线的重点镇、村有日伪驻军，伪政府尚能发号施令外，伪县长已不能在县境其他地方推行政令。1945年春季，日本中国派遣军为了在山东半岛防御美军登陆作战，加紧向山东增调兵力，驻山东日军猛增至10万人，并于5月1日起组织日伪军对山东各抗日根据地进行大"扫荡"。这给伪政权打了一剂强心针，似乎日本人还有指望。但不到一个月，日军的5月大"扫荡"，也是在山东的最后一次大"扫荡"被八路军和抗日根据地人民粉碎。随后，八路军山东军区指挥各部队重新执行夏季攻势作战计划，日伪军只能退缩固守在城市和交通干线上的那些重点守备点上，处于被包围和攻击的被动局面。山东伪省政府和伪职人员，这时彻底认清了日本侵略者已经自身难保，更加惊慌失措、担惊受怕。末任伪省长，也只能在苟延残喘中等待最后时刻的到来。

四、抗日民主政府

1945年8月13日，山东省战时行政委员会和省临时参议会在莒南大店召开第20次联席会议，讨论通过了山东省出席中国解放区人民代表会议全体代表的联名建议，将山东省战时行政委员会改为山东省政府，推选黎玉为山东省政府主席，并布告全省人民周知。山东省战时行政委员会的前身，是由山东省临时参议会于1940年7月26日选举产生的山东省战时工作推行委员会。山东省战时工作推行委员会和更名后的山东省战时行政委员会，在共产党的领导下，履行山东省抗日民主政府的职能。

山东抗日民主政权的建立，经历了从县级到专署级，再到省级的过程。中共山东省委领导建立的第一个县级抗日民主政权，是按照统一战线方针，于1938年3月12日成立的掖县抗日民主政府。

1937年10月3日，日军侵占德州，随后占领平原、禹城等地，鲁北开始失陷。面对骤然严重的山东局势和国民党韩复榘的不抵抗主义，中共山东省委在济南召开了紧急会议，决定在山东各地发动抗日武装起义。会议前后，省委派从延安来的红军干部和第二次国共合作后出狱的干部赵健民、理琪、洪涛、张北华、程绪润、李仲林、廖云山、赵明新、程照轩、赵杰、姚仲明、廖容标、韩明柱、周凯东、郭盛云、董琰等，分赴各地恢复和建立党组织，组织抗日武装，发动抗日武装起义。10月上旬，冀鲁边各县国民党政府官员相继逃跑，在中共鲁东特委推动下，乐陵、无棣、宁津、庆云、盐山等县城地方武装在河北省盐山县旧县镇集结，举行了冀鲁边区抗日武装起义，1 000 多人的起义队伍中，共产党领导的有 300 多人。12 月，日军大举向山东腹地推进，中共胶东特委于 12 月 24 日领导了天福山抗日武装起义，按照省委制定的武装起义纲领，建立了山东人民抗日救国军第三军。天福山起义的第三天，姚仲明、廖荣标、赵明新领导了长山、桓台、临淄三县交界的黑铁山抗日武装起义，建立了山东人民抗日救国军第五军。29 日，中共鲁东工委领导了寿光牛头镇起义，建立了八路军鲁东抗日游击大队第八支队。进入 1938 年后，数月之内，中共山东省委和各地党组织在全省领导了徂徕山、泰西、威海、掖县、潍北等十几起抗日武装起义，在民族存亡之际，担当起抗日救国的历史重任。

1938 年 2 月，日军侵占掖县城，建立伪县政府。3 月初，由中共山东省委派往掖县组织抗日武装的张加洛、郑耀南领导掖县县委，联合国民党人和各界人士，成立了"掖县民众抗敌动员委员会"。8 日，发动"民动"成员 500 余人，在城北玉皇顶起义。9 日，起义队伍一举攻克掖县城，活捉伪县长刘子容，俘虏伪军 200 余人。收复县城后，起义部队定名为胶东抗日游击第三支队。3 月 12 日，中共掖县县委联合各界抗日人士成立了掖县抗日民主政府，推举原掖县国民党政训处的张冠五担任县长。中国共产党组织领导创建山东抗日民主政权自此开端。

共产党领导的山东第一个专署级抗日民主政权也是建立在胶东。

1938 年 3 月 18 日，在蓬莱起义的山东人民抗日救国军第三军第二路攻克蓬莱县城，将伪军全部缴械；26 日，成立了蓬莱县抗日民主政府，当时还未加入共产党的"三军二路"副指挥于仲淑担任县长。5 月上旬，中共胶东特委、山东人民抗日救国军第三军总部和直属部队先后到达黄县，5 月 15 日至 17 日，黄县人民抗日政府成立，后改称黄县抗日民主政府，首任县长是参加黄县起义的非中共人士王纬仲。

当蓬、黄、掖三个相连接的沿海县都成立了抗日民主政府后，中共胶东特委针对国民政府在胶东已失去领导人民抗战作用的现实，决定以统一战线的名义，争取合法地位，建立共产党领导下的统辖蓬、黄、掖三县的专署级抗日民主政府。胶东特委认为，经过前期共产党人发动武装起义、联合各界人士抗日的努力推动，以国共两党合作为基础的抗日民族统一战线在胶东已初步形成，为了防止国民党顽固派的破坏，这个专署级的抗日民主政府就沿用国民党政府的习惯称谓，作为山东省国民政府的派出机构，称行政督察专员公署。因这三个县都北临渤海，就命名为北海区行政督察专员公署（简称北海专署）。为了加强共产党对北海专署的领导，中共胶东特委派出政府工作部部长兼宣传部部长曹漫之出任北海专署专员，并接替王纬仲兼任黄县县长。

8 月 15 日上午，北海专署成立大会在黄县城绛水河西岸的校场举行。黄县各界代表 1 000 多人参加了大会，蓬莱县县长于仲淑、掖县县长张冠五分别率本县代表团来参加了大会。国民党山东省政府派要员杨沛如出席大会。北海专署辖地面积 3 177 平方公里，人口 163 万。北海专署一成立，就颁布了施政纲领，涉及军事、金融、文教等各项事业的建设。

为了加强对北海专署这个统一战线政权的领导，按照中共胶东特委的意见，专署对一些要职人员进行了调整。专署委任共产党员孙端夫、于烺分别担任蓬莱、掖县的县长；在黄县委任了 10 个区长，并往每个区派了政治指导员，这些人都是共产党员和"民先"①队员。为了保证军事上的统一领导，北海专署成立不久就着手整理各县地方武装。专署成立了北海保安司令部，曹漫之任保安司令兼政治委员，蓬莱县长于仲淑任副司令。各县设保安大队，由县长兼任大队长，另设副大队长和政治指导员。每县保安大队设 300—500 人，在龙口特区单设 1 个 300 人的保安中队。保安队主要负责警卫政府机关、维持地方治安、防备日伪袭扰，扩大抗日武装。

为了充分发挥抗日民族统一战线的作用，动员各县人民投入抗日救国的斗争中去，北海专署成立了民众动员委员会，简称民动会。民动会注意吸收各界爱国人士共同抗日，聘请社会

① 中华民族解放先锋队，简称"民先"，1936 年成立于北平，是中国共产党领导下的以抗日民主为奋斗目标的先进的群众性青年组织。1936 年 4 月，烟台的进步学生成立"民先"队部，8 月后在中共烟台工委领导下，开展抗日救国活动，在胶东各县发展"民先"队员。

名流、绅士、学者参加地方行政工作。民动会建立后，很快指导建立了妇救会、青救会等群众抗日救国组织，把各阶层的民众发动和组织起来，团结在抗日民族统一战线的旗帜下。在黄县的美国人也被动员起来，当时在黄县城开办西医怀麟医院的安黜森和崇实学校的柯理培，都十分同情和支持中国抗战。后来在抗日战争最艰苦的阶段，怀麟医院曾多次秘密抢救医治八路军伤员，崇实学校也掩护过参加抗日救亡的革命知识分子。

北海专署为了促进农业生产，1938 年成立不久就实行减租减息，成为山东抗日根据地和解放区大范围减租减息的先行者和探索者。专署布告各县："根据北海专署施政纲领，在各县切实进行减租减息。""公田应先减收地租，私家出租之地在 15 亩以上者，得减租 25%。自此办法公布之日起，在抗战期间出租之地，地主不得无故收回或转让。""一切贷款不得超过月利一分五厘，并在百元以下之小本贷款，债主经乡村长证明，确无力归还者，或债权人证明此款收回并无它用，收回转贷于他人者，概得延期付还。"① 北海专署为把减租减息工作做好、做细、做扎实，还作出了 5 项具体规定：地主出租土地 5 亩以上者，原定租价全部免纳，但地主家境困难、依赖地租生活者，得按原定租价纳 1/3；地主出租 5 亩以下者，按原定租价纳 1/3，但地主家境优裕者全部免纳；佃户家境优裕者，得交地租 1/3；地主一律不准撤回土地，并不得增加租价；地主

---

① 中共山东省委党史研究室编：《中共胶东地方史》，中共党史出版社 2005 年版，第 155 – 156 页。

在敌占区的，非敌占区佃户不得向地主交租。北海专署的这些政策规定，细致明确，简易可行，代表了贫苦农民的利益，也考虑了地主的利益。减租减息政策的实行，减轻了佃农的负担，使农民特别是佃农的生产积极性大增，农业生产得到了恢复和发展。

北海专署初建时，蓬、黄、掖这三个素有经商传统的县，因国民党的腐败统治和日寇侵略的影响，已经是市面冷清、商业萧条。为了繁荣市场、恢复商业、方便人民生活，北海专署决定将原定税额减去3成，改进税收制度，促进商业发展。短时间内，专署颁布的税收制度就有《货物捐杂条例》《烟酒营业牌照条例》《田房契税条例》《田房典卖契约暂行规则》等。由于税赋减轻，交易额上升，税收也比过去增长。为了进一步繁荣商业，保证抗日物资供应，北海专署修订了货物出入口办法。把原先禁止一切日本货入口的规定，改为奖励必需品入口，统制出口的政策。凡有利于抗战的军需品，即便是日货也可免税入口，且有政府证明文件的装运货物，一律免税。

由于国民党山东省政府秉承蒋介石的意图不给共产党领导的抗日民主政府和军队拨款，北海专署采取果断措施，接管了龙口海关。当时，青岛、烟台、威海卫等山东沿海商港大都沦陷，只有龙口海关及其所辖的虎头崖、石灰嘴、八角、黄河营、栾家口、刘家旺、三山岛、桑岛、刘家沟、平畅河等10个分卡还未沦入敌手。北海专署派人接管了龙口海关税务权，在北海专署建立的3个多月里，共收取海关税近20万元。

　　抗战初期，金融情况极度混乱，山东的各种地方势力滥发土杂钞，全省各地流通的票券有 20 多种。日军在沦陷区大肆发行伪钞，也向非沦陷区流通。为了解决抗日根据地金融市场的混乱局面，阻止伪币杂钞泛滥，使胶东抗日军民有可靠的经济保障，北海专署决定建立自己的银行，发行自己的货币，整顿金融秩序，巩固和发展抗战的经济力量。专署成立之前，掖县的第三支队军政委员会从 3 月份起已经在筹办北海银行。1938 年 10 月，北海专署在第三支队创办的北海银行基础上，发行了在蓬、黄、掖抗日根据地流通的北海银行纸币。北海币分壹角、贰角、伍角和壹元四种票面，投入市场后享有很高的信誉。三支队和三军合编后，北海银行改由中共胶东特委领导，并于 1938 年 12 月 1 日在掖县城举行了隆重的开业仪式。为了保障抗日经费的供给，北海银行建立了金库。通过发行货币和建立金库，粉碎了敌人对抗日根据地的经济封锁和掠夺，方便了群众生活，支持了工商业发展。这不仅为胶东抗战提供了货币支持，还多次向山东党政机关和八路军部队解送过黄金和北海币。1940 年秋，按照中共山东分局有关财经工作的指示，山东战时工作推行委员会把北海银行升级为省级银行，改称“山东北海银行总行”，在胶东设立北海银行胶东分行。

　　北海专署为统一和改进司法工作，建立了高等法院北海分院，简称北海高分院，由原国民党南京政府最高法院推事长王可举任院长。蓬、黄、掖 3 县分别成立了地方分院。同时成立了司法行政协进委员会，由专员、专署第一科科长、高分院院长、首席检察官，各县的院长、检察官、民众动员委员会主任等组成，运用法律决定民事、刑事案件政策和其他司法行政事项。北海高分院在成立后的 4 个月间，处理田产纠纷、离婚、家务纠纷、债务、调解、杀人、强奸、抢劫、纵火等案件 144起，受到了民众拥护。

由于日寇的入侵，胶东的学校基本停课，师生各自避难。为了发展抗战教育，北海专署成立了国防教育委员会，把离散的教师动员起来，督促各小学迅速复课。为适应抗战教育的需要，国防教育委员会进行了课程改革，编写出新的小学国防课本。为了加快培养抗战人才，北海专署成立的当月，就在黄县创办了胶东公学，曹漫之兼任校长。胶东公学分三科：社会科、师范科、普通科。原定社会科和师范科修业 4 个月、普通科修业半年毕业。第一期三科招收学员 250 多人，因抗战形势需要，社会科和师范科修业 3 个月即提前毕业。这批学员毕业时，25% 加入了共产党，40% 加入"民先"。学员大都分配到抗日民主政府、部队、民运机关及学校工作，很快成长为党政军中的骨干和领导干部。第二期开学月余，掖县失守，黄县危机，按照中共胶东区委指示，1939 年 2 月，胶东公学与胶东抗日军政学校合并。

国民党在山东各地的政府尽管都弃守辖地、逃之夭夭，但对共产党建立的抗日民主政府却不想承认。在抗战初起时，共产党为了维持国共合作抗日的大局，尽力争取抗日民主政府的合法化。1938 年 12 月，经国共双方的交涉谈判，中共与国民党山东省主席沈鸿烈的代表达成协议：撤销北海专署，保留其所辖的蓬、黄、掖三县的抗日民主政府；中共胶东特委派出的黄县县长曹漫之、蓬莱县县长孙端夫、掖县县长于烺，由国民党山东省政府正式委任。12月23日，北海专署宣布撤销，但在中共胶东区委领导下，仍然继续行使管辖三县的职权。1939年5月，中共胶东区委把胶东划为东海、西海、北海、南海4个区，并建立各区地委，曹漫之任北海地委书记。12月，成立共产党领导的蓬黄掖行政联合办事处，曹漫之任主任；次年4月，蓬黄掖联合行政办事处撤销，北海行政专员公署重建，曹漫之任专员。

1940年7月至8月，在沂南县青驼寺召开的山东省联合大会上，选举产生了山东省战时工作推行委员会，这是中共山东分局领导的山东第一个省级抗日民主政权机构。

在日寇的侵占和不断"扫荡"下，山东国民党地方政权纷纷溃逃、垮台，已无法履行政府职能，但又不允许共产党建立地方政权。要建立各级抗日民主政权，就必须打破国民党的限制。1939年5月19日，中共中央在《关于山东工作方针的指示》[1]中提出："在政权问题上，应认识无论八路军部队或地方游击队，如无政权则决不能发展巩固与建立根据地，因此已得的政权决不应放弃，并还应努力争取新的县区政权。"为贯彻中央指示，山东分局于1939年5月24日发出《关于山东工作方针原则的决定》[2]，提出要加强抗日根据地建设，加紧建

---

[1][2]　中共山东省委党史研究室编著:《新民主主义革命时期中共山东党史大事记》,山东大学出版社1992年版,第216页。

立专署、县、区抗日民主政权，积极扩大武装，巩固发展地方党。随后，中共山东分局于7月1日发出《关于恢复县区乡政权之指示》①，要求在原政权机构被破坏的地区，恢复抗日政权，并保证共产党的领导；县界应以地形及战争需要重新划分，不受旧行政县界的限制；县、区、乡长均兼八路军游击大队长、中队长、分队长，以取得合法保障。为加强对抗日根据地政权建设的领导，1940年2月中共山东分局成立了政府工作部。各地根据中共中央和山东分局的指示，恢复和建立了一批抗日民主政权。到1940年7月，中共领导的山东抗日根据地里已经有1个行政主任公署、9个专员公署、66个县级抗日民主政府及近300个区乡抗日民主政府。还成立了1个行政区参议会、8个专区参议会、47个县参议会。根据中共中央和山东分局关于开展群众运动、建立各种抗日群众团体的指示，到1940年上半年，山东各抗日根据地普遍建立起职工、农民、青年、妇女等各界的抗日救国联合会。中共山东分局认为，建立全省统一的行政机关、参议会和群众抗日团体的条件已经成熟。

在沈鸿烈率领山东省国民政府撤到鲁南的1939年1月，曾根据1938年9月16日国民政府公布的《省临时参议会组织条例》，宣布要筹备成立山东省临时参议会这一民意机关。1939年1月19日，中共山东分局主办的《大众日报》发表特讯："顷据省府方面表示，本省临时参议会定于3月1日成立……

① 中共山东省委党史研究室著：《中共山东地方史》第一卷，山东人民出版社1998年版，第318页。

现正各方罗致人才，筹备成立之。"为了促成省临时参议会的成立，1月22日、25日的《大众日报》连载了国民政府制定的《省临时参议会组织条例》，还发表社论，提出临时参议会产生的办法：必须包括各党派的代表；各救亡团体，各人民团体、文化团体、妇女团体，凡是在抗战工作中已有成果的，都应有代表参加；应取"人材"原则，凡是在民众中有威望、有信仰，及有特种学问能力的，都应该广为邀请。但直至1942年1月沈鸿烈离鲁而去，也未能召开省临时参议会，只在1939年6月公布了由国民党指定的50个参议员、25个候补参议员，其中正、副参议长都在重庆。直到1942年5月牟中珩当省主席后，国民党主持召开的山东省临时参议会才成立，出席会议的只有27个参议员。这离共产党领导成立的山东省临时参议会晚了1年零10个月。这也表现出国民党对山东抗战的领导，是既无能力，也无责任心。这种情况下，中共组建山东省抗日民主政权和民意机关，体现了对民族和国家命运的负责和担当。

1940年7月26日，这是山东人民革命政权史上永远值得纪念的日子。这一天，山东省联合大会在青驼寺隆重开幕。[1]青驼寺位于沂南县西南部，与临沂、费县交界，在抗日根据地的行政区划里，属于临费沂边联县的辖区。青驼寺不是第一次迎接抗日的英雄们。1个多月前的5月下旬，中共鲁南区委的领导机构就是在青驼寺开会组建的。这一次，来自山东各地

---

[1] 本节山东省联合大会的资料均见中共沂南县委党史资料征集委员会2010年5月编印的《山东省联合大会史料汇编》。

区、各界别团体的 300 多代表齐聚青驼寺，他们代表 3 800 万山东人民，来选举领导山东抗战的各机构、团体的带头人，共商山东抗战大计。

在大会结束后，《大众日报》发表了《庆祝空前盛会的空前胜利》的社论："这一大会有山东各个地区——鲁西、胶东、鲁南、鲁北的国民大会初选代表。有工、农、青、妇、文化界以及动委会（编者注：民族革命战争战地总动员委员会）等救国团体的各级领袖。有国民党员、共产党员、抗协会员，有八路军代表、抗敌自卫军代表及各种抗日部队的代表，有前清的举人、廪生、秀才，有现代的博士、硕士、学生，有法官、律师、医生，有抗战前的专员、县长，有抗战中的分署主任，有德望所归的士绅名宿，有跰手跰足的工人农夫，有须发斑白的抗战老人，有活泼天真的青年男女……山东人民有若干类的分野，联合大会就有若干类的代表，它代表了全山东的各个方面，各种力量，这一大会不只是山东的空前盛会，在华北、在中国也称得起盛会空前，只有它能真正代表 3 800 万人民的意旨，也只有它能负担起坚持山东抗战团结的任务。"

大会的会场安排在青驼寺古庙院里，会场里临时搭起了高大席棚。这天早上，细雨蒙蒙，与会者情绪高昂，会场内外气氛热烈。代表们分队进场，席地而坐，大家唱起《义勇军进行曲》等抗日歌曲。有人指挥大家唱起了专为这次大会创作的《联合大会会歌》：

蜿蜒的沂水，

巍峨的蒙山，

前进的战士们盛会空前，

我们在抗战中成长，

我们在烽火中锻炼，

三千八百万人民的意志，

也铸成钢铁的巨拳，

粉碎投降的危险，

挣断奴隶的铁链！

听啊，

全山东的人民一齐高呼：

团结到底！

抗战到底！

看啊，

自由的光芒在晨曦中辉耀，

解放的旗帜在黎明中招展！

蜿蜒的沂水，

巍峨的蒙山，

前进的战士们盛会空前！

上午 8 时，中共中央山东分局秘书长、大会筹备会负责人霍士廉宣布大会开幕。首先通过了大会主席团组成人员，名誉主席林森、蒋介石、毛泽东、朱德、彭德怀等 18 人；主席团由范明枢、朱瑞、黎玉、李澄之等 17 人组成。主席团带领全体代表向孙中山先生像、抗战领袖们致敬，为抗战阵亡将士默哀。75 岁的抗战老人范明枢致开幕词。霍士廉代表大会筹备处，报告了大会的筹备经过。中共山东分局、山东八路军代表黎玉在开幕式上讲话，对各代表致恳切慰问，对大会提出了意见与希望。各界 10 余位代表在当天大会上发表演讲。下午，大会主席团提出三项提案：（一）自民国二十八年一月国府通令各省成立参议会，而山东迄未成立，为实现宪政起见，拟请大会通过由各地国民大会初选代表及各团体代表，选举参议员，成立临时参议会案；（二）为坚持抗战推行战时工作起见，拟请成立山东省战时工作推行委员会案；（三）电请沈主席停止摩擦，团结抗战案。三项提案均经大会一致通过，并通过由主席团负责拟定临时参议会、战时工作推行委员会各项组织条例草案，交大会讨论通过后实施。

山东省联合大会开了整整 1 个月，于 8 月 26 日闭幕。八路军第一纵队政委、中共山东分局书记朱瑞作了《从国际到山东》的报告，八路军山东纵队政委黎玉作了《论山东目前投降与反投降的斗争》的报告。在这两个重要政治报告的指导下，大会总结了山东抗战三年来各方面的工作，提出了今后的工作方针。大会听取、讨论的各项工作报告有：山东国民抗协代表李澄之作《宪政与民主》的报告，强调了抗战与民主密不可分；八路军第一纵队政治部民运部长、中共山东分局宣传部长李竹如作《战斗中的山东人民》的报告，提出了新时期的群众工作方针和开展群众工作的具体要求；还有关于职工、农民、青年、妇女、文化、锄奸等项工作的报告。会上还特别邀请朱瑞作了《思想方法和领导方法》《妇女问题》两个专题报告，深受代表们的欢迎。

国民党中央曾计划于1940年11月召开国民大会以实施宪政，并限定6月前完成代表选举。山东原来的国民大会代表还是韩复榘当省主席时，和省政府秘书长、后来公开投敌的张绍堂指定、包办的，而且当时也没呈报国民党中央。沈鸿烈当省主席后，对此事未有补救措施。这次联合大会中，由山东省宪政促进会筹备召开的山东省国民大会代表选举大会，经过充分地讨论，一致否定了国民党原圈定的所谓山东出席国民大会的代表，酝酿选举于学忠、徐向前、朱瑞、黎玉、罗荣桓、范明枢、李澄之、亓养斋、牟中珩等61人为真正代表山东民意的国大代表。大会将选举结果致电重庆国民政府行政院内务部并转国大代表选举事务所，告知"此次民选代表为正式国大代表出席国民大会，代表3 800万人民之意见"。

大会讨论通过了主席团起草的《山东省临时参议会组织条例》，成立了全省统一的民意机关山东省临时参议会，简称省临参会，选举范明枢、亓养斋、马保三等81名山东省临参会参议员、26名候补参议员。选举范明枢为参议长，马保三、刘民生为副参议长。8月28日发布的《山东省临时参议会宣言》，号召"停止摩擦，严禁分裂，奖励进步，防止倒退，以风雨同舟之精神，为坚持山东抗战而奋斗，更望我3 800万人民，发扬民意，实行民权，集中民力，为实现本会之宣言——亦即山东全体人民之公意——抗战到底，团结到底，巩固山东抗日阵地，坚持山东游击战争，争取中华民族解放之彻底胜利"。

联合大会的一项创举，是选举成立了山东战时工作推行委员会，简称省战工会，它标志着全省统一的抗日民主政权建立。大会讨论制定了《山东省战时工作推行委员会组织大纲》，选举黎玉、张经武、艾楚南等23人为委员。省战工会下设政治、军事、财政经济、教育、民众动员5个组，黎玉为首席组长。

联合大会期间，山东省民众总动员委员会、山东省各界救国联合总会、山东省职工抗日联合总会、山东省农民救国总会、山东青年救国联合会、山东妇女救国总会、山东文化界救亡协会等群众团体分别举行成立大会，讨论通过了各会的章程、纲领，选举出了各会的省委员会和负责人。山东的抗日救国群众组织从此有了统一的领导。

1941年3月24日，山东省临参会召开驻会委员第八次会议，通过了《加强省战工会工作的决议》，决定省战工会设常务委员会，推选黎玉、李澄之、陈明、艾楚南、杨希文、张伯秋、刘居英等为常务委员，改首席组长为主任委员，黎玉为常务委员会主任委员，李澄之、陈明为副主任委员。省战工会原有的政治、财政经济、军事、教育各组均改为处。撤销民众动员组，业务移交相关群众团体；增设山东省战时高级审判处、公安处。此后又陆续增设了粮食管理、战时邮务、调查研究等机构。

第二天，中共山东分局发出《关于党的组织领导工作的新决定》：鉴于山东大部分地区已建立了抗日民主政权，各群众团体也分别建立了各自的领导机构，在已建立了民主政权与各种群众团体的地区，县委以上党委的政府工作部、民运部和社会部应即撤销，以充分发挥政府、群众团体和公安部门的作用。

至此，共产党领导的山东抗日民主政权已经形成从省到行署、专署、县、乡的组织体系和运作机制。这与同时期漂泊不定、办公连厅处都不分、对省内失去领导作用的山东省国民政府相比，不可同日而语。

1943 年 8 月 12 日至 9 月 8 日，山东省临时参议会一届二次参议员大会先后在莒南县坊前村和日照县桑庄召开。大会总结了 3 年来的工作，通过了由中共山东分局提交并建议讨论的《山东省战时施政纲领》[1]，决定将山东省战时工作推行委员会更名为山东省战时行政委员会，简称省行政委员会或行委会。选举黎玉、刘居英、梁竹航、艾楚南、张伯秋、田佩之、耿光波、罗荣桓、郭维城、杨希文、辛葭舟等 11 人为行政委员，黎玉担任主任委员。大会致电中共中央和毛泽东，9 月 11 日收到毛泽东复电，勉励山东省临时参议会及敌后全体爱国军民，团结一致，再接再厉，为坚持抗战、团结、进步，反对投降、

---

① 见《山东革命历史档案资料选编》第十辑。

分裂、倒退而奋斗。大会闭幕后，山东省战时行政委员会对各地抗日民主政府下半年的工作进行了部署，分别发出关于教育、民政、司法、财政和工商管理工作的指示。山东抗日民主政权的运转，进一步走向正常化、规范化。

1943年秋冬，世界反法西斯战争发生重大转折。9月，意大利墨索里尼政权垮台，意大利向英美投降，德意日法西斯联盟由此瓦解。在太平洋战场，中、美、英在缅甸开始反攻。11月，美、英、中三国政府首脑在开罗举行会议，发表《开罗宣传》。11月底至12月初，苏、美、英三国首脑举行德黑兰会议，讨论对德作战和战后和平问题。世界反法西斯战争已露出胜利的曙光。在中国战场上，除了国民党军队在正面战场发生豫湘桂大溃退，中国共产党领导的抗日根据地经过艰苦卓绝的斗争，已经走出了严重困难的境地，进入恢复和再发展时期。

山东抗日根据地的形势也发生明显好转。经过1944年和1945年上半年连续的攻势作战，到1945年8月，山东八路军已经把日伪军压缩到铁路沿线和少数大城市。山东抗日民主政权已控制了广大农村和大部分县城，抗日根据地的政治、经济、文化等各方面的建设都取得很大进展。1944年上半年起，山东抗日根据地普遍开展了民主政权建设，一些新解放的地区也进行了基层政权的民主改造和建设。

到1945年8月，山东五大战略区的解放区已互相连接，山东省战时行政委员会下辖5个行政公署、22个专员公署、100余县级政府。而此时的山东省国民政府，还流亡在省外；伪政府已经走到了尽头，等待人民的审判了。在抗日战争即将取得全面胜利的时候，山东人民必须要有自己的民主政府了。

1945年8月13日，山东省临时参议会和省行政委员会召开第20次联席会议，通过了山东省出席全国解放区人民代表会议全体代表的联名建议，将山东省战时行政委员会改为山东省政府，决定在第二届省临参会召开前，原省行政委员会委员为省政府委员会委员。会议推选黎玉为山东省政府主席。20日，省政府任命赵笃生为济南市市长、林一山为青岛市市长、孙端夫为烟台市市长、李东平为徐州市市长、于洲为威海市市长。23日，山东省政府委员会举行第一次会议，推选省政府秘书长和各厅局首长，决定设立山东大学和建立山东大学管理委员会。24日，山东省政府委员会决定成立解放区救济委员会山东分会，黎玉亲自担任主任，在实施对新解放区救济的同时，对8年抗战中日本侵略军给山东人民造成的损失开展调查。

第四章　夏季作战

一、攻势初发

1945年3月29日，在春季攻势作战的捷报声中。中共中央山东分局、八路军山东军区机关、一一五师司令部移驻莒南县大店村，设在一个地主大院里。

4月12日，罗荣桓在大店主持制定并发出了山东军区《夏季（五、六、七月）作战命令》。命令要求：为完成山东军区1月17日提出的1945年作战意图，确定夏季作战的重点在胶济路东段两侧，其他方向亦应选择有利时机发起进攻。[①] 这个作战命令又称为"三个月作战计划"，其整体部署分为两步：第一步，重点置于胶济路以南，以伪军张步云、厉文礼部为作战对象，先打张步云部，以诸城、安丘、高密之间的景芝镇、程戈庄、叶相、百尺河为攻击目标，胜利后再视战况以安丘西

---

①　黄瑶主编：《罗荣桓年谱》，人民出版社2002年版，第411页。

南的夏坡为中心，向厉文礼部发起进攻。为配合这个战役，要求胶东军区继续歼灭赵保原残部，孤立莱阳并吸引青岛日军北援；鲁南军区继续进攻王洪九，并奔袭张里元，以歼其大部；渤海军区如有把握，可突袭寿光东北之羊角沟。第二步，重点置于胶济路北。以张景月、王豫民、李德元等部为作战对象，争取歼其大部并控制其所占地区。为配合这一战役，要求滨海军区根据讨伐张步云、厉文礼战役的情况，或继续肃清其残部，或向张天佐部进攻；滨海军区和鲁南军区共同组织郯（城）马（头）战役，歼灭梁钟亭部，控制马头，孤立郯城。

山东军区夏季作战计划的一个重要目标，就是要把山东的五个战略区打成一片。要实现这个目标，必须集中力量打通胶济路东段的两侧地区，因为这里是渤海、胶东、鲁中、滨海四个战略区的联结点。当时山东的伪军和顽军，除吴文化部已西窜泰山地区外，其余大都麇集于这一地区。"三个月作战计划"确定的作战对象主要就是这些部队。

在夏季作战命令发出前，鲁南军区已于 3 月底先期发起临（沂）费（县）边讨伐王洪九的战役。王洪九是临沂人，曾就读于省立临沂中学和济南军官学校，国民党党员，是集顽军与汉奸于一身的双料反动分子。七七事变后，他以"打日寇、保家乡"的名义组织"临费边抗日联庄会"，自任会长。1938 年夏被国民党临沂专员张里元收编，多次扣押、杀害八路军官兵，参与制造鲁南多起残害共产党员、革命群众的事件。后与日寇勾结，为日军担负台（儿庄）潍（县）、滋（阳）临（沂）公路的护路任务，与八路军为敌。鲁南军区以主力和地方部队相配合，自3月29日向王部发起进攻，至4月10日，歼灭王部750人，攻克岭石、衣马庄、小朱保等据点，将王部逐至临费公路以东，解放国土350平方公里，人口45 000余名。

夏季作战命令发出后，渤海军区于4月15日率先发起讨伐张景月部的第一阶段战役。张景月是寿光县人，和王洪九一样，也是顽军加汉奸的双料反动分子。早年在军阀张宗昌部下当兵，后依靠其当土匪的六叔发迹，抗战初期以抗日为名，组成抗日救国义勇军鲁东第一支队，8 000余人，受国民党鲁东行署领导。1938年10月，张部被沈鸿烈编为山东省保安十五旅，张任旅长。此时张部已发展到万余人，并筹设了国民党寿光县政府。他不抗日，专反共。1939年冬，他以重兵包围牛头镇，攻击刚刚组建的八路军寿光独立团，制造了"牛码事件"。1940年3月在邢家茅坨一次就杀害抗日干部和群众52人。1941年2月被国民党委任为山东省第十四区行政督察专员兼保安司令，到处捕杀抗日家属，破坏抗日活动，强迫所部排以上军官集体加入国民党。1943年被国民党委任为山东保安第三师师长、鲁中军区司令。张景月公开与日寇勾结，搜刮辖区人民财产，以铜元、牛皮等换日军的军火、汽车，与日军往来密切。1944年10月还配合日军进攻解放区。1945年春，张部发展到23 000余人，成为山东顽军的主力之一，在其辖境内鱼肉百姓、无恶不作，与八路军为敌。由于张部兵力众多，难以全歼，渤海军区讨张战役的第一阶段是进攻寿光东北的羊角沟、侯镇。战役于 4 月 15 日发起，22 日结束，在一周时间里歼灭张部 6 500 余人，攻克羊角沟等 17 处据点，控制了侯（镇）羊（角沟）公路两侧的大片地区。

与此同时，冀鲁豫军区部队于 4 月上旬在定陶进攻顽军王子杰部，歼其 2 000 余人。

1945 年 4 月 23 日，中国共产党第七次全国代表大会在延安召开，号召解放区的军队应向一切被敌伪占领而又可能攻克的地方，发动广泛的进攻，借以扩大解放区，缩小沦陷区。

4 月 27 日，山东军区发出指示，要求各级司令部加紧研究与总结攻势作战尤其是攻坚战、日伪军工作、城市工作、爆破技术和练兵的经验，为下一步开展反攻做好准备。

二、5 月反"扫荡"

面对中国抗日军民的局部反攻和国际反法西斯阵营的节节胜利，1945 年 1 月，为了准备与同盟国作战，日本大本营决定建立日本本土及中国、朝鲜等占领区的防御体系，制定了在中国死守华北、巩固东北、决战华中的战略计划。山东是日军防卫本土、巩固东北基地、死守华北、争取决战华中的战略要地。为此，日本中国派遣军决定由华北方面军确保现有占领区，并加强山东半岛对美军、绥蒙地区对苏军的作战准备。为控制山东沿海，防止盟军在山东登陆，日军大量增兵。1945 年

3月，日军在山东地区以第五十九师团为基干，编成第四十三军团，下辖第五十九师团、独立步兵第一旅团、独立混成第五旅团和第九旅团，并进一步收编兵力，先后编组了4个相当于旅团的独立警备队，使日军至5月底猛增至10万人，分布于山东沿海地带和交通干线。第四十三军军团司令部设于济南，统一指挥山东境内的日军。

5月1日，日军以第五十九师团、独立步兵第一旅团主力、独立混成第五和第九旅团各一部，连同伪军共3万余人，对鲁中、滨海地区发动全面"扫荡"。随后调集大批日伪军对鲁南、渤海、胶东地区进行"扫荡"。参与这次大"扫荡"的日伪军总兵力达10万余人。

根据敌情变化，山东军区果断决定暂时停止执行"三个月的作战计划"，部署各军区立即转入反"扫荡"。八路军的主力部队依托各根据地实施相对集中、广泛机动，寻机反击进犯之敌。各根据地发动县区武装和民兵开展群众性的游击战争，置敌军于人民战争的汪洋大海之中。

5月2日，苏联红军攻克柏林；5月8日，德国宣布无条件投降。消息传来，极大地鼓舞了山东抗日军民，坚定了大家赢得反"扫荡"斗争胜利的信心。

日军在5月1日发动的对鲁中、滨海地区"扫荡"执行的是"秀岭一号"作战计划，主力兵团是衣兵团，也就是五十九师团。5月5日，该师团所辖第五十三、五十四两个旅团的部分日军向沂源进犯。第五十三旅团的旅团长是陆军少将吉川资。此人毕业于日本陆军士官学校，抗战初期就参加了侵华战争，1943 年奉命回国，1944 年晋升为陆军少将，1945 年 1 月再度调回侵华日军，出任步兵第五十三旅团旅团长。

面对日军的"扫荡"，鲁中军区司令员王建安、政委罗舜初指挥各军分区部队不断以阻击、袭击、伏击等战法打击敌人。同时集结主力相机歼敌。根据侦察的情报，鲁中军区于 5 月 6 日调军区第二团从沂水西北返回鲁山根据地，准备在石桥一带伏击敌人。7 日凌晨 2 时许，侦察兵在石桥以南 3 公里处发现敌人，已到达石桥地区的第二团三营营长刘佐立即报告团部，决定利用石桥一带有利地形和根据地群众的支援，打一个伏击战。

拂晓 5 时前，三营的七、八、九连分别进入石桥北山的伏击阵地，全营 19 名特等射手集中配置在阵地前沿，静等敌人的到来。周边还埋伏着大泉区区中队和民兵。

当敌人的数十名骑兵带领先头部队进入伏击圈后，刘佐营长下令："瞄准骑兵，狠狠地打！"埋伏在最前沿的特等射手们率先开枪，紧接着两挺重机枪、三挺轻机枪和数百支步枪一齐向敌军开火。日军的骑兵纷纷落马，受惊的马匹东冲西撞，日伪军在这突然袭击下顿时惊慌失措、阵脚大乱。周边前来助战的区中队和民兵们高声呼喊："打啊！鬼子跑不了啦！"不知虚实的日伪军在慌乱中各自逃窜，一部分日伪军逃进石桥村，一部分逃向石桥西北的山沟。

逃进村里的敌军，拆民房、修工事，企图负隅顽抗。天亮后，第二团的一营、二营赶到战场，将石桥村包围。

　　逃进石桥村西北山沟的日军，凭借众多的小山头和林立的巨石拼死组织抵抗。为了有效杀伤敌人，八路军从埋伏的山坡上翻滚而下，一连攻克日军临时占领的 4 个小山头，与敌人展开了白刃战。这时，悦庄至大泉 40 多个村的民兵和老百姓涌来参战，山沟里杀声四起。日军第五十三旅团旅团长吉川资不甘灭亡，躲在一块巨石后面，用步话机命令各部整理队伍，组织反击。当他指挥残余日军向一高地冲击时，被八路军击中，当场毙命。剩余日军无心再战，四散而逃。

　　黄昏时候，鲁中军区第二团向逃进石桥村的敌军发起进攻。一营从村东，二营从村西同时接敌，冲进石桥村，与敌人展开巷战和肉搏战。八路军战士猛冲猛打，敌人溃不成军，残部逃到公路以西一个高地和薛家官庄村，固守待援。

　　由于被伏击的只是敌人的先头部队，后续的大批日伪军纷纷赶来石桥。为避免日伪军的重兵合击，鲁中军区第二团和参战的区中队、民兵、群众迅速撤离战场。

　　石桥伏击战，出敌不意，军民携手，取得了辉煌战果：在这次战斗中击毙日军少将旅团长吉川资以下 600 余日伪军，其中包括日军大队长 1 名、中队长 2 名、小队长 4 名，缴获战马 62 匹及枪支弹药一宗，敌军的先头部队被完全击溃。吉川资是抗日战争中被八路军在战场上击毙的最后一名日寇将军，至今被供奉在东京的靖国神社。石桥伏击战谱写了一曲人民战争的凯歌，成为中国抗日战争史上的一个辉煌战例。

当 5 月 7 日，石桥伏击战激烈进行之时，在日照城南 40 多公里的安东卫，八路军滨海军区的一个红军连，与 7 倍于己的日伪军打了一场惨烈的阻击战。

明洪武年间，为防倭寇窜扰，朝廷在沿海军事要地设置卫、所。据清光绪年间所修《日照县志》记载，安东卫设于明洪武十七年（公元 1384 年），是明初 19 卫中的一个防海卫，下辖左、右、中、前、后 5 个千户所。这座具有近 600 年历史的海防古镇，东依老爷山，西傍绣针河，北枕官山，南临黄海，既为鲁东南之军事要冲，又是贸易通商口岸。清朝初年，废除卫、所制，安东卫由于海陆交通发达，南北客商络绎不绝，至清末民初，发展成一个店铺林立、商业繁华的海边集镇。

滨海地区是日军此次五月大"扫荡"的重点区域之一。为了打通海（洲）青（岛）公路，阻断八路军在滨海区的海上交通，切开日照、赣榆两县抗日根据地与内陆根据地的联系，日军决心占领被八路军控制的安东卫镇。从 5 月 1 日开始，日寇出动日伪军 7 000 多人，在飞机、兵舰的配合下，对滨海根据地进行"扫荡"。驻日照、赣榆的日伪军也分别配合。5 月 4 日，日军占领了安东卫镇。

为了粉碎敌人的"扫荡"，滨海军区 5 月 6 日晚决定夺回安东卫这一海防重镇。担负这一重任的是滨海军区第二十三团和部分兄弟部队。为了有效地歼灭侵犯安东卫的敌人，团部在组织大部队向安东卫镇运动之前，命令一营二连连夜赶到安东卫西南的李家庄子设置阵地，袭击并阻歼敌军。

二连是随一一五师入鲁抗日的老红军连队，在陕北参加过著名的直罗镇战役，打过多次硬仗，曾荣获红十五军团"东渡黄河第一船"的光荣称号。

接到命令后，二连指战员连夜急行军20多公里，于5月7日凌晨2点多赶到安东卫西南的李家庄子。李家庄子距安东卫不足两华里，庄内有四五十户人家，院墙高低不齐，有利于防守隐蔽作战。庄西有一条南北走向的水沟，北连赵家园，南经小胡庄入海。村北是一片茂密的竹林，村东是一片开阔地带，地势平坦。二连进庄后，指导员钟家全立即组织战斗准备。他们一面组织把村里的群众转移到安全地带，一面构筑工事。为了大部队能顺利地收复安东卫，钟家全派出3个战斗小组，对安东卫的敌人进行袭击，以扰乱和吸引敌人。

不明底细的敌人立即纠集了1 000多人向李家庄子扑来。清晨，敌人分三路在晨雾的掩蔽下向二连阵地进攻。当敌人进至阵地前五六十米时，二连的机枪、步枪、手榴弹齐发，以短促密集的火力毙伤大量敌人，击退了敌人的攻击。6时许，敌人以3挺机枪进占了离二连阵地200米的一处坟包，用机枪火力掩护其一个连向李家庄子进攻。二连的射手不断变换射击位置，迅速将敌人的机枪射手击毙，并以猛烈的火力将已冲到阵地前40米的敌人击溃。敌人稍事喘息后，又利用村南、村北的复杂地形偷偷摸进，在距二连阵地20米处发起冲击，被二连以手榴弹击退。此时，为了争夺敌人遗弃在坟包处的 3 挺机枪，双方各以火力封锁，形成对峙。

战至中午，敌人从村西小沟向二排阵地冲来，二排长李宝贵带领全排冲上去与敌人展开白刃战，击退了进攻的敌人，活捉了两个俘虏。此时二连不断减员，指导员钟家全已负伤两次。水沟上有一座小桥，是二排和连部之间往返通信、运送伤员和弹药的必经之地。14 时，敌人在炮火掩护下又一次向小桥扑来，桥旁阵地一度被敌人占领。钟家全率领战士冲上去拼刺刀夺回阵地。这时小桥被敌人控制，二排长李宝贵和四班长陈永胜带领 8 名战士飞身跃起，端着刺刀迅猛直冲小桥。守桥的伪军被八路军这英勇的气势吓慌了，未敢接仗，吓得连机枪都扔下，转身逃去。

二连控制小桥后，很多战士围着指导员要弹药。钟家全摇了摇头，朝村子划了个圆圈，用坚定激昂的口气说："同志们，我们被包围了，四面都是敌人，现在的问题不是我们向上级要东西，而是上级向我们要时间。时间就是胜利！"他告诉同志们，营里派三连的同志来送弹药，但中途都牺牲了，现在面临的情况是严重的，一定要发扬人在阵地在的光荣传统，为牺牲的同志报仇，用鲜血和生命去夺取胜利！

黄昏时，日军中队长中田俊郎亲临战场指挥。一股敌人攻进庄子，二连战士与敌人短兵相接，逐房逐巷勇猛拼杀，把进庄的敌兵全部消灭了。21 时左右，中田俊郎亲自带队，借炮火和夜幕的掩护冲向二连阵地，战斗非常激烈。疯狂的敌人冲入二连堑壕，在中田俊郎挥起指挥刀向一名八路军战士砍来时，二排长李宝贵眼疾手快，一枪将其击毙。二连战士趁势猛杀敌人，未被毙伤的敌人见势不好，仓皇退逃。

不久，二连接到命令，阻击任务圆满完成，撤出战斗。已4次负伤的钟家全命令一、三排先撤，他带领连部4名战士掩护二排撤退。敌人发现二连撤退又追了上来。这时钟家全腿负重伤，不能行走，他命令要背他走的战士赶快撤退。当他的驳壳枪打剩下3颗子弹时，敌人冲到了他的眼前。他在拼杀了两个鬼子后，用最后一颗子弹自尽，壮烈殉国。

5月8日凌晨，八路军胜利收复了安东卫。二连的指战员在两夜一天的阻击战中，抗击了7倍于己的敌人，打退了敌军16次进攻，组织了7次反冲锋，3次白刃格斗，毙、伤、俘日、伪军360多人，其中击毙了日军中队长中田俊郎和3个小队长，缴获长、短枪260余支。英雄的红二连创造了抗日战争中以少胜多的光辉战绩。

7月7日，滨海军区司令员陈士榘、政委唐亮、副司令员万毅、政治部主任刘兴元等签署发布命令，命名第二十三团一营二连为"安东卫连"，授予"顽强制敌"锦旗一面，追认连指导员钟家全同志为战斗英雄。

5月14日，八路军山东军区致电各军区并报中央军委、八路军总部，发出《反"扫荡"作战命令》，在通报了日伪军自"五一"开始"扫荡"鲁中、鲁南、胶东、渤海、滨海地区的情况后指出：敌人"主要企图是破坏我之反攻准备，加强对山东控制，准备应付盟军登陆……可能对我实行新的分割封锁，恢复某些军事支点与交通干线及逐渐占领沿海地区"①。命令对山东五个战略区的反"扫荡"作了具体部署。

5月16日，鲁南军区发起以邳县为目标的反"扫荡"作战，经一夜激战，解放了邳县县城并攻克大小据点37处，俘虏伪军支队长、团长以下官兵480余人。5月17日，鲁南军区乘胜发起讨伐鲁南伪皇协军张里元部的峄（县）东战役，至25日，作战40余次，击毙日军20余人，歼灭伪军1700余人，攻克大小据点80余处，解放国土1800余平方公里，人口37万。

与此同时，渤海军区部队讨伐顽军张景月部战役的第二阶段作战于5月15日结束，歼其2400余人。

山东各战略区部队按照14日军区反"扫荡"的作战命令，积极行动，发动地方武装和民兵，开展群众性游击战，不断袭击敌人军事要点，破坏其后方联络，以拖回敌人，迫使其缩短"扫荡"时间。经过近一个月的奋战，于5月27日胜利结束反"扫荡"。在这次反"扫荡"中，共歼灭日伪军5000余人，收复邳县县城和据点140余处，夺回了在此次"扫荡"前期被日军占领的蒙阴县城。

三、继续夏季攻势

罗荣桓常年带病主持山东分局和军区的工作，身体每况愈

---

① 黄瑶主编:《罗荣桓年谱》,人民出版社2002年版,第414页。

下。5月27日，在反"扫荡"结束的当天，罗荣桓致电毛泽东、朱德，说自己的病未愈，准备去延安治疗，山东分局的工作请中央决定，或暂时指定一代理书记。

6月9日，毛泽东复电："来电悉，病未愈，甚系念。拟派林彪同志来鲁，尚未最后决定。稍迟当可酌定电告。你可于休养中在病情许可下指导大政方针。工作多交黎玉同志。"①

5月反"扫荡"虽然胜利结束，但在"扫荡"结束时，日军占领了胶东海阳县的沿海地区、滨海的莒县县城和赣榆县的柘汪海口，打通了日（照）莒（县）公路。日军自青岛到连云港沿海的兵力增加到5个旅团；在济南至泰安之间部署了主力第五十九师团，随时准备机动；在津浦铁路山东段、胶济铁路沿线，部署了相当于3个旅团的兵力。此时日军驻山东的总兵力达到10万人。

山东面临的这一新情况，使人联想起1941年、1942年日军对山东进行的连续大"扫荡"。那时日军在山东的兵力最多达5万人，现在则超过一倍，形势的严峻性显而易见。在反"扫荡"结束后，中共山东分局和山东军区面临着重大的战略抉择：究竟是继续分散兵力准备应对敌人新的"扫荡"，还是继续执行原定的夏季作战计划，乘敌人疲惫之际，适当集中兵力发动攻势作战，迎接大反攻。山东的各级党组织和部队等待着分局和军区领导的指示。

---

① 中共中央文献研究室编：《毛泽东年谱》(1893－1949)中卷，中央文献出版社2013年版，第604页。

中共山东分局和山东军区根据国际国内总的形势和山东的战况，认为日军的 5 月大"扫荡"，形式上是进攻，实质上是防御性质的。其目的是掩护日军调整部署，控制东部沿海，应对盟军可能来自海上的登陆作战。日军把 10 万重兵主要部署在沿海和铁路沿线，其他地区并未增加，在渤海区尚有削弱。同时，德、意法西斯均已垮台，欧洲的反法西斯战争已经结束，国际形势对日军非常不利，抗日战争已到了大反攻的前夜。

6 月 2 日，中共山东分局发出的《关于山东目前战争形势与我们紧急动员的指示》① 中指出：目前山东形势的主要标志，是新的紧张的形势开始到来。这个形势的到来，基本上是由于苏联强大红军攻占柏林，欧洲反法西斯战争胜利结束后同盟国形将登陆而引起来的新的变化；同时也由于我山东解放区年来之扩大，不但收复了一些重要城镇，而且控制了一千余里长的沿海线，并直接威胁青岛、济南、徐州三大城市与津浦、陇海、胶济三大交通干线。这都是同盟国作战与我国反攻时首先着眼的战略基地，因之使山东目前与今后所处的战略地位空前的提高。"在同盟国登陆以前敌人对我的争夺，这是我们最艰苦的一段。在这一段敌我争夺的形势，只有日益紧张的趋势。""随着争夺形式的激烈化，敌人对我'扫荡'可能是频繁的、轮番的、集团的，以破坏我根据地之人力物力，寻找主力与指

---

① 见《山东革命历史档案资料选编》第十五辑，第 3－7 页。

挥机关决战，企图扫清其侧后的威胁。"指示接着指出，敌人的"扫荡"方式很大可能不同于过去，重现 1942 年的那种局面不是没有可能，但可能性也不大，因为我们有与过去不同的国内外有利条件，最后必然发展到靠我反攻为主的局面。指示最后要求："对分局 4 月决定的整个工作秩序与各项指示，仍要求各地坚持下去，并适应战斗情况，分别缓急进行布置。"这就明确了对 4 月下达的夏季作战计划要继续执行。

6 月 6 日，山东军区发出了继续执行"三个月作战计划"的命令，要求：鲁中军区集中五个团的兵力，以安丘之夏坡为中心，求歼厉文礼部在胶济路南的主力①；滨海军区钳制诸城之敌，保障鲁中部队的侧后安全；渤海军区主力一部配合地方武装向胶济路北厉文礼部进攻；胶东军区应适时发起平（度）西战役，求歼李德元、阎珂卿各一部，并创造协同渤海军区会攻王豫民部之阵地；鲁南军区在讨张（里元）胜利后应求歼梁钟亭部，夺取马头。

6 月 19 日，罗荣桓致电毛泽东并林彪，报告了山东的战争形势，决心继续执行夏季攻势作战计划②，并希望林彪在青纱帐期内能来山东。

与此同时，中共山东分局、山东军区政治部在 6 月份发出了《关于夏季对敌政治攻势的指示》，决定在全山东发动对日伪的全面政治攻势，以迎接反攻局面的到来。

---

① 此役于 6 月 5 日开始。

② 黄瑶主编：《罗荣桓年谱》，人民出版社 2002 年版，第 418－419 页。

7月12日，罗荣桓、黎玉、肖华等致电中央军委、八路军总部，报告了山东战况，准备把因5月反"扫荡"中断的"三个月作战计划"，延至8月底完成，并重新调整了部署。新的攻势作战部署除了继续把胶济路东段的南北两侧作为重点外，扩展到山东整个战略区。

讨伐厉文礼部的战役打了20多天。

厉文礼，1905年出生在河北省蓟县一个地主家庭，后随父母移居北京。1928年9月参加国民党，历任国民党军队秘书、少校书记官、第十五军一九二旅少校军法主任，1930年8月出任诸城县长，1932年6月调任潍县县长，1937年8月任山东第八区游击司令官，11月又任第八行政督察区专员。他在任潍县县长期间，1933年7月杀害中共潍县中心县委书记刘良才，10月杀害中共党员郭炳煜。1934年11月，他指挥军警包围潍县广文中学，逮捕以教师身份为掩护的中共潍县工作委员会书记乔天华，致使中共潍县党组织遭到严重破坏。1938年1月，厉文礼参加国民党特务组织复兴社，化名周至诚，任山东支社胶东大队队长，后改任山东第八区保安司令，同时担任国民党中央别动队总队胶东支队司令。1939年8月，改任苏鲁战区挺进第二纵队司令。1943年2月，在安丘县城顶山被日军俘虏，率部投降，被日军委任为"鲁东和平建国军"司令。

抗日战争期间，一贯反共的厉文礼双手沾满了共产党员、抗日志士和无辜群众的鲜血。仅在1941年就枪杀、活埋了中共安丘县委宣传部长李锡三、县委委员叶之枞、一区区委宣传委员李奉臣以及井戈村进步人士孙希孔等人。1938 年至 1944 年，厉文礼所部在安丘的夏坡、教子峪、温泉、涝坡、常家岭等村杀害中共党员和无辜群众 800 多人，其中在常家岭村南一次枪杀、活埋群众 54 人，在夏坡村枪杀、活埋抗日志士和群众 67 人，1944 年厉部 6 次配合日军"扫荡"解放区，祸害 50 余村，打死群众 19 人，烧毁房屋 220 余间，抢去牲口 82 头。

1945 年，厉文礼的伪"鲁东和平建国军"驻守在以潍县为中心的胶济路两侧地带，其 12 000 余兵力部署在潍县、昌乐一带 4 000 余人，安丘地区 8 000 余人。为加强安丘守备，厉文礼将其主力 7 个团配置在安丘周围，其中以夏坡阵地较为突出，与八路军鲁中军区部队对峙。

6 月 5 日，按照山东军区的指示，鲁中军区在渤海、滨海两军区配合下，集中第一、第二、第四、第十一、第十二团和第九团 1 个营及地方武装一部共万余人的兵力，在一万多民兵、群众的支援下，发起讨伐厉文礼部的战役。整个战役分三个阶段。

第一阶段，攻取夏坡。夏坡是厉文礼伪军的核心据点之一，周围设中小据点 20 余处，形成集团式防御。6 月 5 日黄昏，鲁中军区以一部分兵力担负安丘方向打援，主力部队分数路包围夏坡及周围 8 个主要据点，割断其防御体系。8 日夜，鲁中军区第一、第二、第四团挥师北上，打击昌乐的伪军张天佐部，一度攻入郚部据点，歼日军一个小队，伪军数百人。由于当地群众被日伪胁迫逃空，鲁中军区部队进入无人区，加之9日晨 2 000 余日伪军自潍县、昌乐、安丘增援，不利于再战，八路军主动撤出，厉部乘机重占夏坡。

第二阶段，再取夏坡。6 月 17 日，日伪援军回撤。鲁中军区部队分 3 路再次发起攻击。东路第一、第四团长途奔袭，出敌不意直插安丘、景芝镇间，全歼伪军一个团和一个守备队，解放了景芝镇。在战斗进行中，鲁中军区第四军分区副政委李耀文带领几名敌工干部，与已经做了几年工作的伪"鲁东和平建国军"副司令兼第十团团长韩寿臣直接谈判，促使韩寿臣于6 月 23 日凌晨率领 1 800 余人在古城子村起义，这支队伍被编为山东军区独立第四旅。西路的第二、第九团直逼临朐城，攻克盘阳、冶源等据点，歼日军一个小队、伪保安队 1 000 余人。中路第十二团及第十一团一部和地方武装再攻夏坡，敌军被迫弃守逃窜。第二阶段战役结束时，厉部已被歼过半。

第三阶段，南下诸城。6 月 24 日，鲁中军区第一、第二、第九、第十一团乘胜南下挥师诸城，剑指伪军张步云部，经 4 天激战，歼其两个团加一个营，拔除据点 16 处。

讨厉战役于 6 月 27 日胜利结束，共歼日伪军 7 300 余人，攻克据点 60 余处，解放安丘以南、景芝以西、临朐以东 1 700 平方公里国土。在胶济路东段南侧敌伪防御体系的中间撕开了一个大口子。

　　滨海军区夏季攻势作战的重头戏，是联合鲁中军区讨伐伪"山东国民自卫军"第一集团军张步云部。

　　张步云，山东诸城县人，1921 年 17 岁时就当了土匪，专干绑票抢劫之事，民愤极大。在当地几个村庄联合围讨下，潜逃投奔张宗昌部充任连长。张宗昌倒台后于 1929 年回乡拉起队伍，1933 年投奔韩复榘任少校副官，曾跟随韩部攻打胶东国民党刘珍年部。1935 年充任山东特别（高级）侦探第二大队长，1936 年升为第二路游击司令。韩复榘被解职逮捕后，张步云率部驻防诸（城）高（密）平（度）一带，借抗日之名征粮逼捐，网罗匪徒，扩充队伍，大肆烧杀抢掠，曾火烧南戈庄，枪杀活埋 10 余人。1938 年秋投靠日军，被编为"山东自治联军"，隶属张宗援部，疯狂反共，打垮过平度抗日游击队。1939 年投靠伪"北平临时政府"，被委以"剿共军第四路纵队"司令。这样一个汉奸土匪，1940 年被国民党山东省主席沈鸿烈委任为"山东省保安第二师"师长。1942 年春率部随吴化文公开投降日寇，被编为"第三方面军暂编第一军"并任军长。继而任伪"山东国民自卫军"副总司令兼第一集团军军团长，之后追随日军多次向国民党苏鲁战区于学忠总部和共产党的根据地进行"扫荡"。1945 年 3 月，先后制造了血洗刘家庄、小岳戈庄两起惨案，实行惨无人道的"三光"政策，杀害抗日干部群众 400 多人。

　　张步云的伪"山东国民自卫军"第一集团军辖 3 个师，1.3 万人。在鲁中军区讨伐厉文礼部的第三阶段，已遭打击，其侧后暴露。张步云慑于被歼，收缩兵力，加强潍河西岸相州、双庙一带防御，企图依托潍河、渠河抵挡八路军的进攻。

中共滨海区委、滨海军区在发起讨张战役前，做了充分的准备工作。在宣传舆论上，充分揭露张部投敌叛国、残害人民的罪行，不仅在群众中宣传，还通过各种途径，对张部发动政治攻势，瓦解其军心。在军事上，利用鲁中军区讨伐厉文礼战役的时机，攻克许孟、仁兰等7处据点，完成了战役部署。在山东军区的统一部署下，滨海军区的第六、第十三团，鲁中军区的第一、第十二团，分别组成两个梯队，向相州、双庙方向分路攻击；主力一部配合地方武装，活动于诸（城）高（密）公路、诸（城）莒（县）公路、莒（县）日（照）公路，以小股出击、不断破袭等手段，牵制日军，保证主攻方向作战。

7月15日下午，担任主攻的两个梯队冒雨向预定位置奔袭，经数小时强行军，黄昏时到达作战地区。此时，雨势越来越大，河水暴涨，敌军疏于戒备。当夜，八路军顺利攻克双庙、秦家河崖据点。16日拂晓，攻克相州。从这些据点突围东逃的伪军，大部被截击部队围歼，跳进潍河企图逃窜的，多被暴涨湍急的河水淹毙。17日，潍河以西伪军基本被肃清。讨张战役第一阶段告捷。

河西失守后，河东伪军人心慌乱，纷纷南窜。张步云也把指挥部由城西南的村庄移驻城内。数日后，潍河水位下降，八路军开始第二阶段作战。20日、26日，主力梯队分南北两路东渡潍河。南路于昌城、埠头一带全歼诸城伪保安队吕孝先部；北路直逼胶济线，策应胶东军区作战，歼高密伪自卫团一部，解放双羊店、朱马、方戈庄等地。在八路军强大攻势的压力下，胶州伪自卫第五团反正，胶县西南部地区获得解放。

7月30日，此次讨张战役结束，共歼张步云部及高密、诸城的伪保安队5 000 余人，其中击毙伪师长王吉祥、副师长王邦基和参谋长马桂章。解放了胶济路以南、海（州）青（岛）公路以西、潍河以东2 500平方公里的国土。

在山东军区进行5月反"扫荡"和发起夏季攻势作战的同时，冀鲁豫军区在鲁西南先后发起东平、阳谷战役，与山东军区相互呼应。

冀鲁豫军区和山东军区都是延安中央军委划分的大战略区，山东的鲁西南地区划在冀鲁豫军区。

1945年春，日军制定了在东平湖区抢掠小麦的计划。为了保卫麦收，冀鲁豫军区集中第一、第八、第十一军分区主力及部分县区武装、民兵，于5月中旬发起东平战役。东平城内驻有1个日军小队，1个伪警备大队。冀鲁豫军区副司令员杨勇亲自指挥东平战役。

杨勇兵分三路，把第八军分区部队作为中央纵队，主攻东平城；第一军分区部队为左路纵队，攻取东阿；第十一军分区部队及第九军分区骑兵团为右路纵队，进击金（乡）济（宁）路以西地区。左右纵队兼有打援任务，保证中央纵队两翼安全。

5月18日凌晨，中央纵队第七团抵达东平城下，一营在炮火掩护下迅速攀上南门城楼，打开城门。二营、三营及后续部队入城后按预定目标穿插攻击。至拂晓，分别包围了伪警备大队、伪县政府和日军小队。17时，伪警备大队、伪县政府被消灭，日军仍在顽抗。19日，日军被歼。20日，东平城外围据点伪军在第五团、地方武装的打击下全部缴械投降。左路纵队于17日攻入东阿，歼伪警备队一部。右路纵队于19日攻克喻屯据点，迫退唐口、刘庙伪军，24日于袁集再歼日伪军一部。

东平战役历时一周，歼日伪军2 000余人。东平城收复后，东阿、汶上、宁阳、梁山日伪军弃城逃窜，冀鲁豫边区东线的泰西、运东、运西、湖西解放区连成一片。

阳谷战役也历时一周。

阳谷地处鲁西平原中部，是日军扼守黄河、控制鲁西的中心据点。太平洋战争爆发后，原驻守阳谷的日军南调，改由伪治安军第四集团军第九团张育焕部据守，由日军顾问川崎指挥。寿张、莘县、朝城被八路军收复后，这三县的伪政府、伪警备队也猬集阳谷城内，总数达3 000多人。阳谷的伪军受过正规训练，武器装备较好，战斗力较强。阳谷城墙高3丈许，城楼、城角成支撑点式防御，设有三层工事，正面与侧射火力交叉，城外有护城河、外壕、鹿砦，设防坚固。

在攻克东平后，冀鲁豫军区部队发扬连续作战的精神，发起了阳谷战役。冀鲁豫军区司令员宋任穷、副司令员杨勇、副政治委员苏振华，指挥第一、第七、第八军分区主力，第九军分区骑兵团、炮兵连，军区特务团，地方武装和民兵，于7月20日拂晓前完成战役集结。主攻部队是第八军分区司令员曾思玉、政治委员万里指挥的第五、第六、第七基干团和5个县大队，共6 000余人。第七军分区部队进抵聊（城）阳（谷）公路中段负责打援。

5月20日22时，部队完成对阳谷的合围。攻城战斗于21日拂晓打响，因城防工事坚固，当天未能奏效。主攻部队一面加紧佯攻，消耗疲惫敌人，一面反复勘察，调整部署。23日夜，把北门、东北角定为主攻目标，东、南、西门均安排了助攻部队，各部队当夜进入攻击阵地。24日凌晨，由炮兵、轻重机枪、特等射手组成的攻击火力，对准区分的目标一齐开火，把守敌的火力点、射孔死死封住，攻城部队在5处同时发起攻击。担任主攻的第七团三营八连、二营五连在北门和东北角率先登城成功，并巩固了突破口。接着，南门、西门被助攻部队突破。守敌放弃城垣，涌入城内。攻城部队突入城内后，勇猛穿插，将阳谷伪警备队包围在西南角兵营里，将伪治安军第九团和朝城警备队包围在十字街以西的小围子里。阳谷伪警备队和退守阳谷的寿张、莘县、朝城的伪政府和伪警备队见大势已去，纷纷缴械投降。最后只有伪治安军第九团，在张育焕和日军顾问川崎指挥下，顽抗待援。26日拂晓，第八军分区部队对张育焕部的最后巢穴发起总攻，迅速攻占小围子西院，炸毁敌中心碉堡，攻占了伪团部大楼。张育焕自杀，日军顾问川崎被生擒。

负责为阳谷战役策应打援的部队采取了以攻代阻的作战方式。第七军分区部队于 21 日攻克堂邑，接着进逼聊城，迫使聊城守敌未敢出援。第四军分区部队对临清周围据点展开牵制性攻势，迫使这些据点的敌人弃守，退往临清。

阳谷战役历时 1 周，毙伪军团长以下 300 余人，俘虏 2 300 余人，解放了阳谷、朝城、莘县全境，使冀鲁豫军区的第一、第七、第八军分区的解放区连成了一片。

按照山东军区的命令，各军区都开展了大规模的夏季攻势作战。

6 月 10 日，渤海军区部队发起蒲（台）滨（县）战役，经一周激战，连克蒲台、滨县两城及大小 25 个据点，歼灭日军独立第九警备队 1 个大队及 3 000 余伪军，解放国土 800 余平方公里。

6 月 20 日，驻张店、惠民的日伪军对滨县、蒲台地区实行报复性"扫荡"。21 日，重占滨县。渤海军区立即展开反"扫荡"战斗。25 日，一分区部队解放南皮，歼灭伪军 100 余人，并以一部袭入沧州东关。六分区部队攻入周村，拔除无影山据点。二分区部队围困商河、德州。27 日，"扫荡"的日伪军被迫撤退。7 月 1 日，渤海军区部队再次解放滨县。

滨海军区于 6 月 22 日发起郯（城）邳（县）边讨伐顽军梁钟亭的战斗。梁钟亭是国民党山东第十六区（鲁南区）督察专员兼保安司令，不抗日，专反共，经常进犯抗日根据地，捕杀抗日军民。讨梁战斗打到 27 日，八路军攻克涝沟、唐庄等据点，梁部被歼 500 余人，其余溃散，梁钟亭被俘虏。

6 月 24 日，罗荣桓、黎玉等致电胶东军区政治委员林浩、副司令员吴克华、袁仲贤[①]，指出："敌人为防盟军登陆，已在加强沿海地带之控制，今后胶东斗争形势将日益紧张，你们应作深刻的考虑。""关于胶东向西发展的战略计划，你们应争取实现。"电报对胶东军区的作战方向给予了明确指示。接到这一指示后，胶东军区迅速于 6 月 26 日发起平（度）西战役，讨伐投降派阎珂卿、李德元部。至 29 日，攻克台头、谷庄等 24 处据点，歼灭阎、李部 3 400 余人，俘虏阎珂卿，李德元率残部逃窜。

6 月下旬，在八路军的强大攻势下，伪第三方面军吴化文部 6 000 余人撤往安徽，鲁山区和沂蒙区抗日根据地连成一片。

7 月 3 日，渤海军区部队发起沾化、德平战役，于 11 日解放沾化县城、24 日解放德平县城，30 日解放庆云县城。

7 月 17 日，鲁中军区发起临（沂）费（县）边战役。盘踞临沂、费县一线的日伪军，对鲁南、鲁中、滨海三大区威胁很大。鲁中军区集中第四、第九、第十一团及地方武装一部，在鲁南军区第三团及两个县独立营配合下，于 17 日攻克敌强固据点诸满，全歼日军一个小队、伪军 1 个中队；19 日收复上冶，共击毙日军 39 人、俘虏 3 人，毙伤伪军 180 余人、俘虏

---

① 黄瑶主编：《罗荣桓年谱》，人民出版社 2002 年版，第 420 页。

400 余人。此役彻底破坏了临费公路，孤立了临沂、费县的日伪军，扩大了鲁中与鲁南的联系。

为了打通滨海南部与鲁南区的联系，7月中旬，滨海军区组织第四团和第二军分区独立第二团及地方武装一部，发起郯（城）马（头）战斗。7月12日夜，部队向马头发起攻击，经4昼夜激战，全歼日军1个小队、伪军500余人，攻克马头。滨海军区部队接着挥师向南，连克大沙沟、徐家楼、大屯等据点，兵临郯城城下。郯城守敌于23日弃城逃往临沂。郯城、马头的收复，使素有鲁南粮仓之称的郯马地区成为解放区。

胶东军区在取得平西战役胜利后，于7月19日对王豫民的顽军"山东挺进第十五纵队"发起进攻。王豫民长期盘踞在昌邑，一贯积极反共，仅1944年冬、1945年1月就两次派出数千人部队侵占解放区的村庄，扬言不让八路军有立足之地。胶东军区讨王战役的部署是：以西海军分区、南海军分区的两个基干团，由东向西，对王部据守胶河两岸的两个支队发起攻击，以控制胶河渡口，牵制王部主力；以两个营的兵力警戒昌邑城；渤海军区的清东基干团，由西向东渡过潍河，向昌邑西南的明家部、杨家部进击，形成对王部东西夹击之势；以胶东军区主力第十三团、第十四团猛插敌之纵深，围歼位于大小石河子的王豫民司令部及1个团，然后西出饮马、辛赵，歼灭王部。

战斗打响后，昌邑和胶济线上的日伪军出动增援，被击退。据守胶河的敌人企图顽抗，看到援军无望、八路军主力已深入王部腹地后，丢弃阵地，仓皇逃跑。至 22 日，八路军在明家郜一带歼敌 2 000 多人，敌人余部溃散。王豫民率残部逃往胶济路沿线。此役使八路军控制了胶河两岸，缩短了胶东区和渤海区的联系，打通了平度与鲁中的联系。

7 月 25 日，罗荣桓、黎玉、肖华发布命令，嘉奖参加夏季攻势作战的有功部队。嘉奖令列举了各战略区在夏季攻势中的光辉战绩后，向各参战部队表示慰问和祝贺，要求各战略区部队发挥机动配合坚决果敢的战斗作风，继续扩张这一攻势的战果，坚决响应毛主席扩大解放区的号召，以更大的胜利来迎接山东的新形势。[①]

四、党的"七大"精神在山东

1945 年 4 月 23 日至 6 月 11 日，中国共产党第七次全国代表大会在延安杨家岭隆重举行。

出席大会的正式代表 547 名，候补代表 208 名，代表全党121 万党员。大会代表分为中直（含军直系统）、西北、晋绥、晋察冀、晋冀鲁豫、山东、华中、大后方 8 个代表团。

山东代表团有代表 74 人，代表着山东约 20 万党员，是八个代表团中唯一以一个省名作为战略区域的党员代表团。这足

---

① 黄瑶主编：《罗荣桓年谱》，人民出版社 2002 年版，第 425 页。

见当时山东在中国共产党整体战略中的分量。

经中央批准，罗荣桓因工作需要未去延安参加党的"七大"。

毛泽东在大会上作了《论联合政府》的政治报告，朱德作了《论解放区战场》的军事报告，刘少奇作了《关于修改党章的报告》，周恩来作了《论统一战线问题》的重要发言。各地区的代表在会上报告了本地区的工作。

5月10日，军队代表朱瑞在大会上就山东问题作了发言。朱瑞是老党员、老红军，1939年5月任八路军第一纵队政治委员，与司令员徐向前一起来到山东，统一指挥在山东和苏北地区的八路军部队。不久，他兼任山东军政委员会书记和中共山东分局书记。1943年9月，朱瑞奉命赴延安进中央党校学习，由罗荣桓继任中共山东分局书记。朱瑞多年在山东领导党政军各项工作，在与日伪和国民党顽固派的斗争中，不畏艰难，披肝沥胆，使山东敌后抗日根据地得到巩固和发展。他的妻子，中共山东分局妇女委员会委员陈若克和刚出生的儿子，都牺牲在山东。

朱瑞发言的题目是《山东根据地在三角斗争中的经验与教训》。他说："山东是敌我斗争最激烈、复杂的一个地区，自抗战爆发以还，中国共产党山东地方组织即贯彻始终，以发动人民，联合友军，坚持抗战，解放山东为己责。经过8年轰轰烈烈的斗争，在山东绝大部分的土地上已建立起新民主主义的解放区。它是华北战场的后起之秀，富有战斗力而且仍然在蒸蒸日上的战场。"① 朱瑞在介绍山东抗战的情况和取得的成绩同时，还就自己在山东工作中的群众观念、统一战线及武装政策、军事指挥上的缺点和失误进行了认真的自我批评，受到大会代表的热烈欢迎。

党的"七大"完成了三个历史性的任务：决定了党的路线，通过了新的党章，选举了新的中央委员会。

毛泽东《论联合政府》的政治报告是大会的中心议题。报告科学地分析了国际国内形势，指出了在世界反法西斯战争和中国人民抗日战争接近胜利的时候，有两种命运、两个前途摆在中国人民面前：一种是光明的命运和前途，即中国共产党所主张的，在打败日本侵略者以后，建立独立、自由、民主、统一、富强的新中国；一种是黑暗的命运和前途，即蒋介石集团坚持的，在日本失败后仍维护大地主大资产阶级的统治，继续反共反人民、延续中国半殖民地半封建的社会性质和分裂贫穷状态。

为了争取光明的前途和命运，反对黑暗的前途和命运，大会总结了中国共产党 24 年来曲折发展的历史经验，特别是总结了 8 年抗战的经验，提出了党的政治路线，即："放手发动群众，壮大人民力量，在我党的领导下，打败日本侵略者，解放全国人民，建立一个新民主主义的中国。"②

党的"七大"通过的新党章明确规定：中国共产党以马克

---

① 黄瑶主编：《罗荣桓年谱》，人民出版社 2002 年版，第 414 页。
② 中共中央党史研究室著：《中国共产党历史》上卷，人民出版社 1991 年版，第 646 页。

思列宁主义的理论与中国革命的实践之统一的思想——毛泽东思想，作为自己一切工作的指针。

新选出的中央委员会有中央委员 44 人、候补中央委员 33 人。山东代表罗荣桓当选为中央委员，黎玉、万毅当选为候补中央委员。

在大会召开期间，中共中央山东分局、山东省行政委员会、山东省临时参议会，于 5 月 11 日分别向大会发了贺电。

中共山东分局对党的"七大"精神的学习贯彻是坚决而又积极的。分局对不同地区提出了不同要求。

5 月 29 日，在党的"七大"召开期间，山东分局发出了《关于庆祝欧战胜利与我党"七大"召开的通知》①，要求各区党委、地委在 6 月 10 日前，普遍举行庆祝运动周。通知要求，根据《解放日报》发表的《庆祝欧洲反法西斯战争胜利结束》和《读毛泽东同志的〈论联合政府〉》这两篇社论、毛主席"七大"政治报告摘要，制定宣传要点、标语口号，必须与目前山东的具体形势密切联系起来，掀起党、政、军、民的热烈情绪，随时准备迎接新的战斗任务、工作任务，彻底执行"七大"的一切决议。

通知要求区别山东不同地区的情况："在军直、鲁中、鲁南及情况尚能允许的地区，可举行较大规模干部会议、党员会

① 见《山东革命历史档案资料选编》第十四辑，第 378－379 页。

议、群众会议，以及有战斗准备的游行示威。而在情况较为紧张的地区，如渤海、滨海、胶东则以分散的小型活动为宜，依战斗、生产、工作组织单位举行干部会议、支部大会、群众大会，以及各种各样的活动形式。"强调不论何种形式，都应该提高政治警惕性。通知决定在运动周内放假三天，具体时间由各战略区自行规定。在三天假期里，要组织群众性的文娱活动，组织党外人士、劳动英雄、模范工作者及党内干部和党员的座谈会，讨论并拥护毛主席"七大"报告的精神，用新闻报道、文电等形式表示。通知最后说："毛主席政治报告全文的系统研究，分局将另有计划通知。"运动周内只传达讨论这个报告的摘要，进行初步宣传教育及思想准备。

由于山东分局的重视，党的"七大"精神在大会闭幕前已经在齐鲁大地开始了宣传贯彻。

作为中共中央山东分局书记，罗荣桓对党的"七大"精神的学习贯彻率先垂范，身体力行。7月1日，在山东分局和山东军区直属队举行的纪念"七一"大会上，罗荣桓作《学习〈论联合政府〉是实现党的任务的首要任务》①的政治报告。报告分三个部分。在第一部分，罗荣桓对比了中共"七大"和国民党"六大"②的情况后指出，前者是代表着人民的路线，

---

① 黄瑶主编：《罗荣桓年谱》，人民出版社 2002 年版，第 421－423 页。

② 国民党第六次代表大会于 1945 年 5 月 5 日至 21 日在重庆召开。大会的中心议题是讨论中共问题，坚持国民党一党专政，抵制中共提出成立联合政府的主张，准备内战。

是新民主主义的；而后者是代表着一条反人民的路线，是封建法西斯主义的。他批评了革命队伍中一些人对人民力量的伟大、对人民战争的伟大缺乏信心，要求"这些人应好好地读一读毛泽东同志的《论联合政府》"。在第二部分，罗荣桓宣讲了《论联合政府》的精神实质，强调"我们要把学习毛泽东同志的《论联合政府》作为我们为实现党的任务而奋斗的一个首要任务"。在第三部分，他联系山东抗日斗争的实际情况说："处在总反攻前夜的山东解放区，包含津浦路以东直至沿海七百里绵长的海岸线与陇海路以北跨过胶济路直至河北平原。这里有山东五个大的解放区，已在我军胜利作战之下，相互打通而联合起来了。这里包括有一千七百万人口、二十万八路军的正规军、游击队，五十万民兵与几百万普通的人民自卫武装，已统一组成为一支坚持抗战与建设新民主主义社会的雄厚势力。这是经过了七年来的苦斗创造出来的！而且有了屹立不可动摇的基础，一如泰山之不可拔一样。"罗荣桓回顾了山东解放区的发展进程，分析了山东的战略地位："山东是敌人防卫本土与巩固东北基地之内海三角地带的突出部，是敌人死守华北支撑河北大平原的重点，是敌人争取决战华中南北大陆交通的枢纽。如果敌人在这一地区处于败势，而被我们有力地配合盟军登陆作战所突破，敌人将会失掉其东北基地的门户，不能控制河北大平原，使南北大陆交通亦有被截断之可能，就有全面皆溃之势。"罗荣桓最后充满信心地说："今后敌人将会以更疯狂的'扫荡'进攻我各解放区，首先是沿海地区，但这仍不失为是敌人迫近死亡时期的挣扎。而我山东各解放区的坚持，已不同于 1941 年到 1942 年的情况，整个形势是新局面的到来，处于总反攻的前夜，我各解放区经过了严重的考验而愈益强大起来了。我们将以更加兴奋的心情，坚定的意志，贯彻着历史任务的完成。"

七七事变 8 周年纪念日到了。7 月 7 日这天的《大众日报》，以《处在总反攻前夜的山东解放区》为题目，刊登了罗荣桓"七一"讲话的第三部分。在中共山东分局、山东军区直属机关纪念"七七"抗战 8 周年干部大会上，罗荣桓再次强调：第七次代表大会是党的奋斗史上空前团结与胜利的大会。号召全党同志认真学习《论联合政府》和"七大"其他文件，将党的"七大"精神贯彻到山东实际工作中去。

"八一"建军节这天，罗荣桓在《大众日报》上发表了学习朱德在党的"七大"作的《论解放区战场》军事报告的署名文章，指出："我们的军事是以毛泽东的军事思想为指导方针的，朱总司令在《论解放区战场》中，已根据这种军事思想与其经过八年来抗日战争的新发展，替我们总结出了一条完整的人民战争的军事路线，具体明确地解剖了我们干部中存在的一切模糊观念与脱离这条军事路线的错误倾向，对人民的战争，人民的军队，人民的战略战术做了一系列的阐述，并指出了解放区当前的军事任务。我们必须从学习这一文件中，取得我们所需要的东西——毛泽东的军事思想。"

7 月 18 日，中共山东分局发出《关于学习"七大"文件的指示》①，指出："学习'七大'文件的目的在于深入地传达'七大'路线，使干部党员更加明确认识目前形势任务，逐渐领会'七大'所制定路线、纲领、方针、政策的根本精神与实质，领会毛泽东同志的根本思想，再进一步团结党内党外，改进领导作风，以便更好地执行'七大'所给予的任务。"分局要求，各县委和营以上干部在本年底前专门学习《论联合政府》《论解放区战场》两个报告，其他文件的学习时间以后再定；县、营以下干部及一般农村党员、群众暂时不组织专门学习，可根据《解放日报》《大众日报》上发表的有关党的"七大"的重要文章的报导，进行更加通俗的解释介绍，宣传党的"七大"精神、主张。

各区党委接到分局的指示后，依据各自的实际情况制定了具体的学习安排计划。各级党委加强了学习组织机构。党和军队的宣传部门，大众日报社和各区的报社都把宣传党的"七大"精神作为重点，撰写了各种社论、报道等文章，编写了通俗教材。一些高、中级干部带头撰写学习体会，作学习报告。大批的基层干部在广大党员、群众中宣传党的"七大"的主要精神。

广泛深入地学习、宣传、贯彻党的"七大"精神，提高了山东的广大党员、干部和八路军指战员执行中央路线的自觉性，为夺取抗日战争的最后胜利，为后来在解放战争中迎接新

---

① 见《山东革命历史档案资料选编》第十五辑，第 153 – 155 页。

中国的诞生，打下了坚实的思想基础。

五、大反攻前夜

党的"七大"精神极大地鼓舞了山东八路军的士气。在 7 月 25 日对参加夏季攻势作战的各部队通令嘉奖后，山东军区组织各部队加强了局部反攻，以迎接大反攻的到来。

7 月间，流亡皖北的国民党山东省政府主席何思源，在一个日本人的帮助下，秘密经济南来到寿光张景月的山东保安第三师。何思源此行，八路军和日军均未获悉。

7 月 30 日，渤海军区发起第二次讨伐张景月部战役。八路军包围了张部主力二十七团的驻地田柳庄，同时在王里至古河一线设置重兵构筑工事，阻击增援部队。渤海军区部队在地方武装和民兵的帮助下，于一夜之间在田柳庄周围筑起碉堡、挖好工事，所筑碉堡比田柳庄据点围墙上的碉堡还高，居高临下，猛烈攻击。并近距离挖掘炮兵掩体，利用迫击炮平射，摧毁了田柳庄的防御工事。经连日激战，田柳庄守军多次向张景月请求增援，但在八路军打援部队的阻击下，敌军的多次增援均被击回。何思源命令昌乐的张天佐部和其他的国民党及汉奸部队赶来增援，张景月还请来日军 1 个小队和所谓"神兵"红枪会来增援田柳庄，均被八路军打援部队阻住并被大量杀伤。此役一直打到 8 月 13 日，渤海军区部队攻克了田柳庄，消灭了张景月部主力二十七团，歼灭日军、伪军、顽军共 3 000 余人。

张景月率残部退到弥河以东的田庄一带。

7月31日，山东军区指示鲁中军区、滨海军区部队从外围形成对临沂城的包围，并逐步紧缩；鲁南军区部队包围费县县城，驻县城的日伪军害怕被歼，于8月7日弃城逃往临沂，费县县城解放。

8月3日，鲁南军区部队发起讨伐申宪武部的阁村战役。

申宪武，字从周，滕县人。年轻时在张学良部当过一年多军官，后回滕县当过乡长。1937年申宪武拉起几十人的游击队，被国民党收编为特别纵队第七纵队第四十三支队，申宪武担任支队长。1938年5月，申与东江地方武装刘广田勾结，企图吃掉滕县抗日义勇总队。5月下旬，为支援义勇总队，中共山东省委书记郭洪涛率山东八路军四支队来到滕县，在冯卯南山将申部击溃。后四支队离开滕县，义勇总队东去抱犊崮山区，滕县东部被申部控制。申宪武乘机招兵买马，网罗土匪，扩充力量，所部达到5 000余人。1939年，八路军一一五师挺进鲁南，鲁南军区曾多次派人与申部联系，希望以大局为重，团结一致，枪口对外，共同抗日。申宪武拒绝共产党的忠言相劝，继续袭击抗日队伍，杀害共产党人，仅在费县张庄一次就活埋了4名八路军工作人员。1940年秋，申宪武率部袭击邹东抗日民主政府，被八路军一一五师六八五团一部击败，逃到滕西滨湖地区，并与日伪军秘密勾结，共同对付共产党、八路军。1944年，国民党山东省政府委任申宪武为第一行政区督察专员，兼保安二师师长。申把司令部移驻到滕县西部的阁村，在阎村挖沟筑墙层层设防，向附近村庄抓丁派粮，在滕西一带烧杀抢掠，胡作非为。仅半年多的时间，残杀共产党人、抗日志士和无辜百姓 200 多人。

鲁南军区司令员张光中、政治委员王麓水决定拔除阎村据点，消灭申宪武部。

阎村，位于滕县城西 7 公里处，周围是一马平川的平原。申宪武在村外筑起周长 3.2 公里、高 4 米、宽 3 米的土围墙，围墙顶端筑有女墙，四角筑有两层炮楼，设东、西、北 3 个门并筑有门堡。围墙下每隔 40 米筑 1 暗堡，与四角炮楼构成交叉火力网。围墙外挖了两条宽 12 米、深 4 米的壕沟，两壕相距 15 米。沟外各设鹿砦一道，并布有土地雷。村内地堡、工事遍布，还有一处制造手榴弹和土地雷的兵工厂。申宪武所部有 4 个团、1 个特务营，加上国民党沛县县长冯子固残部 300 人、从泗水县逃来的伪军 100 余人，总兵力有 3 300 余人。申宪武在阎村西北的小王庄也修了围墙、壕沟，设置了较为坚固的工事，派冯子固残部驻守；在村东的小官庄驻了 1 个连，作为外围屏障，另从各团抽出少部兵力机动布防。申部自称是"铁打的阎村"。

鲁南军区的战役部署是：一军分区主力部队作为主攻部队，一营、三营分别攻击阎村西南角和东南角，二营在西北担任警戒并作为预备队；二军分区主力部队负责在北面佯攻；军区特务营在南面作为机动部队；鲁南军区第五团二营在大彦布阵阻击滕县来援之敌。在鲁南军区司令员张光中、政治委员王麓水的指挥下，各参战部队经长途奔袭，于 8 月 3 日 20 时许，到达指定位置，突然包围阎村。

4 日凌晨 3 时，一军分区的一营、三营在夜幕掩护下发起进攻。拂晓时，一营将第一道壕沟外的地堡炸开。与此同时，二军分区主力在北门以强大的声势发起佯攻。由于阎村工事坚固，敌人火力配备严密，当天 10 时、18 时、22 时的 3 次攻击，虽曾数次攻上围墙，均因敌人反扑而失利。在 22 时的强攻中，一营一连二排排长、山东军区著名爆破英雄马立训在跃起冲击时，不幸中弹牺牲。

连续多次强攻失利，部队伤亡较大，鲁南军区决定改变战术，挖坑道接近敌人。

一军分区的部队负责主攻阵地、详细观察地形，选择向阎村东北角炮楼实施坑道作业。二军分区的部队在北面继续实施佯攻，掩护一军分区的坑道作业。当坑道挖到东南角炮楼附近时，被守敌发现，立即集中火力向坑道作业位置猛烈扫射。为转移守敌的火力，掩护坑道作业继续进行，二军分区在继续佯攻北门的同时，以猛烈的炮火佯攻西门。

已被包围攻击数日的申宪武向滕县的日伪军求救。8 日晨，驻滕县的日军 1 个中队和百余伪军，赶往阎村增援，进至大彦一线时，遭到鲁南军区第五团二营的顽强阻击。一天之内，日伪军发起多次冲击，均被击退。天色渐晚，日伪军见增援不成，怕天黑后被歼灭，撤回县城。

8 日晚，坑道作业完成。9 日，一军分区一营和二军分区的主力继续在西门、北门佯攻牵制敌人，三营准备在夜间利用坑道实施爆破。此时，经过连日激战，申部已伤亡惨重，伤员无法安置，外援又无指望，据点内人心躁动，一片混乱。

10日凌晨3时，三营爆破成功，阎村围墙被炸开。三营九连立即占领突破口，一军分区、二军分区的攻城部队迅速攻入，由东向西压制守敌，战斗异常激烈。申宪武命令他担任特务营营长的儿子申怀钦，带领手枪队和敢死队拼命反扑。八路军攻入的部队集中火力将其击溃。这时，申宪武的参谋长赵毅轩见势不好，带着2名警卫偷偷爬出墙外，借着夜雾向姜屯方向逃遁。申宪武不甘灭亡，命三团长阎成贵收拢残部再次反扑，又被击溃。申宪武见大势已去，带领百余残兵在申怀钦掩护下，从地道逃往小王庄。攻入寨内的八路军经过激烈巷战，将申部的一团、二团大部歼灭。申部三团残部在阎成贵带领下且战且退，退到西门时，只剩下40余人，阎成贵看到败局已定，吞金投壕溺死。

阎村的巷战打了一天一夜多的时间，至11日晨6时，村内守敌被肃清，阎村获得解放。攻城部队乘胜前进，直捣小王庄。10时许，一军分区一营突入小王庄内，活捉了申宪武、申怀钦父子，战斗胜利结束。

阎村战役，毙、伤申部团长以下官兵638人，俘获师长申宪武以下1 852人，击毙来增援的日军9人，其中2名军官。缴获迫击炮2门，手炮9门，电台2部，轻机枪28挺，长短枪1 599支，还有大宗物资。

在10日攻破阎村时，恰巧日本发出了乞降照会，阎村战役成为山东八路军在日本乞降前的最后一场大仗。

第五章 大反攻

一、布兵五路

1945 年 8 月 6 日，美军在日本广岛投下第一颗原子弹。

8 月 8 日晚，苏联对日宣战。当夜零时 10 分，苏联红军发起"远东战役"，以三个方面军约 170 万大军、5 500 辆坦克分四路越过中苏、中蒙边境，向日本关东军发动全线进攻。苏联海军太平洋舰队先后在朝鲜半岛北部、千岛群岛登陆，协同陆军作战。

8 月 9 日，中共中央主席毛泽东在延安主持召开中共七届一中全会二次会议后，就苏联对日宣战发表声明①："由于苏联这一行动，对日战争的时间将大大地缩短。对日战争已处在最后阶段，最后地战胜日本侵略者及其一切走狗的时间已经到来了。在这种情况下，中国人民的一切抗日力量应举行全国规模

---

① 《毛泽东选集》第 3 卷，人民出版社 1991 年版，第 1119 – 1120 页。

的反攻，密切而有效力地配合苏联及其他同盟国作战。""中国民族解放战争的新阶段已经到来了，全国人民应该加强团结，为夺取最后胜利而斗争。"

这天，美军在日本长崎投下第二颗原子弹。

8月10日，日本天皇裕仁通过中立国瑞典及瑞士政府，向中、美、英、苏四国发出乞降照会。

当晚24时，八路军总司令朱德在延安总部发布命令，要求各解放区抗日部队向附近敌伪军发出通牒，限其于一定时间内缴出全部武装，在缴械后，我军当保护其生命安全，如敌伪拒绝投降，我军将予以坚决消灭。①

8月11日，国民党政府军事委员会委员长蒋介石连下三道命令，命令第十八集团军等共产党领导的抗日部队原地驻防待命，不得向日伪"擅自行动"；命令国民党部队"积极推进""不得稍有松懈"；命令各地日伪军"应就现在驻地，安谧地方""维持地方治安"。

当天，毛泽东为中共中央起草了《关于日本投降后中国共产党任务的决定》②，指出："目前阶段，应集中主要力量迫使敌伪向我投降，不投降者，按具体情况发动进攻，逐一消灭之，猛力扩大解放区，占领一切可能占领的大小城市与交通要道，夺取

---

① 中共中央文献研究室编：《朱德年谱》(1886—1976)新编本中卷，中央文献出版社2006年版，第1195—1196页。

② 中共中央文献研究室编：《毛泽东年谱》(1893—1945)下卷，中央文献出版社2013年版，第1—2页。

武器与资源，并放手武装基本群众，不应稍有犹豫。为此目的，各地应将我军大部迅速集中，脱离分散游击状态，分甲乙丙三等，组成团或旅或师，变成地方性的正规兵团，集中行动，以便在解决敌伪时保证我军取得胜利。""对蒋介石发动内战的危险，应有必要的精神准备，但目前阶段主要注意力应集中于解决敌伪，勇敢、坚决、彻底地夺取最大的胜利，不可分散注意力。"

针对蒋介石的命令，朱总司令在 10 日第一道命令发出后，至 11 日，又连续发出 6 道命令，饬令解放区各抗日武装，向其附近城镇及交通要道之敌发出通牒，迫令日伪军投降。

8 月 10 日深夜，在莒南县大店村的住所，罗荣桓收到了朱德总司令命令抗日部队向附近日伪军通牒缴械投降的加急电报，得知日本政府已经乞降。

11 日清晨，中共山东分局、山东军区、省行政委员会的负责人聚集在罗荣桓的住处，相互道贺，喜气洋洋。这时，机要科又送来了 10 日中共中央发给罗荣桓、黎玉、肖华的电报。电报说："（一）日寇可能继续抵抗亦可能投降。（二）山东军区有占领徐州、济南、德州、青岛、连云港及其他大小城市交通要道之任务，但着重于徐州、济南之占领及其他可能为我占领之城市。（三）望迅速进攻及招降伪军，争取群众，扩大部队。（四）望将山东省行政委员会宣布为正式省政府。（五）接受敌伪投降办法中央将于投降实施公布之。"① 罗荣桓随即决定，当晚召开中

---

① 黄瑶主编：《罗荣桓年谱》，人民出版社 2002 年版，第 426－427 页。

共山东分局、山东军区、省行政委员会高级干部会议，研究贯彻中央指示，进行全面反攻的部署。

从 11 日起，直到 14 日，驻在大店的山东党政军机关里，从领导到普通工作人员忙得连饭都顾不得吃、觉也顾不上睡。一份接一份的紧急指示、布告、通牒、命令很快地起草、修改、审定、发出。其中有：

中共山东分局《关于调集干部确保城市及交通要道之占领的紧急指示》；

《山东军区布告——紧急动员全体军民保证抗战最后胜利》；

山东军区《对日本驻军的通牒》；

山东军区《对伪军伪警及一切伪组织的紧急通告》；

中共山东分局、山东军区《关于加强县区武装及人民武装领导机构的决定》；

《山东战时行政委员会布告——动员全省人民夺取抗战最后胜利》；

十八集团军山东军区、山东省战时行政委员会联合发布布告，公布《军事时期城市管理纲要》；

《山东军区政治部战斗动员令》；

山东省政府《关于改"山东省战时行政委员会"为"山东省政府"的布告》；

山东省政府《关于准备接受城市的紧急命令》；

山东军区司令部《关于管制战俘暂行办法》；

《山东军区命令——对敌俘虏政策》；

《山东军区命令——令各部队向主要伪军伪政权送出通牒限于二十四小时内率队反正》。

在 11 日发布的《山东军区布告》中，号召"在此紧急关头，尤须我党政军民以战斗姿态紧急动员，组织起来，团结起来，保证民族战争之最后胜利"①。

8 月 11 日晚，罗荣桓主持召开中共山东分局、山东军区和山东省战时行政委员会高级干部会议。罗荣桓传达了中共中央发来的电报指示，传达了朱德总司令向解放区所有武装部队发布的七道进军命令。会议号召山东全体党员和全体指战员紧急动员起来，以高度自我牺牲精神和冷静迅速的态度，坚决执行朱总司令的命令，为争取民族抗战的最后胜利，解放山东全部土地与同胞而斗争。会议决定，要迅速整编部队，向铁路线和大城市进军，迫使敌人向我军缴械投降、罗荣桓在会上特别提醒大家："敌人乞降了，还不等于缴械。蒋介石一定会利用日伪军来对付八路军，同我们争夺山东。因此，不要认为日本乞降，我们就可以胜利受降，就没有事了。我们决不能麻痹大意，要全力以赴，准备长期斗争。"② 后来的事情发展，证明了罗荣桓这一判断的正确。会议对当前面临的各项紧要工作进行了研究布置。

当天，罗荣桓、黎玉、肖华等致电各军区，并报中央军

---

① 见《山东革命历史档案资料选编》第十五辑，第 188 页。
② 《罗荣桓传》编写组著：《罗荣桓传》，当代中国出版社 2006 年版，第 220 页。

委、八路军总部，对各军区控制战略要点、逼迫和接受日伪军投降作出部署。要求鲁中军区围困、监视新泰、莱芜，准备进占济南，并控制津浦路济南至泰安段、胶济路济南至张店段；鲁南军区准备进占枣庄，控制兖州至临城铁路线，并准备阻止国民党部队入鲁；渤海军区准备进占德州、沧州，并控制沧州至济南间各要点；胶东军区监视、围困威海卫、烟台、龙口并相机占领之，准备占领青岛，控制胶济路胶县至潍坊段；滨海军区监视、围困临沂、赣榆、青口、诸城，准备进占连云港、新浦，并配合胶东军区控制青（岛）潍（坊）线。山东准备充实42个机动的主力团，其中胶东、滨海、鲁中各10个，渤海7个，鲁南5个。

8月初，八路军山东军区辖5个军区，22个军分区，3个教导团，18个独立团，24个基干团，4个独立旅，2个支队，1个海军支队，113个独立营和县大队，800多个区中队，总兵力达23万余人。根据中共中央和十八集团军总部的指示，中共山东分局、山东军区将山东八路军一线部队编成8个野战师、12个警备旅，1个滨海支队、1个海军支队。每师辖3个甲种团，每团兵力充实到2 500人以上，主要担任机动作战、夺取大城市的任务；每个警备旅辖2至3个团，担任次要方向的作战任务。同时调整部分军分区，充实二线部队。

调整后的山东八路军一线部队各师、旅阵容齐整：

第一师，师长梁兴初，政治委员梁必业，参谋长李梓斌，政治部主任刘西元。辖第一团，由滨海第六团改称；第二团，

175

由滨海第十三团改称；第三团，由滨海独立第三团改称。

第二师，师长罗华生，政治委员刘兴元，参谋长贺东生，政治部主任王树君。辖第四团，由滨海第四团改称；第五团，由滨海第二十三团改称；第六团，由海陵独立团改称。

第三师，师长王建安，政治委员周赤萍，副师长胡奇才，参谋长李福泽，政治部主任王文轩。辖第七团，由鲁中第一团改称；第八团，由鲁中第二团改称；第九团，由鲁中军区特务营、边防独立营、蒙阴独立营编成。

第四师，师长廖容标，政治委员王一平，副师长兼参谋长周长胜，政治部主任欧阳平。辖第十团，由鲁中第四团改称；第十一团，由鲁中第十团改称；第十二团，由鲁中第十一团改称。

第五师，师长吴克华，政治委员彭嘉庆，参谋长肖镜海，政治部主任刘浩天。辖第十三团，由胶东第十三团改称；第十四团，由胶东第十六团改称；第十五团，由东海独立团改称。

第六师，代师长聂凤智，政治委员李丙令，副师长兼参谋长蔡正国，政治部主任李冠元。辖第十六团，由胶东第十四团改称；第十七团，由西海独立团改称；第十八团，由中海独立团改称。

第七师，师长杨国夫，政治委员周贯五，副师长龙书金，参谋长阎捷三，政治部主任徐斌洲。辖第十九团，由渤海军区直属团改称；第二十团，由渤海第四军分区直属第一营、博兴独立营及沾化地方武装编成；第二十一团，由渤海第二军分区3个独立大队编成。

第八师，师长兼政治委员王麓水，副师长何以祥，政治部主任曾明桃，参谋长暂缺，参谋主任马冠三。辖第二十二团，由鲁南第三团改称；第二十三团，由鲁南第五团改称；第二十四团，由鲁南独立大队、铁道大队、微山湖第一大队编成。

警备第一旅，旅长陈奇，政治委员李伯秋。辖3个团，由鲁中第一军分区所属各县武装编成。

警备第二旅，旅长吴瑞林，政治委员孔繁彬。辖3个团，由鲁中第二军分区所属各县武装编成。

警备第三旅，旅长钱钧，政治委员熊飞。辖3个团，由鲁中第三军分区所属各县武装编成。

警备第四旅，旅长孙继先，政治委员李耀文。辖2个团，由鲁中第四军分区地方武装编成。

警备第四旅①，旅长刘涌，政治委员仲曦东。辖2个团，由胶东东海军分区的2个独立团编成。

警备第五旅，旅长贾若瑜，政治委员廖海光。辖2个团，分别由胶东南海军分区、西海军分区各抽调1个独立团编成。

警备第六旅，旅长刘贤权，政治委员陈德。辖2个团，由渤海军区所属地方武装编成。

---

① 据山东省地方史志编纂委员会编《山东省志·军事志》(1840－1985)山东人民出版社1996年4月第1版记载,当时在鲁中、胶东各编了一个警备第四旅。

警备第七旅，旅长赵寄舟，政治委员李曼村。辖 2 个团，分别由渤海军区第五、第六军分区所属地方武装编成。

警备第八旅，旅长贺健，政治委员杨士法。辖 2 个团，由鲁南军区第一军分区地方武装编成。

警备第九旅，旅长胡大荣，政治委员暂缺，副政治委员李青，辖 2 个团，由鲁南军区运河支队和部分县武装部队编成。

警备第十旅，旅长张仁初，政治委员刘伟。辖 2 个团，由滨海军区地方武装编成。

警备第十一旅，旅长莫正民，政治委员覃士冕。辖 2 个团，由山东军区独立第二旅与临沭独立团编成。

海军支队由胶东军区建制调归山东军区建制，仍由胶东军区指挥。

滨海支队按朱德的命令，准备进军东北。

在整编充实一线部队的同时，中共山东分局于 8 月 16 日发出《关于目前山东人民武装工作指示》，要求一方面发展民兵，放手武装基本群众；一方面抓紧胜利影响，动员参军。山东省政府于 8 月 17 日发出《关于集中一切力量支援前线的训令》，要求各地"应连续不断地动员人民参军，应向人民不断地作'抗战最后胜利、参军立功'之宣传鼓动，使其参加主力或地方军"，并保证前线的财粮供给。各地迅速掀起参军运动，各县区武装升级后又立即补充起来。8 月，山东八路军的主力部队、地方武装总兵力达到 27 万人，民兵 50 万人，自卫团

150万人。9月初发展到八路军30万人，民兵60万人。

8月15日，日本裕仁天皇以广播停战诏书形式宣布无条件投降。美国总统杜鲁门任命麦克阿瑟为驻日本占领军司令官，指定蒋介石享有在中国（东北等地区除外）受降的权力。

当天，为了阻止八路军、新四军收复沦陷区和收降日伪军，蒋介石命令日军维持占领区秩序，等待国民党军受降。蒋介石的发言人也于当天在重庆记者招待会上大放厥词，指责共产党违反蒋委员长给朱德总司令的命令，说"委员长的命令必须服从"，"违反者即为人民公敌"。①

8月16日，驻山东的日伪军根据蒋介石的命令拒绝向八路军投降。

8月15日，罗荣桓、黎玉、肖华等两次致电中央军委，报告山东八路军整编的意见，并提出："部队番号，一律称山东解放军某某师、某某旅。"毛泽东于当日批示："照所拟办理为好。"② 19日，中央军委复电："师旅编制，干部配备，作战方向及山东解放军名义均照你们所拟办理。"③

鉴于驻山东的日伪军拒绝向八路军投降，山东军区组成五路反攻大军，向日伪占领的城市和交通要道进军，以武力迫使

---

① 中共中央文献研究室编：《毛泽东年谱》(1893－1949)下卷，中央文献出版社2013年版，第7页。

② 黄瑶主编：《罗荣桓年谱》，人民出版社2002年版，第431－433页。

③ 黄瑶主编：《罗荣桓年谱》，人民出版社2002年版，第431－433页。

其缴械投降。8月17日，山东新华分社报道了山东解放军的作战序列，"鲁中为第一路，滨海为第二路，胶东为第三路，渤海为第四路，鲁南为第五路。尔后各军对外公报，即称第某路前线指挥部。山东军区称山东解放军总部"。

第一路大军由鲁中军区部队组成。辖第三、第四师，警备第一、第二、第三旅，在司令员王建安、政治委员罗舜初指挥下，向胶济路西段、津浦路济南至兖州段之日伪军进攻，并与渤海第四路大军一起进逼济南。

第二路大军由滨海军区部队组成。辖第一、第二师，警备第十、第十一旅，在司令员陈士榘、政治委员唐亮指挥下，分南北两线作战：南线，向陇海路东段日军进攻，与新四军配合进逼海州、连云港；北线，向胶济路东段进军，配合胶东第三路大军进攻青岛。

第三路大军由胶东军区部队组成。辖第五、第六师，警备第四、第五旅及海军支队，在司令员许世友、政治委员林浩指挥下，向胶济路东段、青岛外围和沿海各城市日伪军进攻。

第四路大军由渤海军区部队组成。辖第七师，警备第六、第七旅，在司令员杨国夫、政治委员景晓村指挥下，向津浦路济南至沧州段、胶济路西段之日伪军进攻。

第五路大军由鲁南军区部队组成。辖第八师，警备第八、第九旅，在司令员张光中、政治委员王麓水指挥下，向徐州外围及津浦路兖州至徐州段日伪军进攻。

与此同时，冀鲁豫军区组织的三路反攻大军之一部，也在鲁西南向日伪军展开大反攻。

二、攻克临沂

在山东八路军的大反攻中，临沂战役打得时间最长，战斗最激烈。

临沂古城春秋时为鲁国的启阳邑，筑于鲁哀公三年（公元前492年）。城东是宽阔的沂河，从西北方向来的祊河和正西方向来的小涑河，都从城北流过，汇入沂河。城西北可望见蒙山山丘，城附近是土地平旷的沂沭河冲积平原。城东南有两座小山，东是金雀山，西是银雀山。两千多年来，两山拱卫、三水环绕的临沂古城就是州、郡、府、道的治所，为鲁南重镇。

1938年4月20日，临沂城在国民党军第四十军庞炳勋部和第五十九军张自忠部奋勇抗击日军50天后，沦于敌手。次日，入城日军板垣师团血洗临沂城，烧杀抢掠、奸淫妇女、无恶不作。全城群众被害2 840余人。兽性大发的日寇在大屠杀的同时，纵火烧城，大火连续烧了六七天，整个城西南隅焚毁殆尽。此后，日军在临沂修筑工事，设立据点，建立伪政权，1940年7月，管辖临沂、郯城、费县、莒县、沂水、蒙阴、日照7县的伪沂州道公署，就设在临沂城。

临沂城地处山东八路军滨海、鲁中、鲁南三大战略区的枢

181

纽位置，是陇海铁路以北的军事要地。在 1945 年的夏季攻势作战中，山东军区指挥鲁南、鲁中部队已将临沂周边敌军和据点肃清，形成了包围圈。日本政府宣布无条件投降后，盘踞在临沂的日军看到一座孤城难以防守，于 8 月 16 日逃往枣庄。伪沂州道也随之瓦解。

城里的日军跑了，留下的临沂伪第八保安大队许兰笙部和费县伪保安大队邵子原部慌了。他们与临沂以北、汪沟西南的王洪九部秘密勾结，将王洪九的一部人马接入临沂城。王洪九既是汉奸又是顽军，他在抗日战争期间积极反共，扣押、杀害八路军官兵、共产党员和抗日群众。与日寇勾结，为日军担任台（儿庄）潍（坊）、滋（阳）临（沂）公路的护路任务。同时又挂着国民党"山东省第十纵队司令兼山东省第三行政区督察专员"的名号。临沂伪军把王部接进城，为的是固守临沂，等待蒋介石军队的到来。临沂城里的这三股伪军总数有 4 000 余人，企图凭借坚固的城壕工事以及日军留下的大批武器弹药和粮食，与八路军顽抗。

山东军区决定：攻克临沂！

山东军区抽调了野战二师第四团、警备二旅第四团、山东军区特务团、临沭独立团等部队，发起了解放临沂的战役。

各部队接到命令后，即赶赴临沂。

最先到达的是山东军区警备二旅第四团。8 月 17 日晨，四团在拔除白沙埠据点时，得到确切情报，驻临沂的日军要撤逃枣庄。警备二旅首长当机立断，命令刚结束战斗的四团发扬连续作战的优良作风，立即挥师临沂，乘日军撤退，敌伪混乱之际，攻克临沂。

此时，王洪九已组成了临沂城的城防指挥部，统一指挥城里的四千兵马，他自己躲在临沂城西北方向李家宅的据点里遥控指挥。

8月17日，警二旅第四团在团长陈宏率领下兵临临沂城下，得知日军已在前一天撤逃，城内伪军人心惶惶。四团的指挥员们研究了敌我情况后，认为应及早发起攻击，破城歼敌。决定于晚间向北门攻击。

17日夜间，野战二师师长罗华生率领二师第四团和军区特务团到达临沂城下，随即在东关、南关部署展开攻城战斗。

警二旅第四团的第一梯队经过连续爆破，炸开了北门外城门，突击队冲入瓮城。但因城门已被敌军堵塞，又与兄弟部队配合失调，此次攻城失利。

18日，警二旅旅长吴瑞林率旅指挥机关进至临沂前线，在城东北角一个小丛林里设立指挥所。此时，野战二师第四团和山东军区特务团已占领南关和东关。

初次攻击未能破城，野战二师和警二旅分别组织人员实施战场侦察。临沂城的城墙周长4.5公里，坚固、完整。墙高8米至10米，底宽6米至8米，顶宽4米至5米。城墙周围有一道一人多高的垛口，垛口上有沙袋垒成的射孔，每隔200米左右，在垛口之间有一个小棚，用于观察监视攻城部队接近城墙脚下的活动。四个城门上都有城楼，城墙的要害处筑有碉堡。为了顽抗固守，敌人把城门和瓮城全都堵塞。城墙外四周有一条护城壕，宽六七米，深四五米，壕内水深及腰。夜间，城墙周围挂着火把，彻夜照明。南门外一座教会医院的楼房是制高点，与城墙同高。城墙南面、东南面，与民房接近。

野战二师和警二旅的指挥机关分析了敌我双方的情况。临沂守敌已被围困城内，王洪九在城西北 15 公里处的李家宅、孟家村据点的主力，亦被我军包围，两处敌军已不可能相互支援。城内守敌虽有 4 000 之众，但分布在 4.5 公里长的城墙四周，兵力并不充足，主要凭借坚固的城防，坚守城池、等待转机。八路军的攻城部队，都是步兵，有轻、重武器与少量迫击炮，缺乏能摧毁城墙的重炮。由于城墙太厚，城门又被堵塞，从地面上爆破炸开突击道路已不可能。南面与东南面的城墙离民房较近，便于隐蔽接敌，而且地势较高，便于火力支援。南关教会医院的楼房，可用作观察和指挥。

根据战场分析，军区领导决定：野战二师第四团在南门及其以东地段担任主攻；军区特务团攻击城东南角；警二旅第四团攻击城北。作战的主要手段是，以火力掩护攻城部队越过护城壕，接近城墙，架梯爬城，打开突破口，突入城内，歼灭敌人。

8 月 20 日 16 时，攻城部队的 3 个团在 3 个方向同时发起进攻。各团的第一梯队在火力掩护下，突击队、梯子组迅速越过护城壕，接近城墙。架梯爬城的战斗开始后，守敌迅速向架梯攻城的地段增加兵力和火力，战斗异常激烈。担任主攻的野战二师第四团突击队的一部，冒着弹雨英勇地登上城墙，与敌人短兵相接，展开殊死搏斗。这时敌人集中了更大的兵力与火力，登城的云梯不断被敌人炸断，后面爬梯的突击队战士和城下的战士不断被敌人的火力杀伤。已经登城的突击队战士经过激战，伤亡殆尽。打到天黑时，因伤亡较大，决定停止进攻，撤出战斗。第二次攻城失利。

罗荣桓对临沂战役非常重视。他指示部队：此次战役是由游击战向正规化作战转变的开始，打好这次战役，不仅能使鲁南大片根据地连为一体，为我军对陇海沿线的作战提供有利条件，而且能提高我军的政治军事素质和作战能力，为夺取城市积累经验。在得知两次攻城失利后，考虑到参战部队隶属不同建制，罗荣桓于8月20日派山东军区参谋处长赶到临沂前线，命他与罗华生、吴瑞林等组成前线指挥部，具体指挥这次战役。同时，抽调得力干部组成临沂城市工作委员会，由城工委率3 000民兵、民工担任前线勤务和后方运输，及时供应弹药、物资、给养，在临沂解放后，城工委负责协助部队接管城市，做好群众工作，维持社会秩序。

此时的罗荣桓，病情日益严重，连续尿血，一直带病工作。大反攻开始后，军务十分紧张，电报往来不分昼夜，有时罗荣桓一天只能睡两三个小时。8月18日，也就是临沂战役打响的第二天，毛泽东来电询问罗荣桓的病情，罗荣桓在8月20

日复电表示："在林彪未到前，我绝不离开工作。"①

虽然把参谋处长派去临沂，罗荣桓仍想亲临前线。他吩咐警卫员备马，警卫员出去告诉了林月琴，林月琴知道丈夫的病情根本就不能骑马，罗荣桓尿血就是从一次骑马到前线指挥战役开始的。林月琴知道罗荣桓的脾气，她叫马夫先把马牵走，然后叫警卫员去报告，说马夫和马都不在。当罗荣桓批评警卫员时，林月琴走过去说，是她叫这么做的。两人为此吵了起来。林月琴一看罗荣桓火了，想来自己是劝不住他了，含泪跑去找了黎玉。黎玉听说赶忙过来劝阻罗荣桓，这才打消了他骑马上前线的念头。

8月26日，毛泽东亲笔撰稿，致电山东分局："林彪、萧劲光二同志昨日飞抵太行转赴山东。分工：罗荣桓为书记及政委，林彪为司令员，萧劲光为副司令员。如罗因病必须休养时，林代罗之职务，林、萧均为分局委员。其余不变动。"②

罗荣桓期盼已久的来山东接替他军事指挥的人，终于出发了，他当时不知道的是，为了使在延安参加"七大"的中国共产党各战略区高级将领能尽快穿越道道封锁线赶赴前线，党中央是巧妙地借用了美军驻延安观察组的军用飞机，于8月25日把刘伯承、邓小平、林彪、陈毅等20名中共高级干部，从延安东关机场运送到太行军区的山西黎城县长宁临时机场。而

---

① 《罗荣桓传》编写组著：《罗荣桓传》，当代中国出版社2006年版，第222页。
② 黄瑶主编：《罗荣桓年谱》，人民出版社2002年版，第437－438页。

毛泽东在送走这批各大战略区的高级将领后，与周恩来等7位在延安的中央政治局委员研究决定，赴重庆与蒋介石进行谈判。罗荣桓在林彪到来之前，依然忠实地履行着山东军区司令员的职责，眼下他最为关注的山东战事，就是临沂战役。后来，林彪、萧劲光在从太行向山东进发的途中，又接到命令转赴东北。

罗华生、吴瑞林等人组成的临沂前线指挥部，在统一做了一次敌前地形侦察后，召开作战会议，决定在8月27日凌晨3时，第三次向临沂城发起突然攻击。这次攻城依然没有成功。参谋处长返回大店，向罗荣桓汇报了临沂前线情况，罗荣桓听后强调，临沂是滨海、鲁中、鲁南三大区的联结点，必须拔掉反动派安的这颗钉子。他批评了参谋处长的轻敌思想，要前线指挥员认识到，临沂城的这批伪军反动头目，全是些作恶多端的汉奸、土匪和封建恶霸地主，是我们的死对头，在最后的绝望时刻，会横下心来负隅顽抗，对这一点要有足够的认识。对于前线指挥员提出的采用秘密坑道作业的作战方法，罗荣桓表示同意，并增派作战科副科长王德、参谋尹健一起去临沂前线。

临沂前线指挥部组织各参战部队广泛开展军事民主，总结三次攻城受挫的原因，集思广益，讨论破城之计。同时布置围城的各部队展开强大的政治攻势。前沿阵地上，对城内敌军的喊话声此起彼伏。各前沿部队采取广播消息、宣告我军政策、集体唱歌、竖大字标语、发射传单等多种宣传方法，动摇守敌军心，瓦解其战斗意志。经过广泛地军事民主讨论，前线指挥部综合指战员们的意见，把采用坑道作业爆破城墙、为突击队开辟冲锋道路的设想，进一步考察完善，形成战斗方案。决定由警二旅第四团组成一支坑道作业队，与洪瑞区民兵中队协同实施坑道作业。坑道突破口的位置选择在临沂城的西北角。

掩护部队在坑道口附近及两侧构筑了交通壕和火力阵地，保障施工队伍的安全。经过 8 个昼夜不停地紧张施工，完成了100 多米长的坑道。9 月 9 日夜里，工兵把装在棺材里的 2 000公斤黑色炸药和 75 公斤 TNT 炸药从坑道内送到城墙下。

当敌人发觉我军在城西北角进行土工作业后，感到情况紧迫，立即加强了西北角及其两翼的防御部署。

9 月 10 日早晨，天气晴朗，初秋的太阳从沂河东岸升起。此时，攻城部队的指战员都已进入战斗阵地，临沂城下既无人影也无人声。8 时整，一声地动山摇的巨响打破了战场的沉寂，临沂城西北角腾起一股冲天烟柱，爆破口方圆几百米内天昏地暗、飞砖走石。爆破口上面的碉堡轰然倒塌，城墙的外侧炸塌30 多米。但由于古城墙太厚，内墙仍然屹立未倒，向外形成了50 度的斜坡，城墙未被完全炸成突破口。

随着爆破成功，由野战二师第四团组织的突击队迅速发起冲击。守敌从惊慌中清醒过来，迅速加强了突破口附近的兵力，组成了有效抵抗。敌人以正面和两翼交叉火力钳制突击队的进展。突击队因斜坡太陡，攀登困难，当快要登上城墙时，遭到居高临下的火力封锁和敌人的反冲锋，第一次冲击没有成功。中午 12 时，又发起第二次冲锋，亦未奏效。前线指挥部决定实施夜间攻击。

21 时，由警备二旅第四团第一营作为第一梯队，发起夜间攻城作战。根据白天两次突击受挫的情况，攻城部队决定继续对突破口进行爆破，炸开突击的道路。在猛烈火力的掩护下，营长彭玉龙指挥爆破组，把一包包十几公斤重的炸药相继送到突破口，经连续爆破，突破口被扩大。此时，突击队仍然隐蔽待命。当冲锋号骤然响起时，攻城部队全体指战员齐声呐喊，造成冲锋的假象。惊慌的守敌立即从各火力点向突破口开火，使敌人的火力全部暴露。如此反复 6 次，守敌被搞得筋疲力尽。到了下半夜，也就是 11 日凌晨 1 时 15 分，彭玉龙指挥突击队秘密地迅速扑向突破口。当疲惫的守敌发觉时，突击队已冲上城墙，排除毒气，推倒铁丝网，占领了突破口的阵地。敌人立即组织兵力向突破口反扑。在击退了敌人的 8 次反扑后，战斗逐渐向突破口的两翼发展。从突破口两侧到西门和北门，敌人继续凭借城墙上的工事进行顽抗。第一梯队的一营三连指导员、战斗英雄郭荣会身先士卒，率领全连奋勇拼杀，在扩大突破口的战斗中英勇牺牲。

第一梯队突破城墙防线后，后续部队迅速进城，战斗继续向两翼和纵深发展，逐渐扩及全城。很快，守敌被分割成许多小块，失去了统一的指挥与控制，纷纷缴械投降。拂晓时，城内守敌被全部肃清，历时 26 天的临沂战役胜利结束，鲁南重镇临沂获得解放。此役俘临沂县伪县长韩文龙、费县伪县长韩金声以及临沂伪第八保安大队长许兰生、费县伪保安大队长邵子厚以下 2 000 余人，缴获步枪 3 000 余支，轻重机枪 10 余挺，及大批弹药、物资。

9 月 13 日，临沂城 2 万军民举行大会，隆重庆祝临沂解放。参加临沂战役的人民子弟兵，举行了声势浩大的入城阅兵式。当天，临沂县人民政府宣告成立。人民政权将罪大恶极的汉奸头目韩文龙、韩金声、许兰生、邵子厚等在南教场公审处决。随后，临沂前线指挥部移兵攻打城北王洪九的老巢，王洪九率残部逃走。

临沂解放后，中共中央山东分局、山东省政府、山东军区、山东省临时参议会等省级机关，自 9 月 20 日起，先后由莒南县大店迁驻临沂城，临沂成为山东解放区的首府。

三、解放烟台

1945 年 8 月 19 日至 24 日解放烟台的战斗，是由胶东军区东海军分区组织实施的。解放烟台的战斗，是在八路军攻城部队与城内工人武装起义队伍里应外合、内外夹击，并在地下党情报人员配合下取得胜利的。这在山东革命战争中人民军队的攻城战史上，是一个少见的战例。起义队伍成功地保护了烟台港的设施、船只和发电厂、汽车站等单位及市内的主要工厂，使解放后的烟台成为山东解放区重要的经济中心城市。

作为山东军区五路反攻大军第三路大军的胶东军区，为落实山东军区的战略部署，加快反攻的进度，兵分五路。第一路为胶东军区的主力野战部队，主攻目标为胶济路东段及青岛方向；其余四路为东海、西海、南海、北海四个军分区，各以本辖区为主，分区负责，相互协同，向敌人盘踞的所有大小城镇、交通要道展开进攻。

胶东军区决定，烟台、威海两个敌伪占领的港口城市，由东海军分区负责攻打。东海军分区首先打响了解放威海的战斗。

威海，这座山东半岛东北沿海的港城，见证了中国人民遭受和反抗外国侵略的沉重历史。

明朝初年，为防倭寇侵扰，明政府于洪武三十一年四月（公元1398年5月）将文登县辛汪都三里东北近海处划出，设威海卫，辖左、前、后3个千户所，并在沿海筑墩，沿路设堡。明永乐元年（公元1403年），威海卫指挥佥事陶钺集数万军民建筑卫城，威海卫逐步成为海防重镇。清朝顺治至雍正年间，卫所先后裁撤。清光绪十四年（公元1888年），北洋水师把提督署设在威海刘公岛。甲午战争中，威海湾的南帮炮台、北帮炮台相继陷落，北洋水师在威海港全军覆没。日本侵略军在威海烧杀抢掠，无恶不作，寇兵所至，尸横血流，惨不忍睹。清光绪二十四年五月十三日（公元1898年7月1日），威海卫被英国强迫租占。直到1930年10月1日才被中国政府收回，而英国又续租刘公岛10年。威海卫的主权收回仅7年多，

1938 年 3 月 7 日，日本侵略军再度侵入，威海卫再度沦陷。

在山东八路军发起的 1945 年夏季攻势作战中，胶东军区东海军分区一部已在威海郊区展开攻势作战，先后扫除了田村、长峰、竹岛、蒿泊等敌人在威海外围的据点。

8 月 14 日，东海军分区独立团二营和威海、文东独立营，从于疃一带出发，进抵威海市郊，占领了市区西、南两面高地，先头部队控制了塔山、金线顶一带，加强了攻击力量。同时，中共威海市工委敌工部第三次将"胶东军区限日伪军在 24 小时内投降"的通牒送给威海卫的日伪首脑。日军为了拖延时间，等待外援，派人出城假意同攻城部队谈判。攻城部队识破了敌人的诡计，在与敌人谈判的同时，抓紧部署攻城作战。16 日晨，威海、文东独立营进占奈古山。日军扼守要道、碉堡，拼死顽抗，还派水上飞机进行轰炸。攻城部队从西、南两面猛烈进攻，战至 12 时，日伪军开始向刘公岛逃窜。17 时，威海城区被收复。逃到刘公岛的敌人不甘心失败，从刘公岛向市内发炮。19 日 20 时许，刘公岛的敌人乘 4 只汽船在钨口码头登陆反扑，经 5 小时激战被击退。23 日，刘公岛上的敌人逃往青岛。16 时，攻城部队开进刘公岛，威海卫全部解放。

烟台是山东半岛北部最大的港口城市，北面靠海，东、南、西三面环山，与辽东半岛的大连、旅顺隔海相望，是日军侵略山东的重要基地之一，对胶东地区来说，则是主要基地。

当时盘踞在烟台的日军有 1 个步兵大队和海上若干艘舰艇。伪军有登州道保安队指挥白书普的保安团和警察大队。日本宣布投降后，胶东军区向日伪军发出限期投降，听候编遣的通牒。驻烟台的日伪军按照蒋介石的命令拒绝向八路军缴械投降，妄图拖延时间，等待美军、蒋军的到来。盘踞在蓬莱的郝铭传、牟平的纪银帮、福山的张立业等伪军部队，在八路军的迫降压力下，先后逃至烟台，使烟台的日伪军达到 5 000 余人。日军集中驻守市区及东西卡子门、炮台和葡萄山等要地，伪军分别驻守西沙旺、东山、世回尧、上夼、宁海口、丈八口、珠玑、芝罘岛等处。

胶东军区命令东海军分区组成解放烟台前线部队，前线指挥部由东海军分区司令员刘涌、政治委员仲曦东、副司令员于得水、政治部主任张少虹、中共东海地委书记梁辑卿、烟台特区工委书记滕景禄等组成。参战部队有东海独立团第一营、三营，乳山独立营，牟平独立营，昆嵛独立营，烟台大队等2 000余人，分东、南、西三路发起攻击。

8 月 19 日，战斗打响。

8 月 20 日，共产党领导的山东省政府任命北海军分区司令员兼北海专署主任孙端夫为烟台市市长，准备接管城市。

三路前线部队迅速攻克了烟台郊区的迟家、黄务、宫家岛、上夼、世回尧、丈八口和南山，除了北面的大海，对市区在陆地上形成了包围。但攻城战斗进展得并不顺利，敌伪不仅不肯投降，而且对攻城部队反击很猛烈。日军集中固守东、西炮台和葡萄山、毓璜顶等要地。对日军来说，保住了东、西制高点，就可以苟延残喘，双方争夺十分激烈。烟台之战之所以打得艰苦，除了烟台日伪军按国民党指令不向八路军投降，还有一个重要原因，就是敌人的兵力数量和装备都比八路军强许多。攻城部队人数不到守敌数量的一半。敌我双方在市区周边形成了对峙局面。

这时，在烟台市区，一个工人武装起义的秘密行动计划正在加紧实施。

中共烟台特区工委对这次起义做了充分的准备。

自 1938 年 2 月日军侵占烟台后，几次组建的中共烟台市工委、烟台市委先后暴露，党员撤离市区并调往胶东抗日根据地。1944 年 4 月，中共胶东区委派林一夫在福山县绍瑞口村组建中共烟台特区工作委员会，对市区和郊区工作实行统一领导，并把中共福山县第三、第五区委和中共牟平县第十二区委划归烟台特区工委。同月，又在福山县东陌堂村成立了烟台行政联合办事处，隶属胶东区行政公署，这是烟台市第一个人民政权机构。

中共烟台特区工委成立的时候，八路军山东军区正在发起 1944 年春季攻势作战和夏季攻势作战，并连连告捷。烟台工委成立不久，就在市区的工人中积极发展骨干力量，筹划武装起义，准备在合适的时机配合八路军收复烟台。工委通过举办训练班等形式，挑选骨干进行培训，然后派入市区，开展工作，等待时机。1945 年春季以后，烟台工委加快了这方面的工作步伐，秘密进入市区的党员和骨干不断增多，在烟台市内组成了一支地下工作骨干队伍。这支队伍主要在工人、贫苦市民、学生中开展抗日宣传，培养骨干，发展党员，并设法打入敌人内部。1945年3月，工委派苏德滋打入烟台伪警察局，在搜集敌人情报的同时，还用假情报迷惑敌人。东海军分区武装科长姜文阁进入市区后，以经商为掩护，既搜集情报，又筹集物资。烟台工委尤其重视在工人中开展活动，在工人骨干中发展党员。地下党员曹占一以义昶工厂师傅身份为掩护，在发电厂、日伪修械所等处秘密发展3名党员。到8月中旬，市区内以各种职业身份为掩护的地下党员已有200余人，可靠的群众骨干有300余人，进入日伪部门的地下党员在搜集情报的同时，还开展瓦解敌伪的工作，策反了一些敌方人员，在八路军解放烟台之前，已基本摸清了敌人的兵力部署、武器装备等情况。

为了加强对这次武装起义的直接领导，确保起义成功，在解放烟台的战斗发起之前，烟台行政联合办事处主任林一夫和工委委员辛广义、宫亭、梁斌等人也奉命秘密进入市区。其中，梁斌还是八路军烟台大队的大队长。

林一夫等人进城后，迅速对起义的准备工作进行了检查和完善。他们密切注意着市内日伪的动向，随时准备行动，迎接烟台的解放。当解放烟台的战斗打成对峙状态后，他们发觉日军有从海上撤退的动向，并有让伪军固守烟台的企图。起义的领导人员秘密召开紧急会议，决定在23日傍晚举行武装起义，趁日军撤离之机快速控制中心市区，迎接攻城部队进城。

23 日清晨，日军把当地的商船和渔船全部赶到烟台港西部的浅水区。东部的太平湾码头和新港区码头停靠的几艘舰船、汽艇上和码头岸上，站满了荷枪实弹的日本兵，从码头通往日本兵营、烟台山领事馆区、商贸区、海关方向的各个路口全部被封锁。日本人要跑了。

23 日傍晚时分，1 300 多参加起义的工人从各处向市区西部的伪法院门前聚集。夜幕降临时，起义的负责人之一辛广义果断地指挥武装人员拉响了几束手榴弹，发出了武装起义的号令。起义人员臂扎白毛巾，手持刀枪、棍棒等各种武器，高声呐喊，冲进了伪法院。里面伪职人员被吓呆了，乖乖地举起双手站到墙边。其他各处起义人员立即同时采取行动。起义队伍迅速冲上南大道，然后向正阳街的日军修械所奔去。长期隐蔽在修械所里的地下党员毛桂荣，这时已按照地下党组织的指示，组织修械所参加起义的工人们拿起了武器，做好了战斗准备。得知起义已经开始后，修械所的起义工人迅速将日本卫兵和工头、特务人员全部缴械，捆绑看押起来。当起义的大队人马到来后，立即分发了修械所里准备的和缴获的武器，押着俘虏，向北大街和北马路方向进发。

林一夫、宫亭、梁斌等把起义队伍分为两路。一路冲向北面的烟台港，与海港里的起义工人会合，保护港口设施和港内船只、物资。一路向西大街方向进发，抢占和控制与市区居民生活密切相关的发电厂、瑞丰面粉厂、电灯公司、汽车站等重要部门，防止敌伪破坏，以保证解放后城市的人民生活和生产秩序能正常运行。

烟台市区的工人武装起义进行了整整一夜。

此时的烟台南山，防守的伪军仍在顽强地抵抗攻城部队。攻城部队通过望远镜觉察到敌人要跑，但对市内的情况缺乏详细了解。

24日拂晓，两个弱小的身影从烟台市区穿过伪军的防线，在茂密的山林中向八路军攻城部队的阵地攀行。前沿阵地的指战员意识到这可能是市区内来送情报的人，掩护她们进入攻城部队的阵地。

令攻城部队首长没想到的是，来送情报的是闻名中外的烟台张裕葡萄酿酒公司的大小姐张世禄。

张裕公司是中国近代民族企业家张弼士创办的国内第一个工业化生产葡萄酒的厂家。抗战时期，日军占领烟台后，将张裕公司资产全部查封军管，用酿酒车间生产酒精，以弥补其军用汽油的不足。张世禄是张弼士的孙女，在日本军管期间，张家被日军断绝了生活来源。刚考上初中不到一年的张世禄被迫中途辍学，先是经人介绍在烟台中华发绳厂做手工活，后来赶上日本人控制的芝罘电报电话局招收长途接线生，张世禄应考录取，此时她还不满16岁，不久被解雇。无奈之中，母亲叫张世禄带几个妹妹去捡煤核儿以维持三餐。

到了1942下半年，张家人的生活到了难以为继的地步。张世禄的母亲李德贞只好向邻居求援，帮忙给女儿找个工作谋生。邻居是中共胶东区党委在烟台建立的一个地下联络站，负责人是牟德海。牟德海将此情况向上级做了汇报。胶东区党委统战部门认为，张家是名扬海内外的资本家，在国内工商界颇有名望，如能团结过来，会对抗日产生很大的政治影响。牟德海便以商人的口气和李德贞商量，城里是日本人天下，一时难找碗饭吃，乡下比较有把握，不知你们是否愿意。李德贞表示，只要能谋生，去哪儿都行。

牟德海请示上级后，在 1942 年初冬的一天，带着张世禄出了烟台市区，走上了通往根据地的山路。到了根据地，胶东区党委统战部的负责人接见了张世禄，鼓励她学习祖父张弼士老先生的爱国精神，积极投身抗日救国活动，为打败日本侵略者，解放自己的国土做出贡献。胶东区党组织起初把她留在区党委统战部工作，不久又把她派到栖霞县铁口附近的一个山村小学教书。为了培养张世禄，又把她送到胶东公学学习。经过张世禄的联系，她母亲李德贞也带着两个较大的孩子来到根据地，被安排到张世禄任教过的小学教书，并按抗日家属享受各种优待。在这期间，李德贞受胶东区党委的委托，秘密联系她的丈夫，张弼士先生的六公子张巨烺在 1943 年"八一"前来到根据地，参加了"八一"庆祝活动，参观了八路军的军事表演和战利品展览，还担任了篮球比赛的裁判。张巨烺亲眼看到了八路军武装力量的发展和壮大，坚定了抗战必胜的信心，表示自己一定为抗日战争尽力。

1945 年 4 月，张世禄在胶东公学学习结业，调回中共胶东区委统战部。5月1日，她加入了中国共产党。就在此时，区党委获知烟台伪警察局正在招收一批女警察。组织上根据张世禄的家庭条件，决定把她派回烟台，打入敌人内部。张世禄以在外地读书毕业回烟台的名义，只身返城。经过伪警察局的考试和审查，张世禄和另外7人被录用，分配在特务科工作。

烟台伪警察局特务科科长的老婆是日本人，而且是个日本女特务。科里还有一个特务，曾是共产党的一名干部，后叛变改名为夏一候。他老婆叫梁淼，也是个叛徒，也在这个科里，负责组织和训练女特务，打入解放区进行敌特活动。夏一候和梁淼开始时对张世禄有所疑忌，张世禄小心谨慎，巧与周旋。随着抗日战争局面的发展，烟台日伪机关里人心惶惶，他们也放松了对张世禄的警惕，安排她抄写情报和通报等。为了安全，张世禄对抄写的重要情报先记住，晚上回家靠记忆写下来，再设法送出去。她后来又被安排到保密档案室工作，获取情报更加方便。

当八路军解放烟台的战斗打响后，组织上又把尽快摸清日军逃跑时间和伪军兵力部署的任务交给了张世禄。8月23日晚，当她看到日本人登船要跑，伪军已开上毓璜顶等阵地从日军手里接防，市区里已举行工人武装起义的情况后，意识到必须尽快把这一情报火速送到攻城部队。于是她回家拉着妹妹就往南山方向八路军的阵地跑去。途中要穿过伪军的岗哨和架设的铁丝网、木栅栏，跨过许多沟沟坎坎，穿越片片山林和高粱地。19 岁的张世禄带着妹妹，利用漆黑的夜幕，绕过敌人的道道岗哨，在拂晓前跑到南山脚下。这时八路军先头部队正在与伪军交火，为了躲避枪弹，她俩钻进高粱地摸索着往前走，敌人的子弹向高粱地射来时她们也没被吓住。当见到攻城部队首长时，姐妹两人的衣服已被划破，腿上、手上好几处也被划破。部队首长和烟台工委的领导亲切地接待了她们，认为情报很重要也很及时。

根据张世禄的情报，24 日早上 8 时，攻城部队分 5 路向市区发起攻击。中路进攻部队从南向北，直取上夼村后向四马路一带攻击；左翼部队攻占毓璜顶南山；右翼部队扫除魁星楼山坡上的伪军，并打退了增援和反扑的伪军；南路进攻世回尧口子的部队以猛烈的炮火摧毁了日伪军 4 座炮楼；西路的烟台大队扫除了西沙旺一带的敌人。攻城部队沿着预定的战斗目标不断向纵深推进，在攻克敌人的核心阵地毓璜顶后，守敌全面溃逃。

烟台的日军已乘舰逃往塘沽，伪军也纷纷争着从海上逃窜。攻城部队追击至北海岸，占领了码头和烟台山，截下了一部分海上逃窜的伪军。

起义的工人武装和攻城部队胜利会合了！在工人武装起义队伍的配合下，24 日 22 时，市区的残敌全部肃清，烟台获得解放。

在欢庆解放的锣鼓声中，中共烟台特区工委改建为中共烟台市委，烟台行政联合办事处改建为烟台市政府，分别从福山县绍瑞口村和东陌堂村迁入市区办公。

8月29日，山东省政府发布布告，决定原北海银行发行的本币，在全省统一流通。当月，北海银行烟台支行成立，发放低息贷款，扶持工商业恢复发展生产经营；烟台市政府宣布北海币为境内唯一合法货币，禁止伪钞流通。烟台的人民生活秩序和工商业生产经营迅速恢复正常。

为解放烟台做出贡献的工人武装起义队伍的骨干力量，被改编成烟台工人纠察大队，肩负起在共产党领导下，协助政府和驻军保卫烟台、建设烟台的光荣任务。

四、捷报频传

1945年8月17日，山东军区将所属部队编成五路大军并下达大反攻命令后，各路前线部队迅即向日伪军占领的城镇、据点、交通要道、战略要点发起全面进攻。

中共中央根据当时国内和国际的实际情况，决定改变占领大城市的方针。8月22日，中共中央、中央军委向各大战略区发出指示：蒋介石利用合法地位，接受敌军投降，日伪只能将大城市及交通要道交给蒋介石；在此种形势下，我军应改变方针，除个别地点仍可占领外，在今后一段时期内，应以相当兵力威胁大城市及要道，使日伪向大城市及交通要道集中，以必要兵力着重夺取小城市及广大乡村。对大城市仍应积极派人去发动群众、争取伪军、出版报纸、布置秘密工作，争取我党在城市中的地位。①

中共山东分局和山东军区迅速执行了中央和中央军委的这一指示，调整大反攻的作战方针。8月24日，中共山东分局向各区党委、军区发出《关于掌握整个战局发展采取新的指导方针的指示》，命令各路反攻大军，要根据中央指示改变作战方针，首先占领一切中小城市及部分交通要道，应付新的情况。指示要求，肃清济南、青岛、徐州外围及胶济路两侧的敌伪军，破坏、占领铁道，攻占与迫退一切小城市；以一部分主力迫近大城市城郊，暂不采取攻击行动，也不放松对大城市的包围；老解放区要抽出大批新老干部，迅速发展新解放区的群众斗争，扩大与巩固解放区。

各区党委和军区按照中央和山东分局的指示，调整作战方针，继续扩大反攻战果，五路大军捷报频传。

鲁中军区部队组成的第一路大军，在司令员王建安、政治委员罗舜初的指挥下，于8月19日首先解放临朐县城，接着向胶济路西段和津浦路济南至兖州段的日伪军进攻。8月22日，第三军分区第十二团经一夜激战，解放益都县城。鲁中区党委、行署决定在益都设立青州市，组建中共青州市委，成立市政府。青州市政府宣布保护民族工商业，发放贷款，救济贫民。

8月下旬，第一路前线部队从东、西、南三面向淄博矿区日伪军发动进攻。23日解放博山城，俘伪县长以下400余人，

① 中共中央文献研究室编：《毛泽东年谱》(1893－1949)下卷，中央文献出版社2013年版，第9－10页。

缴获火车头 3 个、汽车和其他物资一宗。24 日晚，前线部队乘胜沿张（店）博（山）支线向北扩大战果，占领西河煤矿，缴获火车头 14 个、车厢 80 多节，千匹马力发电机 1 台和大宗武器。鲁中区党委、淄博特委、博山县委和县政府同时进驻博山城。在反攻大军强大威力震慑下，侵占淄博矿区的日军和部分日本侨民撤走。25 日，前线部队收复大荒地等淄博煤矿的重要矿区，俘伪军 2 700 余人。当晚，经 4 小时激战，收复淄川城区，俘淄博伪警备司令以下官兵 1 800 余人，缴获一批武器和其他物资。至 30 日，淄博矿区的 7 个大煤矿、5 个电灯公司被全部控制。10 余万矿工积极支援解放大军，帮助维持秩序，恢复生产。张博铁路北起南定，南至八陡约 35 公里恢复通车。9 月上旬，1 000 多名矿工参军，后编为鲁中军区一分区警备六团。26 日，驻新泰的日伪军和伪县政府人员逃往泰安，新泰县全境获得解放。28 日，野战三师第七团解放周村，歼敌 4 500余人。另一路部队收复莱芜，直迫泰安城郊。

至 8 月底，第一路大军切断了胶济路西段，控制了济南至张店、张店至潍县的部分路段，孤立了张店之敌。这使鲁中、渤海两大区直接连接起来。衔接津浦线的新汶铁路，在我主力、地方武装和民兵的配合作战下，全部截断。前线部队接着攻克历城县王舍人庄，收复历城县南部广大区域，从东、南方向逼近济南。

滨海军区部队组成的第二路大军，在司令员陈士榘、政治委员唐亮指挥下，分南北两线作战。

南线部队向陇海路东段发起进攻。主力部队配合地方武装和民兵，对陇海铁路展开大破袭，毁敌铁甲列车 1 列，车皮 5 个，车头 1 个，载炮车皮 1 辆，摔死摔伤敌伪 300 余人。22 日晚，发动 1 万多群众将新安镇至白塔埠铁路大部破坏。赣榆县伪政府人员闻风逃往新浦，南线部队于 8 月 21 日解放赣榆，收复青口、柘汪海口。22 日后，南线部队与新四军配合，逼进海州、连云港。

北线部队向胶济路东段进攻。8 月 19 日，山东军区野战第一师第一团、第二团和滨海支队包围胶县城，于当晚 21 时 20 分发起总攻，激战一夜，攻克外城，守敌集中于内城顽抗。20 日傍晚，攻城部队从四个方向同时发起攻击，于 20 时攻占内城，毙俘日伪军 3 000 余人，其中生俘日军 7 人，迫降伪军 700 人，缴获大量武器、汽车和其他军用物资，胶县获得解放。在反攻大军的强大攻势下，莒县全境的日伪军于 8 月下旬逃往高密、青岛一带，莒县全境获得解放。9 月 8 日，进逼日照县城和石臼港的前线部队还未攻城，守城的日伪军弃城北逃，日照县全境获得解放。北线部队在控制胶济铁路胶县段后，继续东进，配合胶东军区第三路大军向青岛进逼。

胶东军区部队组成的第三路大军，在司令员许世友、政治委员林浩指挥下，组成东线、南线、北线、西线部队，以军区野战部队作为战略重点的机动进攻力量，向胶东地区各沿海城镇、胶济路东段沿线、青岛外围的日伪军发起进攻。

在大反攻之前，胶东地区的栖霞、文登、荣成、海阳、乳山等县城已获解放。8月20日前，东线部队于数日内连续收复牟平、威海卫、福山、石岛等重要城镇。8月21日，北线部队在攻克玲珑金矿后，以迅速动作直扑招远城，城内日伪军闻风逃窜，当日下午招远城光复。盘踞在海阳盆子山区准备抵抗美军登陆的日伪军，也在这一天逃窜，海阳全境获解放。21日晨，胶东军区北海军分区司令员孙端夫、政治委员刘浩天指挥北线部队1 300余人包围了黄县城。黄县城内的伪警备大队有近千名伪军、近150名日军。日本宣布投降后，在八路军的军事攻势和政治攻势下，伪警备大队分为三派。以副大队长林香圃为首的一派同意与八路军谈判反正。以国民党员、三青团员为主的拥蒋派和以伪县长兼警备大队长为首的顽固派，妄想等待国民党来接管。20日，拥蒋派声称国民党将于25日来接管黄县，黄城实行戒严。北线部队一面派人进城再做林香圃的工作，一面在城外摆开阵势，准备攻城。林香圃当即召集几个可靠的中队长，审时度势，决心起义。下午，林香圃的代表与八路军代表达成协议。21时，林香圃率近千名伪军，携轻重武器、两辆汽车出城西门，到徐家庄向北线部队投诚，被编为胶东军区北海军分区特务一团，林担任团长。伪县长借"反正"之名，引领日军145人溜出黄城，窜至黄河营，乘渔船逃走。黄县城宣告和平解放。

胶东军区北线部队收复龙口却经历了反复。8月17日下午14时，北海独立团奉命包围龙口。15时，北海军分区将限令日伪军投降的最后通牒送交龙口的日伪军，日军置之不理。18

日下午，北海军分区决定强攻龙口，21 时，北海独立团一营、二营分别从东南、东北沿公路突击。半夜时攻克日军碉堡和日本驻龙口领事馆，毙日寇 10 余人。经一夜激战，天亮时日军逃窜，攻城部队占领龙口。21 日，因围困黄县城，北海独立团主力调走。日军得知龙口八路军力量薄弱后，把从玲珑金矿、招远城、黄山馆等地和龙口逃出的日伪军纠集在一起，加上从水路来蓬莱城的日伪军，向龙口反扑并攻占。29 日，黄县独立营配合北海独立团三营，向龙口的日伪军发起攻击，经 6 小时激战，收复龙口。

在胶东部队解放烟台的战斗打响后，侵占莱阳县城和穴坊的日伪军逃往平度、青岛，莱东、五龙两县全境解放。烟台取得解放后，掖县城日伪军 1 300 余人感觉东面已无依托，于 9 月 1 日弃城逃往平度，八路军南掖独立营、北掖独立营组织追击，在白沙、夏邱堡截歼 300 余人，掖县、掖南县获解放。

此时的平度城里，有伪绥靖第八集团军王铁相部、伪"国民自卫军"第十二师张松山部，加上从掖县城等地逃来的伪军，有近 6 000 人，还驻有日军 600 余人。胶东军区西线部队兵临平度城下，胶东军区司令员许世友率前线指挥部进驻城北七里河子，部署攻城战役。9 月 7 日 20 时 30 分，攻打平度城战斗打响，经一夜激战，将东关、西关伪军击溃，敌军退至城内。驻平度日军见城关已破，害怕被歼，于 8 日拂晓由南关夺路南逃。为使城内百姓免遭战火，八路军向王铁相发出最后通牒，王铁相竟将送通牒的人员打死。9 日 20 时，胶东军区调集主力部队向平度城发起总攻，守敌顽强抵抗，战斗异常激烈。半夜时，攻城部队突入城内，经激烈巷战，至拂晓时分，全歼守敌，活捉王铁相、张松山。此役俘虏伪中将司令王铁相以下5 000 余人，毙伤700 余，缴获步枪4 000 余支、重机枪13 挺、轻机枪80 余挺、迫击炮6 门、小炮16 门、子弹12 万发、战马150 匹，为胶东大反攻的模范战例。

8 月下旬，胶东军区南线部队在解放胶县后，兵分三路，进攻青岛外围。一度突破崂山防线，占领城阳的流亭机场和城阳、南泉等铁路车站，逼近青岛。26 日，野战五师第十三团在兄弟部队配合下，向驻即墨城日伪军发起进攻，激战3 小时，全歼守敌，解放了即墨县城。

渤海军区部队组成的第四路大军，在司令员杨国夫、政治委员景晓村率领下，向津浦铁路济南以北至沧州段和胶济铁路西段沿线各城镇日伪军发起进攻。至9 月上旬，先后解放了寿光、临邑、昌邑、广饶、博兴、桓台、长山、邹平、齐东、德平、济阳、阳信、吴桥等城镇。8 月23 日解放临淄县城后，于次日占领辛店、淄河店车站。至8 月26 日，将张店以西到青州的各车站控制，与第一路大军会合，从东北方向逼近济南市。

鲁西北是回民较多的地区，渤海军区在这里有一支英勇善战的回民支队。这支队伍最早是在河北沧县新县镇清真寺成立的冀南抗日六分区回民大队，1941 年9 月改为冀鲁边回民支队，1944 年冬冀鲁边区与清河区合并为渤海区，队伍改称为渤海军区回民支队。这支部队建立以来，采取灵活机动的战略战术，在津浦铁路以东平原地区对敌作战百余次，多次粉碎日伪军的"扫荡"，攻克据点 40 多个，歼敌 2 500 余人，为抗日战争立下汗马功劳。1945年 8 月 21 日，回民支队与渤海军区 1 个营，阳信、庆云两个县大队，共 1 000 余人包围了阳信县城。在派人进城劝降未果的情况下，于 17 时半发起攻城战斗，在爆破西门后攻入城内，经 1 个半小时激战，毙敌 100 余名，俘虏伪县长以下 1 200 余人，缴获 3 门迫击炮、1 100 余枪支和大批弹药物资，解放了阳信城。

第四路大军打得最大一仗是解放商河城。日本宣布投降后，德平、济阳、商河的伪军麇集于商河城，约 1 万人，成为鲁北最大的反动堡垒。解放商河，整个渤海解放区即可连成一大片，而且可以南下胶济线、西抵津浦线、直逼济南市。在商河伪军拒绝向八路军投降后，渤海军区指挥第二军分区和附近各县大队，分段把商河城四周包围起来，逐个拔除了商河周围的一些碉堡。同时发动民兵和民工数万人，在城四周挖掘深两丈、宽一丈的封锁沟。由于城内敌人众多，配有较好的武器装备，筑有坚固的工事，准备了充足的给养，渤海军区没有急于攻城。在围困了 20 多天后，于 9 月 10 日开始攻城作战。首先攻击敌城外据点，9 月 12 日，守敌被迫撤走城东柳行、城西于家山子两个外围据点。围城民兵挖第二道封锁沟，缩小包围圈。9 月 20 日，守敌组成"奋勇队"从四面突围，均未成功。当天，杨国夫司令员率渤海军区主力部队赶到。在对敌情分析后，于 24 日清晨起，对敌东关城堡连续两天实行猛烈炮轰，将敌坚固工事摧毁。担任主攻的野战七师第十九团迅速占领东关城楼，大部队随之攻入城内。黄昏时，敌军溃败全部投降。

商河战役全歼守敌1万余人，伪军头子全部被俘，并俘虏了永井、木杉两个日本侵略军顾问。缴获迫击炮3门、重机枪3挺、轻机枪300余挺、驳壳枪1000余把、步枪马枪7000余支。

鲁南军区部队组成的第五路大军，在司令员张光中、政治委员王麓水指挥下，分路向津浦铁路徐州至兖州段、临枣铁路、台枣铁路沿线的临城、滕县、枣庄、台儿庄等地的伪顽部队发起进攻。到8月底，先后解放了泗水、滕县、台儿庄、临城、官桥火车站等重地。8月29日，中共鲁南区党委、鲁南行署进驻滕县魏庄，指挥各县地方武装、民兵和群众破坏津浦铁路，防止日军沿铁路线逃窜，阻止国民党军北上抢占抗战胜利果实。数万群众在一夜之间将台枣铁路、临枣铁路全部拆毁，使枣庄之敌陷入包围之中。9月7日晚，山东军区野战八师奉命向峄县城的日伪军发起攻击，激战至8日凌晨2时，除少数日军逃往枣庄外，歼灭守城伪军1500余人，毙敌30余人。生俘伪县长、伪警备大队长等汉奸头子，解放了峄县城及周围广大地区。前线部队切断津浦路后，挥师南下，与苏北新四军呼应，直逼徐州。

在山东军区组织五路大反攻的同时，冀鲁豫军区组成三路反攻大军，向冀鲁豫战略区各城镇、交通要道的日伪军发起进攻，解放了山东境内的东阿、平阳、肥城、长清、鄄城等县城，歼灭大量伪军。

9月13日，山东军区发布作战公报，从日本宣布投降至此，山东军区五路反攻大军先后光复县城43座，烟台、威海卫等海口、商埠 6 处，占领日伪大小据点 500 余处，毙伤日伪军7 100 余名，俘虏日伪军 44 500 余名，击溃日伪军 15 000 余名，缴获长短枪 41 400 余支，轻重机枪 880 余挺，炮 300 余门。

在反攻开始后，中共山东分局、山东省政府、山东军区号召解放区人民组织起来，担负各种战时勤务，积极支援大反攻。山东省政府、山东军区于 8 月 18 日颁布了《战时人民紧急动员纲要》《山东战时民兵编制办法》，规定了解放区工、农、青、妇、文各团体和民兵在战时的基本任务。中共山东分局于 8 月 20 日发出《关于参军工作的指示》，规定了扩大部队必须有原则、有限度、有步骤，不因扩兵增加人民负担与妨碍生产，要保持农村领导骨干，保持劳动力，巩固农村堡垒，以便长期生息人力物力，着重在出兵少的村和新解放区动员新兵。在大反攻中，山东各解放区组织 10 万民兵成立了数十个临时脱产的"子弟兵团"，开赴前线配合部队作战，维持新区治安；组织了 10 万民工担负各种战时勤务。

大反攻结束时，山东解放区有了极大发展。津浦铁路以东，南至陇海铁路，北至河北省黄骅、南皮、景县等地，除了济南、青岛等大城市和铁路沿线的部分城镇，大部为山东各解放区所辖。山东解放区达到 12.5 万平方公里，人口约 2 800 万。

第六章　"摘桃子"

一、何思源入济南

抗日战争胜利了，国民党对胜利果实的争夺也开始了。1945 年 8 月 13 日，毛泽东在延安干部会议上发表了《抗日战争胜利后的时局和我们的方针》的著名演讲。他把抗战胜利的果实比喻成一棵桃树上结的桃子，抗战期间躲在峨眉山上的蒋委员长，现在要下山"摘桃子"了。毛泽东说："抗战胜利的果实应该属于人民，这是一个问题；但是，胜利果实究竟落到谁手，能不能归于人民，这是另一个问题。"① 他把"桃子"分成三批，一批大"桃子"，如上海、南京、杭州等大城市，是要被蒋介石抢去的，因为蒋介石勾结着美帝国主义，在那些地方他们的力量占优势；另一批"桃子"是双方要争夺的，其中包括津浦路、胶济路、郑州以东陇海路和这

① 《毛泽东选集》第 4 卷，人民出版社 1991 年版，第 1129 页。

些地方的中小城市；靠得住落在人民手里的，是包括山东在内的大块乡村和大批中小城市。时局的发展，很快就证明了毛泽东的分析是正确的。

被蒋介石派到山东来"摘桃子"的第一号人物，理所当然是国民政府山东省主席何思源，而山东的大"桃子"，首先是济南和青岛。日本宣布投降时，何思源正随张景月的保安第三师在益都至昌乐间的胶济路附近徘徊。

何思源是 1944 年 12 月 30 日在重庆被任命为国民党山东省政府主席。这之前他在重庆大量活动，曾言他在山东当了15 年的教育厅长，各城市各乡村不是他任命的校长就是他教的学生，他可以组织群众、打倒日本。当上省政府主席后，他匆匆从重庆辗转西安等地返回阜阳，于 1945 年 2 月对山东省国民政府进行了改组。此时的山东省内，国共两党的力量与抗战初期相比，发生了根本性变化。流亡皖北的国民党山东省政府，对省内局势已丧失控制能力，国民党的正规军队已全部撤离山东。共产党领导的抗日武装和民主政权，成为山东抗战的主要军事力量和政府组织，八路军和民兵等抗日武装迅速扩展，抗日根据地和新解放区连片扩大，把日伪军压缩在胶济路、津浦路等交通干线上的大中城市和部分县城。共产党已经掌握了山东抗日军政的主动权。国民党的省政府远在皖北，在省内面临着失去立足点的危险。局势的发展要求何思源应立即返回山东挽救国民党的败势，并抢夺抗战胜利果实，但在没有找到可靠的立足点前，整个国民党省政府机关不可能随何思源搬回山东，何思源只能先带少数随从秘密进入山东。

秘密进入山东对何思源来说，必须解决两个难题。一个是进入山东的方式和途径；一个是在山东落脚点的选择。如何进入山东，何思源在重庆时，国民党高层就帮他策划过这一棘手问题。他们认为，何思源进入山东既不能惊动日伪军又不能惊动八路军，否则后果难料。蒋介石和国民党空军司令周至柔建议他学跳伞，何思源此时已年近50，觉得难度很大，没有接受。国民党又曾设想送他到山东沿海秘密登陆，经反复考虑，觉得也无把握，未敢采用。最后他决定还是先到阜阳，再设法由陆路进入山东。进山东后到哪里落脚，是一个更难抉择的问题。国民党山东省政府离开山东前曾长期活动的鲁中南山区，已被共产党控制，何思源肯定不会再去那里。从地理位置上看，离安徽阜阳最近的是鲁西南地区。6月19日，何思源带领几名随从人员，由阜阳秘密启程，经界首、商丘，越过陇海路北进至鲁西南，与当地国民党地方武装取得联系后，停留在曹县蒙清寺。

何思源在蒙清寺对鲁西南的情形了解后，放弃了在鲁西南落脚的打算。当时鲁西南的日伪军势力已呈收缩状态，共产党领导下的八路军的力量得到较大发展。国民党的几股地方武装呈星散状态，力量都很弱，没有保护国民党省政府的能力。何思源决定继续北进，另选落脚点。当时省内国民党的地方势力大都处于散弱状态，可供何思源选择落脚的，主要有国民党省政府委任的山东第五、第八、第十四 3 个区的地盘。

　　第五区专员张子良，活动于鲁北，何思源当过 3 年鲁北行署主任，对这一带情况较熟悉，但在第五区原专员刘景良于 1944 年在日军围攻中阵亡后，国民党的地方势力相互之间矛盾很大。张子良继任后无法统一节制，那些地方武装大多投敌或星散。到 1945 年，八路军已基本控制了鲁北局势，张子良被困于无棣一隅，自身尚难维持。因此，这里是不能去了。第八区专员张天佐，长期盘踞昌乐一带，其地盘与八路军根据地不相毗连，他又令其第二营营长张震寰以第五团团长名义率部投敌。张天佐部实际上是个兼有日伪和国民党番号的部队，并以此保持了一定势力和地盘，但何思源对张天佐本人不甚了解，交往不多，不敢冒险前去落脚。第十四区专员是张景月，在鲁北时何思源与他有过密切交往，1940 年 6 月，两人曾联手在小清河北夹击八路军清河区第三支队，在弥河沿岸展开拉锯战。张景月部挂着山东省保安第三师的番号，长期盘踞寿光北部一带，拥有一两万人，势力较大，而且张景月部地盘靠近胶济线，便于西进济南，有利于抢摘济南这个大"桃子"。何思源最后决定，把寿光的张景月部作为他的落脚点。

　　决定去向后，何思源为了掩蔽行踪，在蒙清寺召集鲁西南地区的几个国民党专员、县长，开了个见面会，对这些人进行一番鼓励，部署了工作，做出要北去济宁一带的样子。会后，何思源突然消失，折到河南商丘，他将利用一个日本人进入目的地。这个日本人叫新荣幸雄，是个高级特务，曾把国民党许多高级将领拉到日本人那里，后来看到日本的败象，又暗中替国民党做事。这个人是国民党第十五集团军司令何柱国介绍给何思源的。何思源和随从人员化了装，在新荣幸雄的掩护下，从徐州乘火车到济南，在济南换车去昌乐。张景月派他的专署秘书主任、何思源在鲁北行署的旧部丁岚生到昌乐车站，秘密迎接何思源，把他护送到张景月在寿光的驻地。经过 1 个多月的周折，何思源于 1945 年 7 月 25 日到达了他选择的落脚地。为了使张景月死心塌地地保护自己，何思源任命张景月为山东省保安副司令。

何思源到张景月部不久，就领略了山东八路军夏季攻势作战的厉害。7 月 30 日，八路军渤海军区组织 7 000 兵力，在胶东军区第十四团支援下，发起讨伐张景月部的战斗。八路军打张景月，自有打的道理。在抗战中，张景月坚持反共，多次进攻八路军。1939 年 10 月，张景月发动对八路军清河东区独立营驻地牛头镇、小码头的进攻，挑起"牛码事件"，后被八路军清河部队反击，全歼张部 1 个营。1940 年 3 月，清河区八路军主力移向小清河以北去开辟新区，张景月趁机进犯寿光北部八路军根据地王高村一带，被击退。这年清明节前后，张景月又制造了扣审、枪杀八路军干部和屠杀无辜百姓的"邢家茅坨惨案"。1942 年后，日军加紧对张景月的诱降，他为保存实力，派部下与日伪军来往，但日军对张景月若即若离的态度并不认可，遂对其进行武力胁迫，先后数次对张景月部的驻地发起进攻。张景月为苟安，指使部下孟祝三、唐锡嘏等率部投敌，被编为伪保安总队。尽管其本人和其他所部没有接受日伪改编，但日军不再攻打他了。张景月重整保安第三师，逐渐发展到 2 万余人，并以此结好日寇，倾全力打八路军。

　　1945 年 7 月 30 日八路军在发起讨张战役时，并不知道何思源在张景月处。当年何思源在鲁北行署当主任，与第五区专员刘景良在和日军周旋的同时，也不断与八路军争地盘、搞摩擦。1939 年下半年起，山东八路军第三支队为打通与冀鲁边区的联系，重返小清河下游平原地区。为阻止八路军北进，1940 年 2 月，何思源在混水旺召开了鲁北党政军联席会议，部署反共、防共、对敌事宜，确定了"集中防共重于防敌"的方针。1940 年春，八路军清河第三支队分两路北渡小清河，开辟了广（饶）、博（兴）、蒲（台）、高（苑）新区。八路军刚一立足，何思源就纠集刘景良、张景月等部，分几路夹击八路军。1940 年 10 月、1941 年 7 月，何思源又两次组织多股国民党地方武装大规模进攻八路军。八路军山东纵队决定狠狠打击鲁北国民党顽固派的气焰。1941 年 9 月，八路军山东纵队电令第三旅发动打通与冀鲁边区联系的攻势作战。第三旅北越黄河进入何思源在鲁北垦区的基地义和庄、老鸦嘴地区，随后包围了义和庄和老鸦嘴，于 10 月攻克。何思源率残部向西至惠民。1942 年牟中珩担任国民党山东省政府主席后，撤销了鲁北行署，何思源回到省政府任民政厅长。这次八路军在 1945 年夏季攻势中讨伐张景月，何思源正在张部，心中不能不慌。不过八路军主要打的是张景月部主力马成龙旅的所在地田柳庄，而何思源在弥河东岸张部第一团的驻地真武庙。何思源命令周边国民党地方武装前来支援，张景月甚至向日伪求援，但所有敌伪顽援军均被八路军击退。8 月，八路军将最后一批增援的伪军大量杀伤击溃，攻克田柳庄，全歼张景月的主力马成龙旅近 3 000 人，活捉马成龙。张部全线向南溃退，张景月率残部保护何思源向南至胶济铁路益都北部地区。之后，山东八路军转入五路大反攻。

何思源撤到益都后不久，日本宣布投降，他便公开打出了国民党山东省政府的牌子，想以此招拢人马，准备进入济南，但八路军山东军区指挥五路大军开展的大反攻，把敌伪顽分割包围，使何思源收拢不起其他军队，身边只有张景月的数千残部。不过他的行踪一公开，日军就找上来了。日军先从张店派了一个叫藤田的大佐，到益都会见何思源，试探何对日军的态度。何思源因为藤田猝然而至，他本人对此毫无思想准备，除了谈到他要到济南去之外，没有说多少话。日军按蒋介石的命令，只向国民党军投降，并要在移交防务前继续"维持治安"，他们当然希望能与国民党山东省政府合作。而何思源在抗日战争期间，不仅坚持抗日，而且与日本人之间有过一次涉及家人、轰动中外的"人质事件"。双方缺乏相互之间的信任，因而，日军先派藤田大佐来试探何思源的态度。

"人质事件"发生在 1942 年元旦前后何思源当鲁北行署主任时。抗战爆发后，何思源把具有法国国籍的夫人何宜文及 4

个子女安置在天津的租界里。他们起初住在英租界，太平洋战争爆发后，日军占领英租界，何宜文带子女搬进了意大利租界。后来何思源手下一个团长到济南投敌，把何思源的妻子、儿女在天津的事情告诉了日本人。日本人采取了卑鄙的手段，扣押了何思源的妻子、儿女，迫使他投降。1941 年 12 月 31 日，天津意大利租界的巡捕传唤何宜文到意租界工部局，日本宪兵等在那里，何宜文一到，就被意大利租界当局引渡给日本宪兵。日本宪兵不顾何宜文的抗议，把她押回家中，命她立刻收拾行李，由驻鲁北沾化的日本宪兵小队长小林爱男把她母子 5 人押上火车，当晚到达沧县。第二天，即 1942 年元旦，何宜文带子女改乘汽车到惠民，由日本人监视居住。日本人拍了照片，连同劝降信一起送给何思源。何思源立即电告重庆国民政府，要求政府通过外交途径与意大利、法国进行交涉。同时，何思源向各大报馆、各国驻华使领馆、教会组织、慈善组织甚至汪伪政府发出通电，揭露日军以妇女儿童为人质违反国际公约的恶行，并特别指出意大利租界当局对事件负有严重责任，如果此事件不能得到正当解决，他将采取严厉的报复措施，由此引起的一切后果由意大利方面负责。随后，何思源把在鲁北的意大利传教士和修女全部扣押，作为"反人质"，并宣称如果他的家属被害，他将杀掉意大利人质作为报复。

何宜文是在意大利租界被抓走的，"人质事件"一曝光，国际舆论一片哗然。国民政府外交部照会意大利政府，提出严正抗议。这之前曾有 4 名意大利教士在鲁北被国民党地方武装扣捕，在天津的意大利教会托何宜文找何思源帮助协调，使教士得到了释放，因而这一次意大利教会对租界当局非常不满，指责其不该帮助日军抓人。意大利驻华大使忙与日方协商，督促日方赶快放人。日本方面也觉得此事办得很不光彩，在各方压力下，于1月26日将何宜文母子5人放回天津。这场闹了近1个月的"人质事件"终于平息。

因为有"人质事件"的过节，起初何思源也不想依靠日军，况且是已宣布投降了的日军。当时能帮他进入济南的，除了张景月的残部，就是章丘的第十二区专员翟毓蔚部等少数几支地方武装。当何思源、张景月率残部在昌乐至益都间胶济线附近徘徊时，八路军的大反攻部队正迅速向前推进。鲁中军区部队于8月19日攻占临朐、22日攻克博山后，全力向胶济路西段及济南进击。向青岛地区进攻的胶东军区部队于22日攻克高密城北各据点，切断了胶济路的东段。何思源感到了问题的严重性，如再滞留于益都的话，将会面临被围困和西进济南的胶济路西段被切断的危险，于是何思源决定西进，先乘火车西进至章丘地区翟毓蔚处，再伺机入济，同时派张金铭等人先行去济南与日伪方面取得联系。

8月24日，何思源与张景月带人分乘两列火车开往章丘。因事先并未与日军取得联系，张金铭也无消息，列车行至张店即被日军拦下。驻济日军第四十三军司令官细川中康中将派其参谋长和山东伪政府教育厅长、何思源的同乡熟人朱经古，飞抵张店与何思源谈判。此时的何思源还不想与日伪合流，还想要带兵进城，日军未让他进济南市区，使他徘徊在章丘龙山以北。这时，八路军的反攻部队已逼近章丘、历城一带，而派入济南的张金铭等人仍无消息。何思源只好再派人与日伪联系，并对日军表示，他所带军队可以不进城，可暂住东关、黄台、王舍人庄等地。这样，日军和伪省长杨毓珣于 9 月 1 日派人开铁路装甲车至章丘龙山接何思源及少数工作、护卫人员入城，所率部队驻王舍人庄。至此，何思源采取了与日本人合作的做法。

何思源乘坐的铁路装甲车到济南时，伪省长杨毓珣等人在车站迎接。进入济南后，何思源进一步认清了自己在山东的处境。自 1943 年国民党省政府和苏鲁战区部队撤到皖北后，山东省内国民党正规部队已无一兵一卒，地方武装有的被打垮，有的公开投敌，有的成为脚踏两只船的伪顽兼祧部队，个别未投敌者也只能苟存于一些偏僻之地，自身难保。何思源在益都公开露面时，是想以山东省政府主席的名义招拢部队，当时算来能利用的武装力量应有十几万人。然而，在山东八路军紧接夏季攻势作战之后对日伪军开展的大反攻中，那些投敌的、伪顽兼祧的部队均被通牒为伪军，处于被八路军分割、包围、攻击的境地。在鲁东，赵保原部、李先良部及其他零散武装被困在青岛周围，张天佐部和王豫民部被困于昌乐、潍县、昌邑等地；在鲁中南，厉文礼、张步云等部都遭重创，吴化文部早已被赶出鲁中，移逃安徽，王洪九部等被困于临沂以北；在鲁北，张子良部等被压缩在德县和黄河口一带；在鲁南，申宪武部在八路军夏季攻势中被全歼，张里元等零散武装被分割于徐州外围及津浦路徐（州）兖（州）段附近区域；在鲁西，各地方武装也被八路军冀鲁豫军区部队分割包围。何思源身边能指挥的，只有护送他进济南的张景月部、章丘的翟毓蔚部、邹平的张景儒部和历城的岳伯芬部以及张天佐等一些零散伪顽武装，说是有两万人，但和山东八路军的力量相比，实在是不堪一击。所以，何思源面临的首要问题，是利用一切可能利用的军事力量，站稳脚跟，等待国民党正规军的到来。

日军虽已宣布投降，但仍然控制着济南、青岛等主要城市和部分重要交通线，并拒绝向八路军缴械。那些脚踏两只船的部队也扔掉了伪军的旗号，重新挂起国民党的番号。伪军武装不是解体，就是投向国民党。何思源进入济南后，实行了与日伪合作的政策，济南市内的治安及对外防务仍由日军负责；省内凡是日军驻守的主要城市和交通要道，其治安与防卫也由驻该地的日军负责。何思源在给蒋介石的电报中称：山东日军静待受降，对维护交通治安尚称尽力。其实何思源与日军的合作，是在蒋介石授意下国民党官员的普遍做法。如1945年10月，八路军冀鲁豫军区部队将国民党第十六区专员崔礼三的伪顽部队包围于菏泽，该部发了一封求援电报给李延年、何思源："恳请火速派空军及日军快速部队赴菏泽援应。"1945年11月，何思源给被围于临沂北的第三区专员王洪九的电报中，就称"着枣庄日军就近出动"解围等。

何思源的做法，大受蒋介石的赞赏。何思源能够进入济南挂出国民党山东省政府的牌子，就立了一大功。蒋介石特地召何思源赴重庆晋见。据 1945 年 10 月 21 日的《山东公报》重庆讯：10 月 20 日何思源奉诏到渝谒蒋，立蒙接见，蒋介石"垂询甚泽，慰勉有加"。

二、谁当市长

1945 年 9 月 1 日，何思源由日伪派铁路装甲车接入济南后，先派张景月等接收了山东省伪保安司令部，这是国民党山东省政府接管的第一个伪机构。由于国民党山东省政府工作人员远在安徽阜阳，没法马上接管伪省政府，伪省长杨毓珣去车站迎接何思源后，仍把守着伪省政府机关。要使国民党省政府尽快在济南运转办公，就得把在阜阳的省政府机关尽快迁回济南。

9 月中旬，为了避免陆路交通的麻烦和能够尽早在济南召开省政府全体会议，何思源派专机到阜阳，接省政府委员和各部门主要负责人来济南，搭起了国民党山东省政府的架构。随着省政府机关主要工作人员陆续回迁济南，9 月 22 日开始，国民党山东省政府正式展开接收山东伪省政府机关的工作，并成立防守司令部，开始正式办公。在这之前，何思源在济南已组织了一个山东省战地收复委员会，为国民党山东省政府自阜阳回迁济南做准备，诸如筹办房舍、物资，安置人员等等。这使省政府机关工作人员到达后，能够很快安顿下来，进入工作运转状态。

此时的山东境内，共产党领导的山东省战时行政委员会于8月13日更名为山东省政府，黎玉于当天以山东省政府主席名义发布改名布告，宣布开始行使职权。而何思源的国民党山东省政府到9月22日才开始在济南办公。山东出现了国共两党领导的两个省政府并存、争夺山东的局面。至1945年9月，共产党领导的山东抗日根据地和解放区的人口已超过2 000万，建立民主政权的县市已有100多个，其中有些县是把国民党的行政县给划小增多了。国民党能控制的县市，至9月份只有35个，占县市总数的1/3，其中由日伪控制等待国民党接收的有27个，而且还在呈缩减的态势。

尽管实际控制范围有限，也要委派官员。对官位的你争我夺，是国民党政权的一大特色。在国内，要争抢胜利果实；在党内，派系林立，你争我夺，决不相让。在地方长官的委任上，像济南、青岛这样国民党军队能全部控制的大城市，更是热门抢手的好地方。对这两市市长职位的争夺，也称得上是一出历史闹剧。

1944年末，国民党中央任命何思源为山东省政府主席和省党部主任委员、兼青岛市市长和市党部主任委员。青岛市在国民党的行政区划上是中央直辖市，济南的市长由省主席荐举委任，而青岛的市长要国民党中央委任。当时国民党在敌后的直辖市，因为不在自己手里，其市长多数都是由这个市所在省的省主席兼任的。由何思源兼任青岛市长，是常规的做法，但对这个任命，引起了国民党山东境内坚持敌后斗争的一些委员的不满。其中最突出的是李先良和省党部调查统计室主任于宝仑等人。

李先良是江苏吴县人，在国民党中央政治学校毕业后，到中央党部任干事，1933 年调任青岛市党部委员，继升任常务委员。在青岛工作时，深受沈鸿烈赏识。1938 年春，沈鸿烈出任山东省政府主席兼省党部主任后，推荐李先良为山东省党部执行委员会委员。1939 年又委任李先良为鲁东行署主任，行署设在莱阳。自沈鸿烈在抗战初期撤离青岛后，国民党青岛市政府的机构就不复存在。1941 年夏，李先良建议沈鸿烈重建青岛市行政机构，以为将来在青岛市开展工作做准备。沈鸿烈即委派李先良任青岛市政府秘书长。李先良在得到沈鸿烈同意后，在莱阳成立了青岛市政府办事处。同时从鲁东行署的卫队里拨出了一部分人和枪，成立了青岛市保安大队，后改称为保安总队。李先良随后派保安大队保护办事处人员到崂山开展行政工作。1941 年秋，沈鸿烈离职去了重庆。继任的山东省政府主席牟中珩于 1942 年 2 月撤销了鲁东行署。李先良带着行署机关人员到了牟中珩的省政府驻地临朐，但省里对李先良和行署职员全都未做安置。李先良只好寄居在张景月的防区，发电报请求已在重庆当了国民政府农林部长的沈鸿烈为其设法安排。经沈鸿烈在重庆的活动，10 月中旬，国民党行政院发给李先良一封电报："青岛市府李秘书长，电悉。着饬该员以秘书长名义代行市长职权，加强推动青市工作。特电遵照。"① 李先良接到这个电报后，于1943年2月返回原鲁东行署的驻地莱阳濯村，组织青岛临时市政府。

　　盘踞莱阳的赵保原部，既有伪军的番号，又有国民党暂编第十二师的番号，仗着人多枪多，没把李先良放在眼里。李先良的鲁东行署撤销后，赵保原这个第十三区专员兼保安司令便成了国民党在鲁东的一号人物。看到李先良就几百人还弄了个代行青岛市长职权，赵保原不仅不支持，反而极力挤兑李先良。特别是赵保原手下的栾志国团在崂山与李先良青岛保安总队副队长高芳先争夺地盘被逐出崂山后，赵保原就容不下李先良继续待在莱阳了。1944年6月，赵保原将李先良逐出莱阳。李先良迁到胶南王村一带暂驻，考虑到崂山山高岭多、地势险峻，便于立足，下令高芳先带领青岛保安总队向崂山日伪军据点进行了3个月的攻坚战。至当年9月，青岛保安总队相继攻克登瀛、青山、黄山、大崂等据点，李先良进入崂山，把青岛市临时政府设在崂山东区的华严寺内。李先良和赵保原不一样，他虽反共，但抗日，进入崂山后，还打了日本黑须部队一个伏击战，消灭日军20多人，俘虏30多人，逃脱10余人，黑须队长受重伤身亡。1945年春，日军为在崂山修筑仓库和防御工事，调集3 000多伪军"扫荡"崂山。李先良被压在崂山沿海狭长地带，在极其困难的情况下，拒绝了日军的诱降，坚持

---

① 山东省政协文史资料研究委员会编：《山东文史资料选辑》第二十四辑，山东人民出版社，1987年版，第98页。

了三四个月，直到日军宣布投降。

李先良在崂山坚持艰难抗战，好不容易在八路军一连串攻势作战下处境有所好转，日伪对他的压力有所减轻时，忽然收到了国民党行政院的电令："青岛市府李秘书长：兹派何思源为青岛市长兼青岛市党部主任委员。饬即遵照。"①李先良接到这份电令非常恼火，愤怒地对秘书说：赶快复电，请收回成命。

于是，市政府秘书姜玉衡按李先良的授意，给重庆复电如下："中央农林部长沈暨果公②师座鉴：自日寇侵华，山河变色，民遭涂炭，日处水火！职躬率部曲，负隅抗战，八载以来，备历艰辛。青市远处敌后，暌隔万里，中央既不能予以物质援助，亦应给以精神安慰。项奉行政院电令委派何思源出任青岛市长兼市党部主任一节，群情闻讯，咸表愤慨！青市军民30万众，坚请收回成命，以慰民望。职李先良叩。"③

李先良的这封电报所表达的情绪反映了国民党在敌后坚持抗战的将士，对那些躲在大后方却要下山摘取胜利果实人的强烈不满。其实，同此道理，在敌后领导八路军和人民群众坚持八年抗战、建立根据地、开辟解放区的共产党人，又怎么会容忍那些来"摘桃子"的国民党人呢？

---

① 山东省政协文史资料研究委员会编：《山东文史资料》第二十四辑，山东人民出版社1987年版，第108页。

② 果公即陈果夫。

③ 山东省政协文史资料研究委员会编：《山东文史资料》第二十四辑，山东人民出版社1987年版，第108页。

对国民党中央任命何思源为山东省政府主席兼省党部主任委员等职不满的,不仅是李先良,还有不少人。国民党山东省党部调查统计室主任于宝仑就是一个。国民党山东省政府撤到皖北前,他们与何思源在省内都是平级干部。1943年何思源随省政府撤到安徽阜阳,当年冬天就回到重庆,一年后竟变成省长回来领导他们。而于宝仑这个在山东境内坚持的国民党省专职党务干部,却连省党部委员都没当上,心中自然不平。于宝仑、李先良等人在省内国民党里散布的不满言论,在何思源还没进入山东前就传到阜阳。何思源考虑到李先良、于宝仑都是中统系的人,便在进入山东前先派随省政府闲住在阜阳的中统分子张金铭先期潜回山东,对李、于进行安抚、疏通,以消除两人的误解和不满。尤其是向李先良解释,由何思源兼任青岛市党政职务并非其本意,已向国民党中央建议改由李先良担任。随后,重庆方面即明确了李先良为青岛市市长。1945年9月1日,国民党中央发布《收复区省市长官表》,正式公布了何思源为主席的山东省政府组成人员,同时公布李先良为青岛市市长。

8月23日,李先良在崂山成立青岛市接收委员会,自己担任主任委员,准备率领市府职员和青岛保安总队进入市内接收政权。这时,赵保原的部队打着国民党暂编第十二师的旗号,已进入青岛市郊。八路军的反攻部队也在胶(县)、即(墨)边境集结。李先良怕他们先进入青岛,对他当这个市长不利。他知道,日军按蒋介石的命令,不会向共产党投降,但赵保原本来就有伪军的番号，和日本人来往密切，现在打着国军的旗号，一旦和日本人勾结起来，就很难说了。李先良想来想去，认为还是得和青岛市里的日伪取得联系，获得他们的支持，以便顺利接管政权。于是，他委派由前省府参议张衍学、青岛临时市政府秘书战庆辉等人组成的代表团，前往青岛和日伪秘密接触。

李先良给代表团的任务是：要求日伪军警守防原地，不许八路军和其他任何游杂部队进入市内，听候李先良的队伍入市接防；要求日伪市府各局处一律维持现状，维持青岛治安秩序；对于执行上述任务的有功人员，将来可不以汉奸论处。代表团进入市内后，住在早有联络的青岛伪商会会长丁敬臣家里。青岛的大小汉奸得知消息，都想办法通过丁敬臣，采用"捐献"粮食、服装、金银等财物的手段和代表团拉关系，由战庆辉开路条，汉奸们自己派人送往崂山李先良处，其中指名送给李先良的就有金银首饰 530 多盒、金元宝 380 多个。代表团先会见了伪市长姚作宾，在姚作宾的陪同下，与日军驻青岛的海军代表、陆军代表进行会谈。经过两天的交涉，双方达成一致意见：日伪军各守原防，绝不放李先良部以外的任何军队进入市区，决不向任何游杂部队缴枪；伪市政府照常维持现状，负责保持市内治安及社会秩序。

代表团认为任务已经完成，便报告请李先良择日进入青岛进行接收。李先良考虑到自己手里只有青岛保安总队这点人马，没有接收全市防务的力量，便与青岛日军订立"交防秘密协定"，采取分批接收的办法。9 月 13 日，李先良率青岛市政府职员和保安总队一部分精干队伍进入市区，只控制市中心交通要道，警卫市政府周围，对市区边缘和郊区，仍责成日伪军守卫，并要他们加强兵力，特别警戒与莱阳相通的几个路口，防备赵保原部偷袭进城。就这样，李先良在日伪军的帮助下，实现了真正当上青岛市市长的愿望。

济南市市长的委任人选通常由省政府主席推荐委任。由于何思源在人事安排上的前后不一致，导致了中统、军统对济南市长一职的争斗。

何思源被任命为国民党山东省政府主席后，于 1945 年初回到省政府的流亡地安徽阜阳。他在阜阳按照战时体制对省政府机关进行了较大的合并和变动，同时对省内各专区、市县的官员进行了调整。其中，委任军统分子王崇五为济南市市长。

何思源在秘密进入山东前，曾先派张金铭回省内安抚李先良、于宝仑，以消除他们的不满情绪，但这却使张金铭和于宝仑这两个中统分子得以勾结起来。何思源被滞于益都时，住在寿光三区的国民党山东省党部调查统计室，在主任于宝仑率领下也来到益都，跟随何思源这个省党部主任活动。当何思源要派张金铭等先行去济南和日伪军取得联系时，张金铭和于宝仑趁机要挟，要求何思源委任张金铭为济南市市长。当时何思源身边人员无几，难以另找合适人选去济南联系日伪，张金铭对山东政界的情况熟悉，而且有中统在济南的地下组织可以利用。何思源虽然在阜阳已经把济南市市长许给了军统的王崇五，但为现实需要，又不得不迁就张金铭和于宝仓，便将济南市市长的职位又许给了张金铭。而王崇五的济南市长并未免职，这就形成了中统、军统各有一位济南市长并存的局面。

在省府机关还在阜阳的 9 月 7 日，何思源召集了省政府第 10 次谈话会暨第 16 次委员会会议。在这个会议上讨论通过了两项议案：一是威海卫特区急待接收，拟调济南市长王崇五为威海卫行政专员，除呈行政院委任外，先行准备接收；二是济南急需接收，王崇五市长未能到达，拟先派张金铭代理市长。这样，何思源正式明确了济南市长为张金铭。议案中所列调换职务的理由，均属托词，什么"急待""急需"都是些文字游戏。当时王崇五和省政府机关人员都在阜阳，对济南的接收并未开始。王崇五只要和省府人员一同到达济南，就不耽误接收济南，况且王崇五连济南都未能到达，离威海卫就更远了。威海卫早在 8 月 16 日已被八路军解放，并建立了民主市政府，根本不存在"急待接收"的问题。把王崇五安排到威海卫，其实就给了个"威海卫行政专员"的空名，连威海市区都进不去。所以王崇五到达济南后，到处散布不满情绪，并说在阜阳已组织好济南市政府的班子，这些人员怎样安置云云。王崇五到处闹腾，使何思源陷入被动。后经幕后斡旋，重新委任王崇五为第七区专员，又给了王崇五一部分钱，才勉强使王崇五不再闹腾。但此事却使军统、中统在山东的矛盾加深，特别是军统，对何思源甚为不满。后来，1946 年 10 月何思源调任北平市长，王耀武主掌山东军、政大权后，王崇五又如愿以偿当上了济南市长，张金铭则被迫辞职去了北平。

三、受降与合流

1945 年 8 月 25 日，国民党陆军总司令何应钦按蒋介石训令将中国战区对日受降范围划分为 15 个受降区，后又将台湾澎湖地区划分单独受降区，公布了各区受降的主官和地点，以及日军投降代表和投降部队等。任命第十一战区副司令长官兼山东挺进军司令李延年为青岛、济南、德州地区受降主官。由于第十一战区司令长官孙连仲担任北平、天津、保定、石家庄地区受降司令官，战区长官部自然要随孙连仲活动。为使李延年能充分行使青岛、济南、德州地区受降司令官的职责，陆军总部设立第十一战区副长官部，节制山东地区对日受降事宜。

李延年，字吉甫，山东省乐安县（今广饶县）人。黄埔军校第一期毕业后任教导团排长，参加北伐战争攻克武昌时，升为团长，时年 22 岁。1928 年 5 月在济南"五三惨案"中，蒋介石命令留下两个团阻击和牵制日军，掩护大部队撤退，其中一个就是李延年团。李延年率团与日军血战 3 昼夜，完成阻击牵制任务后，才奉命撤离济南。抗战爆发时，任第二军军长，率部参加了上海"八一三"抗战。台儿庄战役中，奉命率部从武汉日夜兼程，赶去截击日寇由海州、鲁南调来的两支援军，予以重创。此后参加过徐州保卫战、武汉保卫战、昆仑关战役、宜昌江防守卫战和宜昌攻坚战、潼关守卫战等诸多战役，1945 年升任第十一战区副司令长官兼山东挺进军司令。

李延年率领第十二、第九十六军由皖北向山东境内开进。因受到山东八路军和苏北新四军的阻截，滞留在鲁南及徐州地区。为了尽快进入山东办理受降事宜，9 月 16 日上午，李延年派他的副司令、曾任赴滇缅中国远征军第一方面军少将参谋长的杨业孔一行飞赴济南。国民党山东省政府主席何思源等到机场迎接，日军第四十三军参谋长寒川吉溢大佐等也在机场迎候。杨业孔等人一到济南，就在大明湖畔的省立图书馆设立了前进指挥所。当天下午，日军第四十三军司令官细川中康率高级幕僚 14 人，前往指挥所拜谒杨业孔，并指定寒川吉溢参谋长每日与指挥所联络。第二天，日军即遵令将各项表册呈送指挥所，并派主管人员来分别报告各项情况，及准备缴械事宜。10 月 2 日，李延年设立第十一战区副司令长官部前进指挥所驻青岛办事处。驻山东日军分别向济南、青岛、德州集中，准备听命缴械。

中国共产党并没有坐等抗战时在山东境内不见踪影的所谓"中央军"来接受日伪投降。中共山东分局、八路军山东军区按照朱德总司令的命令，向驻山东的日伪军各部发出限令投降的通牒。由于日伪军按照蒋介石的命令，采取了拒绝向八路军投降的行动，山东八路军采取了武装受降的方式。在 8 月至 9 月间，山东军区组织指挥的五路大反攻中，八路军在山东解放县城 46 座，城市和港口 6 处，歼灭日伪军 6 万多人，解放了山东大部国土和人民。国民党为了扭转国民政府在山东已显得无足轻重的被动局面，一方面加紧派正规军进入山东，一方面与日伪军合流，命令日伪军固守原驻地，甚至进攻八路军，同时大量收编伪军。已经逃离山东的伪军吴化文部，收编为国军后奉命由皖北移至徐州地区，充当进入山东的先头部队。10月初，李延年指挥骑二军、第十二军和吴化文部由徐州北进山东，10月中旬时一部窜至济南。山东军区部队和新四军北上部队遵照中央军委指示，组成津浦前线野战军，于10月18日至12月27日发起津浦路战役，同时，对仍为日伪控制的各战略要点展开全面进攻，继续进行武装受降。至津浦路战役结束，八路军基本完成了对控制区内日军的武装受降。

与此同时，国民党在其控制的济南、青岛等地进行受降活动。

青岛地区日军的受降仪式比济南的早进行了两个月。

对日军受降按规定由军方负责。在中国战区，蒋介石指令由国民党中央军负责。李先良尽管被任命为青岛市市长，还兼着青岛保安总队司令，但李先良的部队不是国民党中央正规军，不能对日军受降。由于国民党的正规军不能及时到达日军占领区履行受降使命，经中国战区授权，有两个地方是由先行登陆的美军主持了受降仪式。一个是天津地区，美国海军第三两栖军军长洛基中将，于10月6日代表中国战区，接受日军第一一八师团师团长内田银之助中将的投降，中国第十一战区参谋长吕文贞到场参加受降。另一个就是青岛地区，美国海军陆战队第六师司令谢勃尔少将，于 10 月 25 日代表中国战区，接受日军第五独立混成旅团旅团长长野荣二少将投降，国民党军政部胶济区接收特派员陈宝仓中将到场与谢勃尔共同受降。

陈宝仓是河北遵化县人，1923 年于保定军官学校第九期毕业后，一直在国民党军中任职。1937 年初，任国民党中央军校武汉分校教育科科长；抗战初曾担任江苏昆山城防司令，参加过武汉会战等战役；1938 年出任国民党第二兵团的参谋长；1939 年调任第四战区副参谋长、代理参谋长，负责两广军事政务，其间在中共广东省委办的《新华南》刊物上发表《我对广东青年的期望》《中国战争与反对妥协讨击汪派汉奸的斗争》等多篇抗日文章。1940 年受命组建第四战区司令长官靖西指挥所并出任主任，负责处理中越边境地区军事政务；1942 年应越南民族解放同盟请求，帮助越盟培训军事技术人才；抗战胜利后调任第四兵站总监部总监，1945 年 10 月，作为军政部胶济区接收特派员，来青岛与美军共同接受日军投降。后来，陈宝仓于 1948 年在香港加入"地下民革"，同年调任国防部中将高参，1949 年受共产党指派去台湾工作。1950 年 6 月，因共产党在台湾地下组织被破坏，身份暴露，与吴石、聂曦、朱枫被国民党特别军事法庭判处死刑，在台北马场町被杀害。其骨灰通过教会人士运到香港又转至北京。1952 年，中央人民政府授予陈宝仓革命烈士称号，1953 年为他举行公祭，民革中央主席李济深宣读祭文，骨灰被安放在八宝山革命烈士公墓。

在陈宝仓到达青岛之前，第十一战区副司令长官部前进指挥所驻青岛办事处已经将接受日军投降备忘录交给驻青岛日军司令官长野荣二，其主要内容是：日军应立即将所管辖的军需工厂、仓库数量和地点造册，以备核查；日方即派专员与办事处联系，对该处要求事项应即迅速照办；将市区内所有兵力、驻地、武器装备、军事设施、文件资料等造图表清册，于10月20日前交办事处。为了处理好青岛日军的受降，第十一战区副司令长官部前进指挥所主任杨业孔于10月2日抵达青岛，李延年于10月19日亲自抵达青岛，督导青岛日军受降事宜。

10月25日，接受青岛地区日军投降的仪式在汇泉跑马场举行。国民党军政部胶济区接收特派员陈宝仓中将和美国海军陆战队第六师司令谢勃尔少将主持受降仪式。举行仪式的前3天，美军100多架战机每天定时在青岛上空盘旋、造势。当天，汇泉跑马场的周边人山人海，场内看台上挤满了人，周围建筑物墙头上、高大的树上都是来观看的人。场内有装备齐全的美国海军陆战队第六师1万余官兵参加，并担任警备。现场上空是100余架美军战机编队盘旋飞行。

广场西北部临时修筑了一个七八十厘米高的受降台，上面放置一张长桌，插着中美两国国旗。25日上午11时，受降仪式开始。陈宝仓宣读了接受日军投降指令。日方投降代表长野荣二少将在准备好的十份投降书上分别签字。签字后是献刀仪式。长野荣二第一个站在台子下面，解下战刀，双手端刀，向受降官鞠躬呈献。工作人员接过战刀，放在准备好的一个桌子上。随后，其他 10 名日军投降代表将战刀解下，列队依次鞠躬呈上。最后，陈宝仓和谢勃尔作为受降代表在受降书上签字。

第二天的《青岛公报》刊发的消息记录了受降仪式："11时奏礼乐，谢勃尔司令与陈中将在场外作胜利之握手，乃相偕入席，日军代表长野荣二及随员由盟军汽车引导入场，即于备好之十份受降书中，分别以日英文签署完毕。长野面容惨淡，手颤不已。自长野起，日海陆军代表共 11 人，即解所佩战刀呈献，恭谨退下。"

10 月 28 日，中美双方共同主持解除青岛日军武装，令驻市内日军集中在四方路、内蒙古路缴械，驻郊区日军由中国方面逐点缴械。至 31 日，日军在青岛的陆上军事设施、兵器厂、火药库等全部由中方接管。

接到青岛受降业已完成的报告后，国民党陆军总司令何应钦于 11 月 4 日飞抵青岛，视察收复后青岛的军政情况。青岛被列为中国大陆和台湾集中遣送日俘、日侨的 12 个出境港之一。11 月 18 日起，日俘、日侨开始从青岛乘美国船只回国。12 月 6 日，国民政府军政部、陆军总部、港口司令部和美国海军在沧口北日炼焦厂设立日俘集中营，分期分批遣送日俘 66 377 人、日侨 141 106 人回国。

李延年主持的济南、青岛、德州地区的整体受降仪式，至 12 月 27 日才举行。

9月16日，李延年派杨业孔在济南设立前进指挥所后，国民党正规军迟迟未能进入济南。19日，杨业孔与何思源在济南市郊检阅何思源从山东各地收集来的国民党游击部队2万余人，但这终究是些游击部队，不能作为中国战区的中央军接受日军投降。9月27日，国民党陆军总司令何应钦命令侵华日军总司令冈村宁次大将速饬济南日军细川中康所部在国民政府军队未到达之前，"确保济南安全"。10月4日，何应钦确定济南机场为国民政府军队空运基地，令冈村宁次责令济南地区日军担任济南机场警戒并保证其安全。第二天，何应钦从北平飞抵济南视察，当日离济飞往南京。

10月10日，国民党济南、青岛、德州地区的受降主官、第十一战区副司令长官李延年率部队从泰安乘火车抵达济南。何思源率国民党山东省和济南市党政机关长官、细川中康率领驻济日军高级幕僚到车站迎接，分乘30余辆汽车入城，沿途受到济南市民夹道欢迎。第二天，由徐州北上的国民党骑二军、第十二军及由伪军改编的华北先遣军第五路军吴化文部的先头部队抵达济南。细川中康中将偕渡边洋中将等高级幕僚拜会李延年，表示绝对服从命令。李延年对日军在受降典礼举行前"负责维持地方治安，保护交通线及修筑铁路"表示嘉许。11月6日，何应钦再次飞抵济南时，第十一战区副司令长官部调查室的汽车竟无端冲撞奉命去机场迎接的市立中学学生队伍，7名女生被撞伤送医院救治。12月3日，何应钦再次命令冈村宁次转饬济南日军联络部：胶济沿线日军应确保原防及其沿线各据点，以待国民政府军队接防。

经过一番筹划准备，李延年把山东省立图书馆藏书楼"奎虚书藏"一楼的大阅览室临时改为第十一战区副司令长官部礼堂，于12月27日在这里举行了济南、青岛、德州地区日军受降典礼。这一天，正好是8年前日军侵占济南的纪念日。

9时，各方代表陆续到达会场。日方签降代表被引导至山东省立图书馆海岳楼内等候。10时，受降典礼开始。参加典礼的中方军政长官依次入席，武官一律着军服佩勋章，文官一律着黑色中山服。李延年身着将官礼服，率领杨业孔、梁栋新等将官步入礼堂，全体官员起立致敬，李延年等还礼入席，各官员正肃就位。随后，引导官少校参谋张通引导日军签降代表细川中康、渡边洋、寒川吉溢、神保信彦、铃木一郎5人，从海岳楼进入典礼仪式会场，向受降官敬礼后入座。

签字仪式正式开始。中国战区受降主官李延年中将首先在命令书上签字，签字命令书共4份，2份为正本，2份为副本。李延年签字后，由参谋长梁栋新将正副4本命令书交给日方代表细川中康。细川中康接受命令书后，捧读一遍，即在命令书及受领证上逐份签字并加盖官章，将两份副本留下。日军寒川吉溢参谋长将2份正本送至受降主官李延年面前，行一鞠躬礼，双手将命令书递上，退回原位。

李延年审阅命令书上日方的签字和官章后，向日方签降代表正色发问："对命令是否完全了解?"日方签降代表全体起立，由细川中康回答："完全了解，并绝对服从。"然后，日方

5 位签降代表摘下佩刀，依次走到受降主官席前行礼，将佩刀献上，表示解甲投降。引导官将日军签降代表引领退席，受降典礼完毕。

李延年带领全体参加典礼的官员鼓掌庆祝胜利，并发表了演说。他说："本日为八年前日军攻陷济南之日，今日举行受降典礼，其意义至为重大。今日之胜利，实由抗战将士之奋斗及盟邦之协力始获得最后之胜利，今后复原工作以及建国大业均待推进。仍希望与会各同志，本诸抗战之精神继续努力，期使我'中华民国'形成一个最理想之现代国家。"此时的李延年不会想到，4 年后他兵败逃到台湾，结果坐了"中华民国"的监牢。

山东地区国民党控制区对日军武器的收缴工作至 1946 年 1 月 13 日结束。在山东地区投降的日军 70 500 人，共收缴步枪 37 886 支，手枪 702 支，轻机枪 657 挺，重机枪 181 挺，掷弹筒 572 具，步枪子弹 340 余万粒，刺刀 9 794 把，各类火炮 175 门，车辆 543 辆等。投降的日军除少数被留用的企业技术人员外，陆续被遣送回国。日军主要战犯和效力于伪政权的汉奸头子，陆续被逮捕。

何思源进入济南后，多次到济南日本陆军医院看望日军伤病员和撤到济南的日本侨民，赠送慰问金。在济南的日军有了国民政府的庇护，依旧恣意横行。11 月 16 日，在北关车站"护路"的日军伍长西田，开枪打伤一名扫炭的中国民妇，12 月 3 日，受伤民妇因伤情恶化而死亡。

　　已经宣布投降的日军，按照国民党的指令，联合伪军、顽军向解放区进攻。驻青岛日军警备第十二旅团泷本一磨部4 000余人，配合重新打起国民党暂编第十二师的伪军赵保原部，从青岛沿胶济路西犯，于9月6日占领即墨城，9月7日占领胶县城。驻济南日军独立步兵第一旅团浅见敏夫部，配合变成"国军"的伪军张天佐、厉文礼等部，沿胶济路东犯。驻津浦路日军第六十五师团，配合伪军、顽军王继美、张里元、郝鹏举等部向解放区进犯。

　　自山东省国民政府和苏鲁战区迁皖后，省内不仅没有国民党正规军一兵一卒，国民党的地方部队大多伪化投敌。国民党要在山东抢占和控制地盘，只能利用这些散在省内各地的伪军力量。借着受降接收之机，国民党大肆收编伪军，山东大大小小百余股十几万伪军摇身一变成为国民党军，伪军头目成为"国军长官"。重庆国民政府和山东省国民政府相继任命伪"和平建国军"第三方面军总司令吴化文为华北先遣军第五路军总司令兼济南绥靖司令；伪"和平建国军"第三方面军副总司令宁春霖为华北先遣军第五路军副总司令兼泰兖警备司令；淮海省伪省长郝鹏举为新编第六路军总司令；登州伪道尹兼保安队指挥白书普为烟台市市长；山东伪"国民自卫军"副总司令兼第一集团军军团长张步云为胶高海防司令；威海卫伪海军司令鲍一安为青岛海军司令；泰安伪道尹吴仲轩所辖伪保安部队和其他伪保安部队都重新编为国民党山东省的保安部队，厉文礼、张天佐、王金祥、王继美等伪军都得到委任。大汉奸赵保

240

原竟成了坚持敌后抗战的"国军将领",重新被任命为暂编第十二师师长。何思源通过收编伪军武装,企图把国民党的军事力量迅速延伸到全省各地,与共产党抢夺抗战胜利果实。

伪军被国民党收编和向共产党反正的结果是截然不同的。被共产党在抗战中争取反正的伪军队伍,都要经过脱胎换骨的改造,才能成为人民的军队。过去有劣行的伪军队伍,进入根据地经过改造后,会去掉旧军队的恶习,取得人民群众的谅解和支持,然后为人民的利益去打仗。国民党收编的伪军,只是换了个旗子、番号,队伍的性质、作风、恶行劣习等等,依然故我,甚至变本加厉。与人民群众依然是对立的关系。

抗战时期,伪军的番号十分杂乱,老百姓既分不清,也不去区分,把他们统称为"二鬼子"。这个称号其实十分恰当。"二鬼子"与真鬼子当然是一伙的,但与真鬼子又有区别,他们是中国人;"二鬼子"与其他中国人又有区别,他们是帮鬼子欺负中国人的汉奸。山东老百姓还有个说法:"二鬼子"比真鬼子还坏。这个说法是有事实依据的,日本鬼子抓人、抢掠、"扫荡",如果没有"二鬼子"当帮凶,有些事情是办不到的。何况许多"二鬼子"会仗着真鬼子狐假虎威、敲诈勒索、抢男霸女,甚至借刀杀人、制造血案。八年抗战期间,老百姓对"二鬼子"恨之入骨。抗战胜利了,这些"二鬼子"却摇身一变成了"国军",但老百姓说:你再怎么变,扒了那张汉奸皮我也认识你的骨头!

冀鲁豫边军区政治部出版的《战友报》,在1945年11月7

日刊发了个消息：津浦路上来了一大股军队，据说是第十一战区的部队，谁知是汉奸吴化文和他带的 3 万多人，全是过去的汉奸队伍，却换了"中央军"的名义。兖州的顽县长马广汉、伪县长董吉昌等，出来强迫工商界欢迎"中央军"，摊派大批捐款，称"不拿者罚"！这股"中央军"连剃头都不给钱，还吓唬剃头工人说："我们是国军，是抗战有功的人，剃头还要那么多钱？我们若不是才变了中央军，把你弄死抛到井里！"老百姓说："这些换牌货真不要脸，明明是过去的汉奸，今天却成了中央军，还说他们有功了。"连商人都纷纷说："今天盼中央，明天盼中央，中央来了更遭殃！"

山东的老百姓，在抗战中多年不见国民党正规军的身影，所看到的保护老百姓、打鬼子的军队是八路军，祸害百姓的是鬼子兵和"二鬼子"，再就是一些和土匪差不多的国民党零散游击队、保安队等等。现在"二鬼子"都穿上了"国军"的军装，打出了"国军"旗号，老百姓自然会把"国军"与"二鬼子"看成一路货色。蒋、日、伪的合流，使国民党失去了民心，而这恰恰是决定战争胜负的根本因素。

四、接收变劫收

日本投降后，收复区的主要任务，就是对日伪军进行接收。接收主要包括军事方面、政权方面、资产方面。共产党和国民党在各自的占领区按照不同的政策和方式展开了接收工作。

军事方面的接收，国民党方面按战区划分接收区域，由指定的中央军长官负责办理，基本上是把受降与合流一并进行，以扩充国民党的军事力量。共产党方面因为日军按蒋介石命令拒绝向八路军缴械并进行武装对抗，八路军采取了武力解决的方式，对顽抗者给予坚决打击。

对伪政权的接收，由于日本投降后各级伪政权机关基本溃散，国民党方面在其占领区主要是接收伪政府的房产、设施、留用人员和地方伪军。共产党在控制区里对一切伪政权的残余全部铲除，按照自己的路子建立新政权。

接收工作中最为复杂的是处置日伪资产。济南、青岛等大城市和胶济线、陇海线等部分交通干道在蒋、日、伪合流中控制在国民党手里，日伪资产主要分布在这些地方，对日伪资产的接收就成为国民党接收工作的重头戏。共产党解放的烟台、威海等原敌占区也有日伪资产需要处理。国共双方分别制定了各自的接收政策和办法。

共产党领导的山东省政府和山东军区于8月25日公布了《山东省政府山东军区关于敌伪资财处理办法》①，规定对日伪资产的接收分两步走。第一步先对一切敌伪资财实行军事管理，第二步交给民主政府按下列政策和办法分别清查处理："……二、凡为敌伪直接占有或日华合办，或附敌有据之

————————————
① 见《山东革命历史档案资料选编》第十五辑，第292－293页。

243

资财，均无条件没收。三、有附敌嫌疑之私人资财，可先查封调查处理，如确系私人财产而无直接附敌行为者，查明后应予返还……五、所没收之资财，均应用在保证财政供给、迅速恢复生产、调剂市场上。六、凡交通电话设备与其他兵工生产、军事设备、军需仓库等，一律由军事机关直接接收处理之。七、凡没收之工厂、矿山、电灯、自来水、银行、洋行、仓库、当铺等企业机关与其他没收之布匹、粮食等非军事资财，全部移交当地政府接收处理。八、政府接收上列各种资财后，认真清查登记，有关军用公用品暂行保存，其他为人民所必需之物资，可按市价出售，调剂市场。"……这个办法规定，没收敌伪资财之决定权属于军队政府合组之敌伪资财处理委员会。在被八路军解放的城镇和区域里，对敌伪资产的处理就依照这个办法进行，使敌伪资产为人民所用。

日伪在山东的资产主要集中在济南、青岛、淄博、潍县及胶济路、津浦路沿线地区。这些地区当时大多为国民党所控制，国民党政府就成为山东日伪资产的主要接收者。山东国民党政府的接收工作，起初主要依据国民政府颁布的《收复地区五项紧急措施办法》和陆军总司令部颁布的《收复地区党政接收通则》及其他国民党中央的法令。后来国民党山东省政府又颁布了一些自己的具体办法。国民党接收的基本政策和共产党定得差不多，也是对纯日伪资产实行没收，对被日伪强取强购的民营企业或私人资产查清后予以发还或出钱赎回，但其接收办法与共产党就不一样了。国民党对日伪资产的接收分中央和地方两大块，各自派员负责；中央派员直接归国民党中央有关部门领导，而这些部门也并不是统一的；地方派员则归省政府领导和战区受降主官节制。这就带来了中央与地方、军队与地方、各个派系之间在接收过程中的种种冲突和争夺，造成一片混乱。各个利益团体和各路接收大员的贪得无厌、各显神通，更使接收过程中的大肆劫掠和贪污等乱象愈演愈烈。

何思源于1945年9月1日进入济南，9月22日省政府机关迁济后开始挂牌办公，10月8日，何思源和省政府秘书长牟尚斋致函李延年的前进指挥所，公告山东省收复区党政接收委员会成立并于即日正式办公，邀请前进指挥所专饬山东地区日本官兵善后联络部知照。这个委员会由省政府委员、各机关首长及中央各部特派员等35名委员组成，何思源兼任主任委员。委员会的人员构成，是以山东省政府为主，与国民党中央和军方的关系都未处理妥当。

把中央各部特派员作为省接收委员会委员，是为了搞好与中央各部的关系，但把中央接收大员纳入省政府的节制，显然不为中央部门满意。由于山东此时的日伪资产接收工作还未全面展开，中央接收大员并未全部到位，中央与地方对日伪资产争夺的矛盾暂时没有显现。后来矛盾暴露并引起国民党中央不满，行政院敌伪产业处理局奉命于1946年4月设立济南办事处，结束了山东省党政接收委员会的工作，直接掌控了山东敌伪资产的接收权利。

何思源的接收委员会对国民党军方没有给予重视。不过那时候国民党的正规部队尚未进入山东，连受降主官李延年及其第十一战区副长官部也在省外，只派山东挺进军副总司令杨业孔率人在济南设了个前进指挥所，所能指挥的省内国民党部队，都是何思源收编的地方武装。这些地方武装与国民党地方政权联系密切，有的直接结合在一起。因而与军方的矛盾开始并不明显。到了11月至12月间，国民党正规军陆续进入山东，第十一战区副司令长官部迁驻济南，李延年以受降主官身份更多地参与了接收事务，省政府与军方的关系有所变化。虽然军方的接收重点是军事方面，但对日伪资产的接收也不是放手不管，到了1946年3月，还让接收委员会在工作报告中强调，接收任何日伪产业机构凡不经本会及受降主官命令者，概不许自行接收。这说明李延年进驻济南后，对日伪资产的接收是关注的。

实事求是地说，山东省收复区接收委员会成立后，国民党的接收工作比这之前规范了许多。接收委员会成立前，省政府、省党部、挺进军前进指挥所以及省和济南市的各机关部门，首先瞄准房产和各种物资，能要则要，能占则占，能抢则抢，各显神通，把济南城搅得人仰马翻、乌烟瘴气。国民党的军政人员，抗战时在山东不见踪影，此时回来却耀武扬威，四处敲诈勒索。伪商会等汉奸们为摘掉汉奸帽子，对接收大员投其所好、尽量逢迎。进城的国民党新贵们，从服装料子、皮鞋、钢笔，到吃的喝的抽的，无不到处搜刮。随着迁回济南的机关和进驻的军队不断增多，要吃的、要穿的、要军粮的、要马草的、要桌椅木器的、要沙发罗汉床的等等，越来越多，而且吃的口味越来越高，穿的越来越讲究，钱的数目越要越多。总的方面没法统一安排，也无法满足那些贪婪要求，于是他们就以接收的名义自行抢掠，谁抢到手算谁的。好在这一时期抢掠接收的主要是房产和各种库存物资，对日伪产业的接收还未开始，深层次的矛盾和冲突还未暴露。

山东省收复区党政接收委员会成立后，便以国民党省政府为主体开始大规模接收日伪产业。其接收办法主要是分区接收，将全省工商业比较繁盛及日伪产业机构较多的城市划分为：临城区、济宁区、兖州区、泰安大汶口区、德县区、临清区、淄博区、潍县坊子区、张店周村区。省党政接收委员会委派特派员到各区，主持接收工作，具体接收人员由各级机关及党政军各方面推荐予以委任。济南地区由省党政接收委员会直接节制。烟台、威海等已被共产党占领的城市没有划为国民党的接收区，只能由共产党去接收了。青岛是国民党政府的中央直辖特别市，不属于山东省党政接收委员会节制范围。

青岛市的日伪资产接收，与李先良同葛覃的争斗搅在一起，搞得更是乌烟瘴气。

葛覃是山东莱西人，早年加入国民党，曾任国民党山东省党部委员兼组织部长，1938年任国民党江苏省政府主席，1939年调重庆任沦陷区党务处处长，当选为国民党中央委员。日本投降后，他就盯上了青岛市长这个职位，托请国民党元老、山东同乡丁惟汾推荐他到青岛当市长，谁知只任命了个副市长。考虑到葛覃的资格，为了调和李、葛关系，国民党中央又发表葛覃为市党部主任委员，李先良为副主任委员。由于葛覃比李先良晚进青岛 1 个多月，在接收上自然比不上李先良的先下手为强，两人矛盾更加尖锐。

李先良从崂山进入青岛，是市政府秘书战庆辉等人和青岛伪商会会长丁敬臣联系，通过丁与日本人达成合流协议后，在日伪军配合下才顺利进入青岛市区。这期间，丁敬臣给李先良送了重礼，战庆辉替李先良代收了汉奸们送的不少财物，光给李先良的金元宝就有 380 多个。李先良对丁敬臣给予回馈，把他吸收为市接收委员会委员，还委任他为市财政局局长。而对战庆辉，李先良怀疑他浑水摸鱼，因而连接收委员的位子也没给战庆辉。这使战庆辉气得要命，对李先良产生怨恨，满腹牢骚。葛覃到青岛后，战庆辉就投靠了葛覃，帮着葛覃对付李先良。

葛覃在重庆还带了个人来青岛，此人叫孔福民，山东阳谷人，毕业于国民党中央训练团，抗战期间担任过贵州桐梓县县长、独山县县长，抗战胜利前到了重庆。这次被任命了青岛市财政局局长，随葛覃一起搭飞机来到青岛。

这两人到青岛准备大干一番，但因他们到时，青岛已被李先良等控制了 1 个月，他们不禁心存怨恨。尤其是青岛市财政局局长一职，李先良竟让丁敬臣当了 1 个多月，孔福民是来接收伪市财政局的，结果要从丁敬臣手里接收，而伪财政局的资产又被丁敬臣接手，这让他更是气愤。正在此时，战庆辉投靠葛覃，向葛覃揭露李先良的贪污行为和对他的不公平处理，说丁敬臣托战庆辉给李先良送了380多金元宝和许多珍珠首饰，便从汉奸变成接收委员还当上了财政局长。这促使葛覃下决心要对付李先良。

葛覃首先以市党部的名义宣布要抓汉奸，但一面大造舆论，一面并不动手。这就迫使那些汉奸们纷纷到市党部找人说情，送礼行贿。市党部放出话来，青岛要抓的第一个汉奸就是丁敬臣。丁敬臣闻知后吓得急忙找李先良求救。李先良因受过他的重礼，只好出面说情，强调丁敬臣在抗战期间曾"捐献"过粮食、衣物等，于抗战"有功"，不能按汉奸论处。葛覃坚持把丁敬臣交付军事法庭审判，功过自然明白。李先良看透葛覃一定要办丁敬臣，担心把他抓起来自己难免丢脸，便暗嘱丁敬臣赶快躲往外地。丁敬臣一看别无他法，便以看病为名，辞去市接收委员职务，躲到上海。

丁敬臣走后，葛覃以市党部的名义，强迫李先良把他带来的十几个市党部委员全部派为市接收委员，以便把持市接收委员会的权力。而李先良由于自己贪污受贿的把柄在葛覃手里，只好忍气退让，把接收委员会的工作全交葛覃负责。这批市党部委员进了接收委员会，像一群蝗虫，拼命劫掠。对拥有大量资产、油水丰厚的敌产工厂、公司、商店，一经接收委员会决定接收，他们就在接收委员会里互相推荐、互相提名，只要决定某敌产企业交由某委员去接收，就好像那个企业便归了那个委员所有，别人不得过问。知情的人都骂这些接收委员是"劫收"委员。

以"蓝天碧海、红瓦绿树"著称的青岛，依山傍海、景色秀美，市内有许多漂亮的西式和中西结合的建筑。国民党的接收大员们当然不会放过对好房子的"劫收"。身为国民党中央委员、青岛市党部主任委员的葛覃，在占房子上比李先良抢先了一步。葛覃率先抢占了莱阳路的一座敌产楼房，作为自己的私宅。孔福民跟着在齐东路抢占了一座敌产楼房用作私宅。李先良紧跟着抢占了江苏路的前日本领事馆，后改称日本涉外部的楼房，当作自家住宅。他们这一带头，国民党中央各部、会派来的各路接收人员，在青岛党政军部门的新贵们，竞相效尤，纷纷抢占敌产房屋，有的一个人抢两三所，自己住不了让亲友住。他们每抢到一处房产，便在门上钉上木牌，写上机关和长官名字，别人就抢不走了。青岛原先的伪海军，摇身变为国民党海军，依仗手中有枪，大肆抢圈敌产楼房，并在门口派兵站岗。

孔福民除了抢占敌产楼房做私宅，又在广西路抢占一个日本大公司的全部房产，作为市财政局办公地点。这时，国民党行政院派程义法到青岛设立敌伪产业处理局办事处，要寻找办公场所。李先良便告诉程义法，广西路有几家敌产大公司，房屋很多而且适合办公。程义法到广西路察看，市财政局占的那家最大的敌产公司房子最合适。于是让孔福民叫财政局搬到别处去，把房子腾给他们。孔福民不敢违抗，只得迁到别处去。

李先良、葛覃两人一面大肆进行"劫收"竞赛，一面搜集对方贪污腐败的材料，向国民党中央告发对方。告发过程中，他们不仅向国民党中央大员送礼，还拉拢驻青岛美军帮着说话。两个人在青岛共事3年，斗了3年。其结果，先是国民党中央免去了葛覃的副市长兼社会局局长职务，让他只当市党部主任委员；后是李先良被迫辞职下台。所贪财物并未追缴，均落各自腰包。

济南的情况与青岛并无二致。自9月22日国民党山东省政府挂牌运行，对伪机关进行正式接收后，进济南的党政军各部门各单位自行抢掠的情形有所改变，但整体上仍是相当混乱。10月份山东省收复区党政接收委员会成立后，接收工作有了统一管理机构，但仍然乱象丛生，短时间就冒出了腐败大案。

据1946年3月国民党《山东省党政接收委员会工作报告》总结，自1945年10月起的半年时间里，总计接收了205个日伪产业机构，已开工28处，筹备开工34处，招标给民营的7处，其余的移交保管委员会继续整顿。接收的布匹、棉花、粮食、日用品等物资先供军政所需，经受降主官或主任委员批准，由提用机关先"借用"，余者拍卖。在这半年里，国民党在山东的控制区不断缩小，其接收区也就在不断缩小。据1946年3月国民党《山东省政府工作报告》统计，1945年9月尚能掌握全省35个县市，至翌年1月后降为14个县市，其中有12个县的县城以外大部县境为共产党占领。接收委员会的工作报告中也说：唯以地方治安尚未恢复，有不能接收者，亦有接收之后城市陷落者。因此，国民党山东省的接收工作报告，只能反映济南市及沿铁路线少数地方的接收概况。

在对接收工作成果自我表扬一番后，国民党山东省收复区党政接收委员会在工作报告中也列举了接收工作中存在的问题。主要是：对各方面介绍之参加接收人员，不容易组织起来，更不容易管理及考核；接收机构不能统一，不能完全执行委员会之决定；省府来济后长时期内均靠日军维持市郊秩序，对日方不免迁就，接收方面不能十分严格；济南仍在军事状态中，接收房舍时为军队占用，影响接收工作不能顺利进行。这些问题的存在是接收委员会解决不了的。来济南参与接收的，有中央部门的、省政府的、济南地方政府的、军方各个部队的，大家各怀鬼胎、各谋私利，自然无法"统一"。至于日军，既然要他们帮忙，就不能不庇护迁就。而各路国民党军队就更不用说了，在战争环境下，绝不是地方政府能得罪的。

国民党接收工作中最受抨击的，是普遍的公开的贪污现象。其中最典型的当为周自钦、李鹤亭两案。

周自钦是国民党山东省政府顾问，省政府自阜阳迁回济南后，他负责接收伪财政厅，接着又负责接收宫崎洋行等 4 个日伪资产机构。周自钦在接收工作中，借职务之便，利用日本人，吞没宫崎洋行全部资产 30 亿元以上。为了掩盖其贪污行径，周自钦通过济南市警察局转呈省政府，说宫崎洋行主办宫崎一马在抗战期间接济国民党军原料，掩护抗战人员，要求将该洋行改为鲁新实业公司。省政府竟然向济南市警察局发出批准训令，予以认可。这实际上是一起内外勾结的贪污大案。

李鹤亭是国民党山东省政府兵站处处长，进入济南后便积极参与接收，捞到了裕民当、纤维公司等4个日伪产业机构的接收大权。在接收过程中，李鹤亭为了把日伪资产据为己有，凭借手中权势和军人身份，通过设立义记商号，移花接木，肆意贪占，并以此为掩护，隐匿、盗卖大批接收物资。接收委员会要过问时，他便以军方身份一概挡出。尽管李鹤亭因此积怨颇深，成为众矢之的，但省政府对李鹤亭的行为仍然多方庇护。由此可以看出，周、李两案并非这两人之事，涉及各种复杂关系。其中，各方要员相互勾结、贪污腐败、中饱私囊，形成了一张贪网，也就弄出了官官相护的丑剧。

国民党回迁济南的机构，也有无实权的，像省临时参议会那些没有实权的参议员们，在接收中就没有捞到什么好处。一些参议员打出民意机关体恤民意的名义，抨击接收中的贪污腐化黑暗现象，又演出了省临时参议会和省政府之间为此争斗的闹剧。

1946年3月，国民党山东省临时参议会第二届第一次大会召开，由于临时参议会不满接收大员普遍贪污和省政府对他们的庇护，决定成立接收清查委员会，对接收行为进行清查。但在会后，省政府对此极为冷漠。后来勉强由省参议员孔繁霭为主委成立了清查委员会，其工作进行非常艰难，如为调阅一个原始清册，行文达十几次也无结果。清委会人员在清查中，屡遭侮辱，并以"妨碍自由"受到控告，参议员刘兆祥、卜文瑛、孔繁霭等先后因此被济南地方法院传讯到庭，而省政府袖手旁观。李鹤亭贪污渎职一案由清委会转到法院，法院以李鹤亭系现役军人，管辖权不在地方为由，迟不受理。李鹤亭则与国民党山东省政府公报社社长李同伟勾结，在《山东省政府公报》上发表短评，公开侮辱省临参会及清委会人员，结果惹得社会上众议纷起。这一"山东公报社事件"把省临参会和省政府的矛盾推上了高峰。

"山东公报社事件"发生后，省临参会感到与省政府已难以协调，清查接收工作也难有作为，于是求助国民党中央，电请中央清查团莅鲁，派人到山东监督。这样，才把周自钦、李鹤亭两人拘捕归案。然而，这两人不过是接收贪污人员中的一般角色，真正的大角色仍逍遥法外。所以省临参会在1946年9月驻会委员会工作报告中说：其他大大小小之接收贪污人员，未被清查法办者为数仍多，"胜利后以接收问题最失人心"。

国民党山东省政府在接收工作中，一开始就与国民党中央部门的关系没处理妥当，为中央方面所不满，在接收过程中的贪污丑行又一再暴露，加上省政府与省临参会之间的矛盾逐步公开和加深对立，给国民党中央直接插手山东接收工作提供了理由。在1946年4月，国民党中央敌伪产业处理局来济南设立办事处，于4月23日正式办公。山东省的接收委员会及清理、保管委员会等全部终止工作，接收委员会经管的全部敌伪资产、物资及文卷移交给敌伪产业处理局济南办事处。此后，全省的接收大权落入国民党中央之手，不过这所谓的全省，只是济南等几个市县而已。

国民党中央对山东接收工作的接管，加剧了国民党中央与山东地方的矛盾冲突。省政府不仅拖延敌产机构及财产清册的移交，还继续控制着一部分已接收的工厂。国民党中央来把持地方接收工作，使得官僚资本得以进一步垄断地方产业、搜刮地方资财，引起民怨。在中央与山东地方发生矛盾时，省临参会又站在地方立场，强调工矿企业民营和反对官僚资本垄断。

国民党中央接管山东接收工作，还造成了重复"接收"、多层盘剥的现象。一些已被省党政接收委员会接收了的企业，在移交给敌伪产业处理局济南办事处前，再次遭受盗卖洗劫，机器设备和原材料均遭破坏流失。处理局接手后，重新"清查清算"，企业再遭盘剥。经过这几番折腾，许多企业元气大伤，难以恢复生产。如华北冷藏公司，经省里接收接管，又移交敌伪产业处理局济南办事处，几经转手，大批冷藏的军用药品、牛肉、啤酒等物资被盗卖一空，设备也遭破坏，只得停机关厂。再如济南的洪泰火柴厂和东源火柴厂，经过多次接收和清理清查，最后发还原主时，只剩空荡的厂房和拆剩的机器，已无法生产。一些小型企业，如济南白马山一个玻璃厂、黑虎泉旁一个淀粉厂等，直接在"劫收"中就没有了。这种掠夺式的接收，对经济社会无疑是严重的破坏。

国民党官员在接收中的贪污腐败行为，在国民党里也引起正义人士的极度愤慨。在1946年9月召开的山东省临时参议会二届二次大会上，参议员赵庸夫在对省政府主席何思源的询问中痛陈："胜利后对于收复区之敌伪产业抢劫掠收、隐私处理，争先恐后、不遗余力，但对于逃亡难胞无人接收，烈士遗族无人处理，秋风起兮啼饥号寒"，"政场污浊，贪污成风，接收舞弊，物价沸腾，而政府均置若罔闻"。[①]

这次参议会公布了 1946 年 3 月 5 日至 8 月末的接收物资变卖后的收支情况。这期间接收物资计售收入 12 654.9 万元，开支 15 433.6 万元，超支 2 778.7 万元。开支用途几乎都是招待费、礼品费，计 23 项，其中一次招待费超过 100 万元的就有 16 项。这里面包括招待军调处执行小组 7 935 万元、招待何应钦 195.6 万元、招待谷正纲 566.7 万元、招待马歇尔 234.5 万元等，以及送给盟军的礼品费用，慰劳入鲁的国民党军费用等等。但这是能拿到会上说的情况，至于不能拿出来说的，那只有当事者清楚了，包括那些高额招待费到底去哪了，都是不可告人的秘密。大批的接收资财就这样被吞食挥霍。

这些中华民族的蛀虫、国民党的败家子挥霍的虽是钱财失去的却是民心。失去民心的政权必然被人民抛弃，这是谁也违背不了的历史规律。

---

① 《山东省临时参议会第二届第二次大会会议》(1946 年 9 月)会议记录第 8 页。山东省图书馆特藏部藏。

第七章　盟军在山东

一、空袭日军

随着太平洋战争的节节胜利，美国空军在加大空袭日本本土的同时，于1944年12月起，对驻山东的日军实施空袭。盟军空袭驻华日军是为了帮助中国打击日本侵略者，不能像空袭日本本土那样大面积轰炸，只能有选择地打击日军的重点军事目标。

1944年12月6日，盟军飞机空袭了驻青岛的日军，青岛的日伪人员一片惊慌。7日，盟军的航空母舰出现在胶东近海海面，从舰上出动飞机100余架次，在招远、黄县、掖县一带轰炸日军据点，散发传单。22日，盟军飞机在轰炸胶东近海日伪军时，炸毁敌舰、艇各1艘。有1架盟军飞机因发生故障，降落在八路军的抗日根据地，经根据地军民协助修理后起飞返航。

盟军在山东最主要的空袭目标是驻济南的日本空军和铁路

干线，火车机车等重要军事目标。延安《解放日报》于 1945
年 3 月对盟军空袭济南日军进行了专题报导。盟军飞机第一次
出现在济南上空是 1944 年 12 月下旬的一个下午，两架盟军战
斗机飞临日军占领的济南张庄机场上空。6 架日军战斗机迅速
起飞，包围了盟军战机，双方展开了激烈的空战。虽然双方战
机数量众寡悬殊，但盟军的飞行员显然富有空战经验，技高一
筹，驾驶着战机翻腾飞跃，寻机射击。日本空军 6 架飞机被击
落 3 架，剩下的 3 架见势不妙，逃遁无踪。

这次空战严重打击了驻济南日军的士气，日军起初想封锁
这丢人的失败消息，但空战毕竟为许多人所共见，是掩盖不住
的。日伪方面不得已于数日之后在伪报上登载了空战失利的消
息。此后，盟军战机开始了对济南日军连续不断的袭击。12 月
26 日，击毁敌机 14 架；1945 年 1 月 3 日，击毁敌机 20 余架；
1 月 14 日又击毁敌机 3 架，并击中焚毁日军的汽油仓库。此后
每次空袭张庄机场，都要击落数架敌机。

日军对盟军飞机的袭击也是有准备的，张庄机场停放的飞
机就不全是真飞机。在盟军空袭前，这里有真飞机 40 余架，
还停放了假飞机 20 余架，以蒙蔽盟军。经过盟军的连续空袭，
张庄机场原有的真假飞机基本被击毁，最后只剩下 1 架，还要
修理后才能起飞。虽然又从别处调来一些飞机，但已不敢再飞
上天与盟军空战，采取了挨打躲避主义。甚至连对空防御阵地
也不敢启用，害怕暴露被炸。日军在济南的新城火药厂、电灯
公司、泺口大桥、白马山、无影山、领事馆、火车站都设有高

射炮位或高射机枪阵地，但在盟军战机飞过时，济南防空阵地的日军多数都不敢对空射击，怕被发现了遭到攻击，但日军又不能在占领区丢掉"威风"，还要给伪军打气壮胆和吓唬中国老百姓，于是每当盟军战机离开济南上空后，各防空阵地的高射炮和高射机枪才向空中展开火力。此时防空警报还未解除，连伪军也不知道日军是在打什么。

这样一来，盟军的战机飞到济南上空时，如入无人之境。空袭警报一响，日伪军就躲进防空掩体，飞机也躲进地下机库，来不及躲藏的日机趴在那里被盟军战机的机关炮扫射。因为怕误伤平民，盟军战机在没发现攻击目标时不会扫射。为了集中打击敌军，盟军战机还在张庄机场附近地区散发大量宣传品，希望工人和市民搬离，免受危险，以便于盟军飞机轰炸敌人。

盟军对济南日军的空袭，给敌伪造成严重的恐慌，同时让济南市民很兴奋。每次盟军飞机来轰炸时，不是轰炸目标的居民区、商业区、工厂里的中国百姓，胆子大的都不躲藏，仰首瞭望。听到盟军飞机投弹的爆炸声和机关炮扫射声，在家里的市民和工厂的工人会鼓掌称快。为此，日军方面对济南市民专门发了通知，禁止在盟军轰炸时随便讲话。

1945 年的春天，济南的日本商人和侨民，在八路军连续的攻势作战和盟军的空袭下，对日本的"大东亚圣战"已失去信心，感觉在中国不能像以前那样了，前途未卜。那段时间，日本商人主动与中国人交朋友的日渐增多，甚至认中国老百姓为干爹干妈。

盟军飞机除轰击日军机场和飞机外，铁路干线和火车头也是空袭的重要目标。济南火车站是津浦路和胶济路的枢纽大站，原有火车头一百三四十个，被盟军飞机击毁七八十个。修理火车头的工人对每个弹孔进行标注，有一个火车头被打了 230 多个弹孔。被击中的机车多半无法修复，因为盟军飞机在发现火车头时，都是低空接近才进行射击，命中率和击毁率很高。

冀鲁豫边军区政治部办的《战友报》在 1945 年 1 月 20 日登载了一条发自菏泽的《盟机大炸沙河》的消息。消息说："去年 12 月 3 号，忽然从南面飞来四架非常快又非常美丽的飞机，我们同志和老百姓眼望着他们飞过以后，心里都非常高兴，说'这一定是盟国的飞机，日本的飞机不会飞这么快，也没有这么漂亮和鲜明的颜色'。我们正和老乡谈话时，忽然听到远处炸弹'轰！轰！'的响，大家都说一定又是哪里的敌人挨炸了。晚上，情报来了，沙河县九空桥车站被炸了，炸坏了车皮 6 辆。"连小火车站都不放过，足见盟军下决心要摧毁日军的铁路运输线。

日军对轰炸铁路线的盟军飞机又恨又怕，进行防空还击。有一次，盟军几架战机空袭津浦铁路长清县境内的万德车站，其中一架被击伤。受伤的飞机在万德车站以西约 10 里的胡家崖迫降。这里正好是八路军的控制区，当地民兵迅速赶到，把美军飞行员救出。第二天，飞行员被送到解放区，他还在报纸上发表了谈话，感谢八路军的救命之恩。

在盟军的空袭威慑下，日军控制的济南火车站的技师和工人不是逃跑就是托故不去上工。日军为了让他们上工，采用软硬两种办法。硬办法是派宪兵去抓，抓不到本人就把家属扣押起来。软办法是加钱，规定每跑一趟车，除工资外每天加200元津贴，另加保险费50元。即使这样，原来300多名开车的技师，也跑掉了2/3。火车头被炸得越来越少，火车往来的班次也越来越少。空袭前济南站每天往来42趟列车，到1945年3月，每天在胶济线上往来4趟，津浦线往来3趟，加起来也不到10趟车。遇到盟军较大规模的轰炸，有时每天一趟都开不了。即便能开的车次，也经常误点。车站上常常是人满为患，一票难求。车站上的职员有的就买一些票，偷偷加价私卖，不过一旦被日本人查出，就要被抓去做苦工。

因为避免伤及中国平民，盟军对山东日军空袭的地点、次数都是有限的。这有限的空中打击，使驻山东的日军空军失去了战斗力，从而使八路军在攻势作战和大反攻中免遭日军的空中威胁。对铁路干线的轰炸，使日军的调动、补给更加困难，日伪的人心更加惊慌混乱。盟军的空袭有力地支援了山东人民的抗日战争。

二、营救盟侨

1945年8月17日，日本宣布投降的第三天，一架涂有美国空军标志的B-24轰炸机飞临山东潍县上空。飞机不断盘旋，向潍县乐道院接近并逐渐降低高度。突然，从飞机上跳出7名全副武装的盟军伞兵，降落在乐道院北边不到一里的玉米地里。他们是来解救关押在乐道院集中营里的盟国侨民的。

1941 年 12 月 7 日，日军空袭珍珠港，太平洋战争爆发。日本与美、英成为敌国。随着战争的发展，日本决定将其侵占的中国领土上的美、英等国侨民强行扣押，关进集中营。南方地区，除了华南一部分外侨关押在香港，其余大都关押在上海的龙华、浦东等地的集中营。北方的外国侨民集中关押在山东潍县集中营。日军把潍县的乐道院强占后改造成了外侨集中营。

乐道院位于当时潍县东关东南约 3 里处的虞河南岸，是北美基督教长老会在 1882 年建造的。院子占地 5 公顷多，有欧式楼房几十座、平房上百间。里面设有广文中学、附属小学和女子圣经学校，有教堂、医院、宿舍、餐厅，是潍县西方人的生活聚居区。

1938 年 1 月 10 日，日军占领潍县县城。太平洋战争爆发前，日军鉴于乐道院里的医院、学校系美国教会所办，没有贸然闯入。太平洋战争爆发后，驻潍县的日本宪兵队和伪军占领了乐道院，到 1942 年 4 月，将乐道院里的中外人员全部清出。然后从附近农村抓来民夫，拆除院内原来的小院墙，修筑起 4 米高的大院墙和监视台，每个监视台上设有探照灯、警钟、机枪等，四面围墙上架设了电网。集中营建成后，日本宪兵队撤走，改由日本警官和伪军看守。华北的日军先将居住在北京、天津、济南、青岛、烟台等地的外国侨民就地集中关押，再分期分批陆续押往潍县集中营。日军运送这些侨民十分秘密，在1年多的时间里关进去1 500多人，美、英和国民党情报组织竟然均无察觉。

潍县集中营里关押的侨民，来自英国、美国、新西兰、加拿大、澳大利亚、荷兰、比利时等被日本视为敌对的国家，以美国、英国人居多。美国人中有曾担任过蒋介石顾问的雷振远、燕京大学校长司徒雷登、华北神学院院长赫士、齐鲁大学教务长德位思和几位教授、辅仁大学附中教师恒安石等；英国人有1924年奥运会400米赛跑冠军埃里克·亨利·利德尔、大英烟草公司经理韦伯、英美烟草公司职员狄兰等。侨民中有许多神职人员和企业界、教育界人士，有的全家老少都被关了进来。有天津歌舞团的外国乐手、基督教救世军的管乐队。里面最大的一个团体，是中国内地会办的烟台芝罘学校300多名中小学生和教职员工。

中国内地会是由英国人戴德生牧师于1865年创办的超宗派跨国家的基督教会组织，戴德生是他自己起的中文名字。1879年戴德生为帮助解决在中国的外国传教士子女的教育问题，在烟台，当时又称芝罘的东郊海滨买地建校，第二年秋季开学招生。校名是中国内地会学校，为寄宿学校。因校址在芝罘，后来又称芝罘学校。学校只收在华的外国人子女，课程全按英美教育体系设置，曾经被称为是苏伊士运河以东最好的英文学校。

1941 年 12 月 7 日，太平洋战争爆发，第二天清晨，驻烟台的日本海军就查封了芝罘学校。日寇的军靴踏破了校园的宁静，闪着寒光的刺刀把师生赶出了校园。起初，全校 327 名学生和 40 多名教师被关进烟台毓璜顶长老会的房子里，1943 年夏天，日军把他们用轮船运到青岛，转运到潍县集中营。

集中营里每间屋子住 8 个人，每个床铺相隔空间只有 18 寸，拥挤不堪。集中营的粮食实行定量配给，起初配给的粮食中有部分做面包的面粉，加上高粱、玉米等杂粮。1943 年下半年，面粉配给量减少到不足 1/5，高粱和玉米有的发了霉。由于营养不良，人们体重下降，面黄肌瘦，疾病多发。被关押者要自己充当厨师、面包师、修理工、医生、护士等，自己打扫卫生、清除垃圾、种菜和轮流帮厨。

为了争取改善生活和孩子们的教育，大家公推齐鲁大学教务长、北美神学会博士德位思为代表，多次与日本人谈判交涉，使日本人同意了芝罘学校的学生在集中营复课、教徒可以做礼拜等要求。芝罘学校的师生们在集中营的恶劣条件下，奇迹般地毕业了三届，而且如在烟台办学一样，坚持并通过了牛津考试的严格标准。

潍县集中营里的同盟国侨民虽然被集中关押、失去自由，但同日军关押中国战俘的集中营相比，还是有相对宽松的生活环境，没有像中国战俘那样被残酷折磨和虐杀。这是因为日本在美国的约 10 万侨民，也被集中生活。日本担心如果虐待同盟国侨民，美国会采取相应的报复措施。战争后期，日本和同盟国开始交涉对重点侨民进行交换遣返。

　　潍县集中营盟侨等来了第一次获得营救的机会。经过美、英和日本的交涉，首批交换的名单出来了。美国人的名单里有年近90岁的德高望重的华北神学院院长赫士，英国人的名单里有获得奥运会金牌的运动员埃里克·亨利·利德尔。有一部获得奥斯卡金像奖的电影《火焰战车》，就是根据利德尔荣获奥运金牌的故事创作的。据说是丘吉尔首相亲自点名，他才被列入了交换名单。然而，当名单公布后，这两位马上可以得到自由的人，却拒绝了交换，把获得营救的机会让给了别人。不幸的是，他们分别于1944年、1945年病逝于乐道院里。他们伟大的人格力量，赢得了集中营里侨民的无比敬重，日本人也破格同意把他们葬在集中营外面，让侨民举行隆重的葬礼。安葬时，芝罘学校的管弦队奏起哀乐，全集中营的侨民为他们默哀送行，连看守也加入了送葬的行列。

　　交换的人数是有限的，集中营里的侨民渴盼着自由。1944年的春天，两位青年人谋划越营，以便出去联系美国和英国驻华大使馆。一位是30多岁的英国人狄兰，英美烟草公司的职员，曾是英国海军上尉，当过报务员。一位是24岁的美国人恒安石，他父亲在中国传教多年，是一位汉学家，他出生在山西省汾阳县。这两人都能说一口流利的中国话，平时穿中国服装，剃光头。要想越营，没有集中营外中国抗日人员的帮助是成不了的，否则出去了也跑不了。

　　为了帮助这两位青年人越营，曾担任蒋介石顾问的雷振远悄悄地接触了集中营的淘粪工张兴泰，张兴泰父子 3 人负责清运集中营厕所的粪便，每天都要进出。这个勤劳朴实的中国农民，对集中营的盟侨十分同情，他答应冒险帮助他们与中国抗日游击队联系。张兴泰通过熟悉的教友朋友，找到了昌邑县南部饮马乡杨家楼的一个女教友杨瑞兰，她的丈夫王绍文进过教会学校，会说英语，为人机灵。王绍文答应帮这个忙，冒充教会牧师，就近找到在昌邑饮马乡一带的苏鲁战区第四纵队司令王尚志，但王尚志对营救外国侨民并不关心。王绍文提前对这个游击队的情况作了了解，知道他们有军械所，但只能造手榴弹和普通步枪，不能制造机关枪。他就对王尚志说，要逃出来的这两个外国人会造机枪。王尚志决定派特务大队长杨子明率队前去接应，并写了一封信让王绍文带回，转交给集中营里的人，约定 6 月 9 日夜间游击队派人到集中营外接应。

　　狄兰和恒安石与可靠的室友们已做好了越营准备。他们经过每天的严密观察，掌握了卫兵换岗和清除电网异物的时间。卫兵每天傍晚交接班时，两班的卫兵会共同巡视围墙一周，同时清除电网上的异物，为防止触电，电网停电 10 分钟。这是唯一可以利用的、宝贵的 10 分钟。

　　6 月 9 日傍晚，老天帮忙，乌云密布，天色早黑。当交接班的卫兵刚开始一起巡查时，3 条黑影敏捷地溜到墙根，在早已端量好的墙角一堆砖上先放了个木凳，身高两米的难友托米·魏德蹲在凳子上当人梯，狄兰和恒安石踩着托米的肩膀越墙而出。墙外接应的人迅速帮助他们逃离现场，连夜赶往 40 多公里外的苏鲁战区第四纵队驻地。托米迅速把一切处理得不留痕迹，悄悄返回营舍。

第二天早晨，集中营例行每日早点名时，日本人发现少了两个人。愤怒的日本看守立即把与狄兰、恒安石同室的 9 个人带走严加审讯，同时对集中营周围进行穷凶极恶的搜查，但一无所获。为了掩盖和减轻有人从集中营越营的严重失职行为，日本看守编造了一条消息登在潍县当地报纸上，说集中营有 9 人逃跑，抓回 7 人。为了搜捕这两个人，日军驻坊子的上村联队、驻高密的大岛联队和大批伪警察一齐出动，对潍县城区、城关、集中营周围村庄多次搜剿，逼问看没看到"大鼻子"。抓不到越营的人，日伪军就大肆焚毁民房，杀害无辜民众。

当王绍文陪恒安石和狄兰到了国民党的游击队时，第四纵队已改为第十五纵队，王尚志已被日军俘虏，由王豫民代理司令。王绍文说，他可以去重庆替恒安石、狄兰给美、英大使馆送信，并向国民政府报功请赏。王豫民便派副官李丰年和王绍文一同去重庆。到了重庆后，王绍文和李丰年找到美国大使馆，送上恒安石、狄兰分别给美、英政府的亲笔信。不久，援华美军总部拨出一批武器弹药、急需的药品和食品、1 台收发报机连同手摇发电机和密码本，还有 1 亿元法币，以及给恒安石的一些生活费，派一架 B-24 型飞机将王绍文、李丰年和上述物资，用降落伞空投到第十五纵队驻地昌邑县南乡。美方指示恒安石就地参加中国抗日游击队的工作，保持联系。第十五纵队得到收发报机后，由狄兰操作与重庆开通联系。后被日军发现电波踪迹，经几次围剿，收发报机被日军抄走。

恒安石和狄兰在第十五纵队待了 1 年多，住在当地老百姓家里备受照顾。1945 年日军进行 5 月大"扫荡"时，他俩发现第十五纵队频繁与日军谈判投降事宜，担心被出卖再进集中营，曾留信不辞而别，欲去昌邑北乡投奔共产党领导的游击队，因潍河水突然暴涨，被迫返回。直至日本投降后，他俩随国民党地方部队王明义部返回潍县城，到乐道院与难友欢聚，与帮他们越营的运粪人张兴泰和托米·魏德合影留念。狄兰后来去印度经商，1949 年发表回忆文章，详细记述了这段难忘的经历。

1945 年 8 月 15 日，日本天皇下诏接受波茨坦公告，向同盟国投降。消息迅速传遍集中营，侨民们在极度兴奋中，有人开始担心。他们中曾有人目睹日军在南京的野蛮大屠杀，深知这些兽兵的残暴，害怕战败的日军会丧心病狂地杀害这些手无寸铁的侨民。

这时，一个代号"鸭子行动"的解救潍县集中营盟国侨民的秘密行动启动了。组织指挥这次营救行动的是驻重庆美军司令部的上校万伯格。为了尽早使潍县集中营的盟侨获得安全和自由，美军决定不等中国地面部队接管潍县，先行派空降兵解放集中营。

8 月 17 日，"鸭子行动"小组乘坐美军 B－24 轰炸机从四川起飞，午后飞临潍县上空，低空盘旋寻找乐道院。集中营的人们听到飞机嗡嗡的马达声，出来观看，当看到机身上美国空军标志时，整个集中营沸腾了！几个年轻人迅速爬上楼顶，把一面事先准备好的美国国旗扯住四角平铺展开，人们向着飞机欢呼、跳跃、招手。飞机上的人也看清了地面的情况，有人从窗口向下招手。在选择了降落位置后，7名空降兵一个接一个地跳出机舱，在乐道院北不到500米的玉米地里落地。参加"鸭子行动"的7个人里，有5名美军军官、1名日语翻译、1名汉语翻译。他们身带多种武器装备，落地收伞后向集中营迅猛冲去。

集中营的侨民们疯了一般地呼喊着向大门外涌去，日伪看守被吓傻了，根本不敢阻拦。人们有的喊哑了嗓子，有的兴奋得哭了，跑在前面的人都想去拥抱来解救他们的天兵，撕扯着他们的军装，把7名空降兵高高举起，欢呼着把他们抬着走向集中营大门。

集中营的救世军管乐队在门外高地上奏起了《欢乐之日今来临》的胜利乐曲，使欢乐的气氛更加浓厚。当人们抬着空降兵走到大门口时，乐队奏起美国国歌《星条旗之歌》，带队的美军少校司太格和"鸭子行动"全体组员立即从人们肩上跳下，立正行军礼，侨民们也全体肃立。接着，乐队又奏起中、美、英、苏国歌选段，气氛庄严隆重。之后，大家进入营区，人们互相拥抱、亲吻、祝福、欢笑、饮泣……飞机还在空中盘旋，司太格少校向飞机发出信号，飞机上又空投下电台、药品等急需物资后，渐渐地远去。

集中营里的日本看守没做任何反抗，乖乖地把乐道院交给了美军空降兵。侨民们连夜开会，民主推举美国人德位思、雷振远、惠廷，英国人艾文德，美军少校司太格 5 个人，组成管理委员会，宣布集中营已经结束。为了方便与中国方面的联系，他们聘请了曾任潍县中学英文教员的当地人丁士修给美军当翻译。第二天，管理委员会组织大家在乐道院北大门外、虞河北岸原广文中学操场上，用白布拼成英文大字 DROP HERE。"鸭子行动"小组联系美国空军派来 10 多架次飞机，轮番空投大批物资，连续空投一周。所投物资有食品、药品、衣服、皮鞋、香烟、牙膏、糖果、儿童玩具等。

进驻潍县城的国民党山东省第八区行政公署督察专员兼保安第一师师长张天佐得知消息后，即与"鸭子行动"小组取得联系，派出一小队士兵到乐道院门口站岗，阻止围观的人进入。英国盟军情报局接到美军接管乐道院的通报后，派出 1 名中校军官带领 1 个代表团由重庆赶到潍县，代表英国政府到乐道院慰问英国侨民。不幸的是，这个英国代表团返回时，所乘的从西安飞重庆的飞机失事，全部遇难。因而，后来遣送各国侨民回国的事务全部由美军承担。

组织指挥"鸭子行动"的美军上校万伯格从重庆来到青岛，在山海关路 1 号设立办公室，主持遣送各国侨民工作。经历了 3 年多集中营生活的各国侨民都想早一天回国与亲人团聚，但当时海空客运尚未恢复，交通不便，只能靠美国军舰分期分批遣送。侨民们经过民主讨论，决定以英文姓氏字母排出先后顺序，分批次先乘火车到青岛。万伯格在青岛东海楼饭店安排侨民住宿，并在饭店给他们办理护照签证手续，再乘美国军用船只回国。不久因国共内战，潍县到青岛的火车不通了，改用飞机运往青岛，换乘美船只回国。芝罘学校的学生，除33名毕业回国升学及少数被父母接走的外，尚有近300名学生随校迁往上海，再迁九龙，后来迁往国外。也有些侨民经济南返回了原住地，有些继续留在中国工作。至9月中旬，侨民全部撤离潍县。

侨民中后来出了两位驻华大使。一位是司徒雷登，从集中营出来后返回燕京大学继续担任校长，于1946年7月11日出任美国驻"中华民国"大使，直至1949年8月回国。另一位是那个越营逃出的青年教师恒安石。日本投降后，他和狄兰返回乐道院看望难友，向帮助他们越营的中国朋友表示感谢后，恒安石留在中国参加了联合国善后救济总署在华机构的工作，1946年回国。后来他进入美国国务院，成为一名职业外交官，先后担任过驻缅甸、巴基斯坦、埃塞俄比亚等国大使、负责中国事务的助理国务卿。1972年尼克松总统成功访华，中美之间的坚冰开始消融。恒安石当时担任美国总统安全事务助理基辛格的助手，参加了和周恩来总理的会晤。1981年里根当选总统后，任命恒安石担任美国驻中华人民共和国的第二任大使。1982年，他为中美达成双边关系重要基础文件之一的《八·一七公报》做出了很大的努力，他认为这是自己在驻华大使任内的最大成就。退休后，他仍然非常关心中美关系的发展。

60 年后的 2005 年 8 月 17 日，潍坊市召开庆祝潍县集中营解放 60 周年纪念大会。67 位当年的侨民相聚在集中营旧址，当他们看到乐道院里那些熟悉的建筑物时，禁不住老泪纵横、感慨万千。潍坊人民用礼炮、和平鸽、气球和他们一起表达了对这段沉痛历史的纪念。60 响礼炮，代表了潍县集中营解放 60 周年；1 500 只放飞的和平鸽，代表了 1 500 名集中营的盟侨难友获得解放；327 只腾空升起的彩色气球，代表着集中营里 327 名儿童得到了自由的新生活。

三、登陆青岛

从 1944 年到 1945 年，为了迎接盟军登陆，八路军和阻止盟军登陆的日军在山东沿海展开斗争，双方各有伤亡。可是，美国的海军陆战队在日本投降前，并没有在中国沿海任何一处登陆。日本投降后，在 1945 年 9、10 月间，大批美国海军陆战队开往天津、塘沽、青岛等地登陆，前后达 5 万多人。美国海军航空队的 3 个大队也进驻青岛、北平。大批美国军舰开入上海、青岛等港口。

美国紧急派遣军队来到中国，公开的理由是为了帮助中国军队解除日军武装、遣返日本俘虏，但这两件事情他们做得并不积极。美军集中力量做的一件事，就是动用它的空军和海军力量，把在抗战期间退缩在大西南地区的国民党军队迅速运到华北、华东和东北，抢占地盘。短短几个月里，由美军运送的国民党军队达40万至50万人。当时的盟军中国战区参谋长魏德迈，把这称为世界历史上规模最大的空中调动，但是驻华美军并没有打算撤离，要长期停留下来。

1945年8月14日，苏联与蒋介石政府签订了《中苏友好同盟条约》。斯大林正式表示以不支持中国共产党、对华援助只对国民政府等为条件，换取蒋介石政府同意把旅顺军港作为中苏合用的海军基地、置于苏军"保护"之下，大连辟为自由港，并重新取得中东铁路的联营权等利益。苏方在这个条约里，已经抛弃了1919年苏维埃政府关于废除帝国主义俄国对华签订的所有不平等条约的承诺。

苏联在中国的势力和利益的增长，加深了美国的忧虑。尽管美、英、苏首脑在雅尔塔会议上，背着中国人达成了牺牲中国的主权和利益、换取苏联出兵中国东北的秘密交易，但美国从战后在东北亚战略格局中的自身利益出发，认为应该将海军陆战队暂留中国，需要在中国北方寻找一个海军基地。青岛素有"东方瑞士"的美誉，自然条件优越，天然良港胶州湾水深港阔，是海军夏季训练的理想场所，更重要的是青岛的地理位置重要，在这里建立海军基地，可以制衡苏联在旅顺、大连的军事力量。

1945年9月11日，美国决定派第七舰队到青岛登陆。9月14日下午，4艘美军小型兵舰停靠青岛栈桥，美军稍作逗留后即返舰离去。9月16日，9艘美国军舰在西特尔率领下驶进青岛港，解除了驻青岛日本海军的武装。10 月 10 日，美国海军航空队 3 个大队 110 架飞机在青岛着陆，占领沧口机场，此后经常从这里起飞侦察山东、东北解放区。10 月 11 日至 12 日，美国海军陆战队第六师司令谢勃尔率 2 个团、7 个直属营及宪兵连共 2.7 万人，由关岛基地开到青岛，登陆后分别占据太平路、广西路、大学路、山东大学等处。与此同时，美海军陆战队 1.8 万人于 9 月 30 日在塘沽登陆。10 月初，1 400 余美军在秦皇岛登陆，随后进驻天津、北平、唐山等地。之后，美国又多方调遣军事力量，加强对青岛的控制，先后又有西太平洋舰队、第三十八特种混合舰队等在青岛登陆并驻扎。

在日本已经投降后，对于美军在青岛、天津等地大量登陆，国内质疑之声四起。1945 年 9 月 30 日的延安《解放日报》在报道美军登陆青岛消息的同时，就美军还要在天津登陆发表了新华社记者评论，认为美国曾宣布中国战区解除日军武装完全由中国方面负责，此次大量登陆"殊难索解"。评论指出，在中国的日军武装无美军登陆亦可顺利解除，目前日军武装之不能解除，完全不是中国无此能力，而是由国民党当局之偏见造成的，不愿意授权八路军接受日军投降。面对共产党和社会各界爱国进步人士质疑美军大量登陆的声音，国民党第十一战区副司令长官兼山东挺进军总司令李延年，于 10 月 22 日为美军进驻青岛辩解，声称：青岛是华北的一个重要港口，万一有失，对国家前途是非常危险的，所以在中央军到来之前，特请美军来代为维持治安。

美国为了在青岛建立海军基地，从 1945 年 10 月至次年 6 月，多位军政要员相继来到青岛。其中有杜鲁门总统的私人代表洛克，总统代表、赔偿委员会美方代表鲍莱，太平洋舰队司令盖格尔，海军第七舰队司令巴贝尔、柯克，美国议员海军视察团团长雷菲尔，美军中国战区总司令魏德迈等。美国一方面部署驻青岛的美军力量，另一方面加强与国民党政府的合作。

青岛的日本海军司令部变成了美国海军司令部，街道上插着太阳旗的日本军车也变成了美国吉普和军卡。自 1938 年 1 月 10 日青岛沦陷后，在 7 年零 9 个月里，青岛人民饱尝了被占领、被压迫、被奴役的屈辱和苦难。美军刚来青岛时，青岛人民认为他们是盟军，是帮助中国抗战的，对他们怀有一种亲近的感情。最初看到美国军人乘坐军车经过时，常有人向他们伸出大拇指表示友好，但这种情况很快开始发生变化。许多美国兵在中国土地上的所作所为，根本谈不上对盟国人民的尊重。一些美国军人像征服者来到殖民地那样，趾高气扬、颐指气使、为所欲为。中山路等街道上的酒吧、舞厅、夜总会成了美国水兵寻欢作乐的场所。当时青岛的妓院很多，但美国兵嫌妓女不干净，很少光顾，专门玩弄良家妇女。马路上常有美国大兵开着汽车、挟着"吉普女郎"飞驰而过，这严重刺伤了青岛市民的民族自尊心。一次，美国兵通过妓院的老鸨，从农村买来一个十六七岁的姑娘，拉到军营里轮奸致死。消息传出，引起青岛市民的极大愤慨，一些市民自发到美军司令部门前示威抗议，要求严惩图财害命的妓院老鸨和致人死命的肇事者，但在美军和国民党当局的庇护下，此事竟不了了之。

为了使美军留在青岛合法，美国一方面通过战时租借法案，以"援华赠舰"名义向国民党赠送一些坦克登陆艇等舰船，一方面派出海军顾问团协助国民党训练海军。租借法案是第二次世界大战初期美国国会通过的向反法西斯国家提供援助的重要法案。法案授权美国总统可以以出售、交换、转让和租借的形式向被认为其防御对美国安全具有重大意义的国家提供武器、军用物资、粮食等任何军需品。但在日本已经投降，世界反法西斯战争已经结束后，美国仍然援用这一法案向蒋介石政府提供舰艇、武器等大批军用物资，自然是另有用意。由美国帮助国民党训练海军，是当时美蒋双方的共同需要。战后国民党海军能够迅速重建成军，与美国在军舰、装备上的资助和军事、训练上的"顾问"是分不开的。

1945 年 9 月，国民政府行政院院长宋子文访问美国，请求美国政府继续援助国民党政府。杜鲁门总统答应可以援助国民党政府一定数量的陆、海、空军武器装备，建立美军驻华顾问团。在抗日战争中，国民党海军基本损失殆尽，各种海军学校也基本撤光散尽。抗战胜利后，国民党政府重建海军和接收美国赠送军舰，急需大量经过专业培训的海军官兵。为此，国民党海军总司令陈绍宽受命与美海军中将巴贝商定，在青岛设立国民党"中央海军训练团"。

1945 年 12 月，国民党"中央海军训练团"在青岛正式成立，负责训练接舰官兵。这是战后中国办的第一个海军培训机构。第二年 6 月，国民党在上海高昌庙设立海军军官学校，但在 1947 年 4 月又迁往青岛和"中央海军训练团"合并为青岛海军军官学校。

"中央海军训练团"招收散落各处的原海军军官和部分高中以上学历的青年，由美国教官进行短期强化训练。训练内容分陆训、海训两部分。训练目的是要国民党海军有能力接收并使用美国赠送的军舰。担任训练团主任的是国民党政府曾任驻美海军武官林祥光。美国海军顾问团是 1946 年初才正式成立。1945 年 12 月"中央海军训练团"开班时，聘请美国军官担任教导，由美国第七舰队派了艘登陆舰来帮助配合训练。不久，美海军派基廷上校带领顾问团对训练团全面"顾问"，林祥光要按顾问团的要求行事，训练团的实权掌控在美国人手里。

美国政府通过帮助国民党重建海军，取得了美国军舰占用青岛港的特权。之后，又通过与国民党政府签订《中美三十年船坞秘密协定》《中美友好通商航海条约》等协议，使美军在青岛的海军基地一步步合法化。从 1945 年起，除了第七舰队的舰艇，美国西太平洋舰队在青岛常年保持 10—15 艘的驱逐舰，最多时达 25 艘；同时常驻的还有第三十八特种混合舰队的 12 艘军舰，其中包括两艘航空母舰。美国海军陆战队更是把青岛作为远东的重要基地，常年大量驻守。直到 1949 年 5 月，人民解放军即将解放青岛时，美军才全部撤离青岛。

抗战胜利后，美军急急忙忙登陆中国沿海各大港口城市，其重要目的之一就是要帮助蒋介石把国民党军队从大西南运送到华东、华北、东北等地，与共产党抢夺抗战胜利果实。美海军陆战队占据青岛后，国民党急令李弥的第八军从云南赶到香港九龙，美海军第七舰队调动 16 艘军舰，于 1945 年 11 月分两批把全部美式装备的第八军 3 万多人从九龙运到青岛。这支部队成为国民党进攻山东解放区的主要军事力量之一。

驻青岛的美军飞机，还发生了一次严重的撞山事件。1945 年 12 月 11 日，这天早晨的大泽山麓晴空万里，冬阳暖照。上午 10 时左右，天气突然由晴转阴，大泽山顿时云雾蒸腾，天色昏暗，随着鹅毛大雪漫天飘落，顷刻间稍远的房屋、树木、山峦都被雪雾笼罩。大泽山南麓的茶山方向突然传来几声震天动地的剧烈爆炸声。这里是胶东抗日根据地平北县的辖区，县政府立即了解情况，得知是有好几架飞机可能因云雾弥漫、视线难辨而撞在茶山的三茶峰上坠毁爆炸。县政府的干部立即赶往出事地点河庄口村，这时大雪已渐渐停下，天气逐渐明亮，当地已有民兵和群众围在那里。地上散落着 4 架飞机残骸，机身上是美军标志。3 名飞行员的尸体蜷曲在被烧毁的飞机里，1 名飞行员跳伞保住了性命。另外还有两架飞机撞在茶山另一个山峰上，当场坠毁燃烧爆炸，1 名飞行员被炸得血肉分飞，已无全尸，1 名跳伞得救，但腿被摔断，动弹不得。平北县的干部立即组织民兵警戒现场，把两个幸存的飞行员分别从获救现场用担架送到中共平北县委所在地卢坊村安置。

　　为了方便沟通，县政府立即把附近懂英语的基督教传教牧师崔磐铭找来当翻译。经交谈，得知这6架飞机都是驻青岛美军海军航空兵的。虽然不清楚他们出动的目的，但当地政府和人民毫不犹豫地给予人道主义的救助和处置，并立即报告上级。老乡们看到那个摔断腿的飞行员伤势严重，做了饭菜给他，但他只看不动。有一位老乡猜他对食物不放心，就用筷子在碗里挑起面条当他面吃了，又把碗递给他。他接过碗一面大口吃着，一面伸出大拇指表示感谢。后得知，这名飞行员紧急跳伞后，落在茶山山崖顶上，因崖顶有雪，不慎滑到崖下把腿摔断了。为尽早给他治腿伤，平北县派民兵抬担架走了20多公里崎岖山路，把他送到位于张戈庄的胶东军区西海军分区医院救治。分散两处的4名美军飞行员的遗体，被集中抬放到平北县政府的所在地崔召村，用苇席覆盖后，派民兵昼夜看护。

　　很快，驻青岛美军与胶东军区取得联系，美方解释说飞机是去西北方向执行任务，因天气原因发生撞山事故。事发第五天，按双方的商定，平北县政府安排专人，用毛驴驮着两名飞行员，担架抬着四具遗体，安全护送到即墨县蓝村火车站美方接收地点。美方接收人员对中方去送飞行员和遗体的人再三表示感谢，第二年3月还派两架飞机携带礼品专程到平度答谢。

　　美机撞山事件迅速成为当地一大新闻，当时有人把它编成一段民谣："冬月①初七大雾天，雪花飘飘北风寒。美国飞机

---

①　农历十一月为冬月。

迷了路，全部撞毁大泽山。四架坠在河庄口，两架撞在茶山尖，乒乒乓乓连天响，忽喇一阵冒青烟。军民一齐跑上前，救护两个飞行员。其中一个断了腿，政府派人送医院。毛驴驮和担架抬，人尸送到蓝村站。美国派人来答谢，中国人道竖拇赞！"

美军飞机在茶山撞毁后，解放区政府和人民进行的救援行动，体现了中国共产党和解放区军民对盟军的情谊和人道主义精神。但是，当美军要为国民党蒋介石到解放区来抢夺抗战胜利果实时，解放区军民就不欢迎了。

四、烟台威海拒美军

在八路军把烟台、威海卫从日寇手里收复的当月，即 1945年 8 月，美国太平洋舰队司令尼米兹宣布，美军将在中国沿海之青岛、龙口、烟台、威海卫等地登陆。在登陆青岛后，美国海军把下一个登陆的目标锁定为烟台、威海卫。

烟台市位于山东半岛东北部，市区北临黄海，芝罘湾、套子湾里有多处自古以来的渔商码头，近代以来成为中国北方的重要港口。烟台与辽东半岛的大连、旅顺隔海相望，是京津的天然门户和海防要地。1860 年，英法联军为进攻大沽、天津，频繁派军舰在烟台海域侦察，绘制军事地图。先后有 1 万左右法军，带着 4 000 多从广东、福建抓来的军役，1 100 余匹军马，300 余辆大小炮车，乘数十艘军舰在烟台登陆，构筑工事，大肆劫掠补给后，从烟台出发进攻天津，继攻北京。1938 年 2 月，日军从青岛北侵，占领烟台后，以烟台为基地向东、西出兵侵占胶东北部各县。自第二次鸦片战争后，按照清政府与法国、英国签订的不平等条约，烟台于 1861 年 8 月被迫开埠，辟为通商口岸。自 1860 年 12 月英国在烟台选址建领事馆，先后有英、法、美、德、日、俄等 16 个国家在这里设立领事馆或领事代办处。外国工商资本的进入和本地民族工商业的发展，使烟台成为山东半岛北部的经济中心城市，到抗日战争爆发前，有门面字号的工厂、作坊已有 1 000 多家。

美军对烟台的战略地位十分清楚，也十分重视。美国海军总部谍报处在《对烟台军事情况调查》中这样写道："烟台之主要重要性在于它是一个巡逻舰基地，一个供应基地，一个海上飞机基地，同时也可能适用为大连及天津作水陆两栖战的驿站。烟台的停泊处并不及威海卫那么隐蔽，但有较大的深度。其与后方的唯一交通是靠公路。在烟台本市及其附近可获得大量的很好的劳动力，其现有适用作为兵营及医院的洋式房屋为数甚多。由于芝罘峭崖的高度，及本市周围的环山紧抱着，要修筑一个优良防务圈是轻而易举之事。"基于这样的分析认识，加上苏联红军已占用旅顺港、驻军大连市，登陆烟台并控制烟、威港口就成为美军的重要战略企图。

中共山东分局在 9 月中旬获知美军企图在烟台登陆的情报。由于当时美军是中国的盟军，所以处理这件事情不能简单地用对付侵略军的办法。烟台是当时共产党掌握的最大的沿海港口城市，山东八路军从海路运兵东北的重要前进基地。美军如果登陆烟台，必然会把这里交给国民党军，这就会严重打乱中共中央抢先进占东北的战略部署。要阻止美军在烟台登陆，必须在外交和军事两个方面做好准备、开展工作。山东分局电示胶东区党委，要派专人到烟台做外交工作，以配合军事斗争。由于解放烟台时公布的烟台市市长孙端夫因工作原因一直未能到职，中共胶东区委决定，通知已确定派往东北的区党委统战部部长于谷莺暂不去东北，到烟台担任胶东行署外事办公厅特派员兼烟台市代市长，负责与美军的外交工作。

为了应对美军在烟台、威海等地的登陆事件，中共中央于 9 月 27 日电示山东分局和胶东区党委①：美军有即在烟台、威海、秦皇岛登陆的消息，延安已就此向美军驻延安观察组询问，并已告知该地为我军占领，已无敌人，请其不要登陆，免干涉内政之嫌；所有烟台、威海船只，都要速做好准备，以免被扣和妨碍我之运兵计划，烟台、威海被占后，能从其他港口速运；如美军登陆事发生，我军应避免冲突，以善意对待之，但我方行政、军、警应照常维持秩序。电报最后要求，如发生美军登陆及炮击我地，要将一切情形迅速电告延安，以便采取对策。遵照中央和山东分局的指示，胶东区党委领导烟台、威海两市党政军民积极做好反对美军登陆的准备工作，迎接挑战。

---

① 中共山东省委党史研究室编：《中共胶东地方史》，中共党史出版社 2005 年版，第 341 页。

如果美军登陆，外交谈判工作是个重头戏。于谷莺到烟台就任后，胶东区党委迅速挑选了1名翻译、3名干部，作为胶东行署外事办公厅的工作人员，协助于谷莺工作。外事办公厅的牌子，挂在烟台山下、海岸街东头、东临大海的一座三层欧式建筑门口。这座建筑曾经是外国侨民的"芝罘俱乐部"，烟台外国公会的活动场所。外事办公厅的工作人员一方面抓紧学习相关的国际法、海事知识、外交知识，学习中央、山东分局、胶东区党委的有关指示，一方面选调专人到烟台海关学习旗语，在烟台山灯塔旁建立起旗语台，以备与海上舰船交流联络。同时，在烟台山顶端悬挂起一面红旗，标志着这里是中国解放区的城市。他们还制作了主要同盟国的国旗，以备盟军军舰来访时使用。

9月29日早晨，几艘美国军舰在美国海军第七舰队两栖特遣队先遣队的赛特尔少将率领下，突然驶入烟台海面。9时许，美军少校副官舍尔托夫乘坐快艇驶向烟台市区，按烟台山上旗语台的引导，在烟台山西侧海关老码头靠岸。于谷莺和翻译会见了舍尔托夫，向他介绍了八路军收复烟台、清除日伪军队、组建政府、恢复城市秩序的情况。舍尔托夫表示，他们事前不知道烟台已被八路军占领和接管，美军来烟台的意图，是解除这里的日军解除武装、接管防务，他对美军的滞后行动感到遗憾。他提出要求：允许赛特尔将军登陆拜会烟台当局，勘察美方在烟台的财产，允许美军士兵在崆峒岛下地休息游玩，邀请烟台方面派人到舰上商谈有关事宜。

10月1日，应美方邀请，中方派胶东行署外事特派员兼烟台市代市长于谷莺，登上美军旗舰"旧金山"号拜会赛特尔少将。于谷莺当面答复赛特尔：获上级命令，赛特尔少将及其随员可以进入市区，会晤地方当局，勘察美国财产；允许美舰士兵不带武器临时登崆峒岛休息。于谷莺还向赛特尔简要介绍了胶东八路军在抗日战争中的相关战史，告诉美军，胶东是靠共产党、八路军和人民群众自己解放的。

第二天，赛特尔及其随员登岸，拜会了烟台市政府和驻军领导人。应美海军请求，烟台警备部队协同美方人员勘察烟台海岸和美侨资产，查看了保存完好的美国驻烟台领事馆和美国教会在烟台的教堂。烟台市军、政领导人对美方人员给予了友好款待。但是，在查看过程中，美方人员多次硬要闯进东炮台一带的军事要地，甚至要强行进入八路军的营房，均被阻止。对于美舰士兵要在崆峒岛上岸休息游玩，烟台驻军专门派了一些人去岛上做招待工作，并和这些盟军士兵进行了联欢。结果美舰士兵只去了一次就不去了。事后得悉，美方是担心士兵被八路军"赤化"。美舰到来后，美国海军航空兵的大编队飞机在烟台市区低飞，并多次在军事禁区上空盘旋。烟台驻军向赛特尔少将提出了严正抗议。赛特尔狡辩说："这是一种庆祝活动，庆祝贵军解放了烟台。"并表示说，如果不欢迎，今后就不再有同样的行动了。但美军飞机仍然不断地在烟台上空活动。当烟台驻军发出严正警告，决不能容忍这种行为，后果要他负责时，赛特尔却说："要特别珍视贵我之间的友谊。"

面对美军的这种行动，为了应对美军可能强行登陆的情况，中共胶东区委、八路军胶东军区于 10 月 3 日决定：成立烟台党政军民统一行动委员会，由驻烟台的山东军区警备第四旅政委仲曦东任书记，统一指挥各方行动。

10 月 4 日拂晓，又有两艘美海军驱逐舰驶入崆峒岛海面。上午，赛特尔突然造访于谷莺代市长，说他奉令转告中方：美国太平洋舰队司令官、海军上将金盖德从上海来电，命令第七舰队水陆两栖特遣队司令官巴贝中将及其所属的水陆两栖特遣队，从烟台海岸登陆，请中方将沿海设防工事及所放水雷迁移，将八路军部队撤出，向美军作"有秩序地移交"。于谷莺等当即严词拒绝，并严正告知美方：烟台为抗日军民以血肉解放之城市，请美方尊重中国人民的神圣主权，不干涉中国内政。

10 月 6 日，天刚破晓，大批美国军舰驶到烟台，停泊在崆峒岛以西海面，并派一小艇来请烟台市代市长兼胶东行署外事特派员于谷莺，到美舰上去商谈。9 时左右，于谷莺从美舰上回来，简要叙述了经过和了解的情况，这个舰队是美国太平洋舰队的黄海舰队，司令是巴贝中将，他们到这里来是运送两栖作战部队，两栖作战部队的司令是罗克少将。美军在烟台登陆，目的是要八路军向他们办理"移交"，最少也要共同驻防。据美方说，上午 10 时，他们的司令官就要来，同烟台驻军当局协商划分防区和登陆地点等问题。仲曦东立即向胶东军区报告了情况，请军区在部队里进行紧急战备动员，做好应变准备；同时指示烟台港的警备部队，对即将登陆来访的"客人"，只准许美军的司令官和少数随员上岸，其余的人留在小艇上，小艇必须驶离码头，上岸的人不准携带武器，我军对任何人都保留检查的权利。统一行动委员会一方面对全市军民做紧急战备动员，一方面准备继续以外交手段同美方谈判。

美海军巴贝中将、罗克少将、赛特尔少将和随员在上午 10 时到达烟台山下的外事办公厅。仲曦东、于谷莺作为中方代表与他们进行谈判。

这次谈判，是中国共产党领导的军队和美军第一次就双方的军事斗争进行的谈判，具有重要的历史意义。新中国成立多年以后，对这场谈判记忆犹新的仲曦东将军写下了《"盟军"在烟台》①的回忆文章，记述了谈判的主要情节，摘录如下：

> 10 时，他们来到了外事办公厅，其中有巴尔贝②海军中将、罗克少将、赛特尔海军少将和若干海、陆、空的校官以及几个新闻记者。我作为驻军的政治委员和他们谈判。经过介绍和例行的礼节之后，巴尔

---

① 《山东革命斗争回忆录丛书·胶东风云录》，山东人民出版社 1981 年版，第 621－633 页。

② 在仲曦东《"盟军"在烟台》一文中，"巴贝中将"译为"巴尔贝中将"。

贝中将首先说话了："你们的士兵很有精神。"赛特尔少将紧接着又补充了一句："他们比往日更有精神。"说完歪了一下脑袋。我心里想，大概我们在码头上的战士对他们严肃的行动，已引起他们的注意，便回答说："我们久经战火考验的战士，以守卫自己神圣的国土而感到自豪。"

接着，双方的斗争很快就展开了。

骄横的罗克少将开始提出了问题。

"请问仲将军，你打算让我们在什么地点、什么时间登陆？登陆之后，我们驻扎在什么地方？"

巴尔贝中将赶快插了进来，慢条斯理地说：

"我看，双方指定一些参谋人员，在图上研究明白，提出计划，交我们双方批准好了。"

听吧，他们想得多么美，说得多么轻松啊！好像烟台已经是他们的了，只等我军向他们办"移交"了似的。难道我们用战斗解放了的国土，能白白送他们么？

且慢——

"现在不忙谈论登陆计划问题，首先请阁下说明：你们为什么要在中国人民的军队早已解放了的土地上登陆？"

"我们是来收缴日本人的武器的。"罗克急忙回答道。

"日本人早在一个月以前，已经被我军消灭和驱逐了，这一点，赛特尔少将是清楚的，他已经对记者公开说过了这一真实的情况。我想他不会不向阁下介绍吧！"

"我说过，我也向我的上级巴尔贝中将报告过。"赛特尔难为情地说。

可是，不知害羞的罗克，却仍然狡辩：

"我们是来清除日本人在烟台港口所设置的水雷的。"

"这，我们会很好处理。"我说。

又是巴尔贝用慢条斯理的声调来转变"突击方向"：

"那么，请问：阁下是否同意我们共同驻防？"

"我可以再重复一遍，贵军要在我军早已解放了的土地上登陆，以及什么'共同驻防'之类，是令人不可理解的。为了我们同盟邦的友谊，我再说一遍，贵军不宜在此登陆……"

这番话，可气坏了罗克将军，他霍地站了起来，声色俱厉地说："既然这样，我请贵军立即撤出烟台市，我们要进驻这里。"

大概他满以为这一下就可以把我们吓住了。可惜，他估计错了，因为他们根本不了解中国共产党人、八路军的战士是些什么样的人。他的话既可笑又可恨。我们竭力抑制内心的愤怒，却表现出非常的镇静和严肃。这样的镇静和严肃，大概很出乎他们的意外，巴尔贝于是赶快接过了话头：

"罗克将军说的是请求贵军撤出去，是请求，不是要求……"

"是请求，而且只是请求贵军，不包括烟台的政府和警察。"赛特尔装作笑眯眯的样子补充了巴尔贝中将的话。

大概他们觉得罗克说得太露骨了，他们这一补充好像就可以取得我们政府工作同志的同情似的。显然，这是一个圈套，不过，玩得太愚蠢、太笨拙了。

我竭力克制自己的怒火，稳坐在沙发上，用通常的声调，答复了他们的挑战：

"无论罗克将军的要求也好，或者是巴尔贝将军的请求也好，实质都是一样的。无非要我军撤出去，让你们进来。对于你们这种要求，只能有一种解释，就是对中国人民进行公开的侵略！要强占我军解放了的烟台。试问：这能叫做盟邦的友谊么？不能，这只能叫侵略！"

"侵略"二字，当时的美国将军们是很害怕听的。他们怕被揭露真面目，看样子他们有点窘了，互相交换了一下眼色，一时，紧张的神色已显露出来了，罗克将军的脸看来甚至都有些肿胀了。赛特尔竿了一下肩膀，想说什么，可是没有说出来。

罗克则更加蛮横起来了："我奉金盖德海军上将的命令，前来进驻烟台。为了我们的友谊，为了避免意外事件，还是请贵军撤到市郊去。我是军人，我的天职是服从命令。"

情况发展到极其紧张的地步。我代表着党和人民的利益，站起来庄严地、坚决地回答道：

"我也是军人，我完全懂得怎样履行我的职务。我奉命警备烟台，我懂得该怎样保卫它不受任何敌人的侵犯。我们在长期的战争中，已经学会了怎样对付侵略者。我要正告罗克将军，如果你们胆敢侵略烟台的话，那么一切后果须由你们负全部的责任。"

再没有什么可说的了。

赛特尔少将慌张了，害怕下不了台，连忙说了一声"请坐"。罗克将军坐下了，我也坐了下来，还是巴尔贝将军出来圆场："我们可以慢慢协商。我建议让贵我双方都请示一下各自的上级，再作决定。"

这时赛特尔立刻附和说："这样很好。"

形势和缓了。赛特尔将军用尽了他的外交伎俩，搜肠刮肚地找些闲话来缓和当时所形成的紧张局势。刚才还在怄气的罗克，好像一切事都没有发生过一样，竟也用了比较温和的腔调和我攀谈起来，而且装得兴趣很浓，还不时地对坐在我和于谷莺同志旁边的秘书献殷勤。我心里想：他们准又要玩什么花样。当老狼把自己化装成老太婆的时候，是要特别对它警惕的。果然，罗克兜了几个圈子之后，突然问我："阁下打算用多少兵力防守烟台威海卫一线？"说话的时候装出满不在乎的样儿，好像在同我谈家常。我也摆出不在乎的样儿说："完全看情况需要而定。"这一句话，封住了罗克将军的嘴，他半天没有再说话。当我正等待他们下一着的时候，巴尔贝将军却转了话题："今天的天气很好……我看到烟台的街道很清洁……"

　　"谢谢阁下的赞誉。我们热爱和平和自由的人们，一旦获得了独立与和平，是会很好安排自己的生活的。"

　　接着，"客人"们告辞了。

　　送走了巴贝一行，烟台统一行动委员会的领导们再次细心研读毛泽东主席的《论联合政府》的有关部分，查阅中央关于对待美军的态度的几次简短的电文，以及胶东区党委和军区的指示。大家认识到，如果把军队撤出市区，政府机关和警察是坚持不了多久的，这样烟台终究是要丢的，烟台一丢，烟台和威海、蓬莱几个港口也很难保得住，这样一来问题就严重了，与东北的海上交通怎么办？而截断这条交通线显然是美军当前的直接目的，以后的形势将对我更加不利。所以，绝对不能让步。反复讨论之后，委员会决定：坚决拒绝美军登陆。为了应付一旦发生的严重局面，烟台驻军立即在可能作为登陆地点的海岸加强工事，进行战斗动员；决定当天下午16点钟召开市民大会，会后举行反侵略大示威游行。

下午16点，近4万市民在烟台南操场举行集会，大会由中共烟台市委书记滕景禄主持，于谷莺和仲曦东先后发表讲话，述说了和美军将领谈判的经过，表示了坚决保卫烟台、坚决反对美军侵略的决心。许多群众激动地流下了眼泪，大家宣誓：坚决保卫自己的土地！一个老搬运工人挤上前抓住仲曦东的手："政委，可不能让美国人来呀！我们不能前门赶走狼，后门放进虎来。八路军来了，工人刚翻了身，不能再翻回去！"大会进行中，美国海军的侦察飞机，几次低空掠过会场，但没有人在乎它。会后，烟台市民举行了声势浩大的示威游行。游行队伍汇集在海滨的马路上，面对美国舰队，高呼反对美军登陆的口号。武装部队没有参加这次示威游行，他们在紧张地备战。

统一行动委员会一方面加紧做好各项应变工作，一方面焦急地等待上级的指示。他们担心自己的决定不合乎形势要求，怕由于全面了解情况不够，做出在局部看来正确，而不利于全局的行动。晚上20时，他们收到了胶东区党委和军区首长的电报，只是说烟台的报告收到了，已转报中央。从这简短的电文中，他们进一步体会到此事关系重大，须由中央来下决心。

夜深了，仲曦东、滕景禄、于谷莺等人都在办公室里，等待着上级的消息。午夜的钟声告诉他们，已经是10月7日了。凌晨1点钟刚过，烟台日报社社长于大绅突然跑了进来，气喘吁吁地喊道:"好消息!叶剑英参谋长发表了声明,拒绝美军在烟台登陆!"

所有在场的人为之一振:中央正式表态了!

第十八集团军参谋长叶剑英于 10 月 6 日,因美海军陆战队拟在烟台登陆致函美军观察组叶顿上校。叶剑英在信中说,接本军烟台警备司令部来电报告,美海军陆战队军官接获海军上将命令,要其转告我方:美海军陆战队将在烟台登陆,要求十八集团军及烟台市政府撤除沿海防务;要求十八集团军部队及烟台市政府撤离该市;要求有秩序地将烟台市移交美方接管。"朱总司令接获上项报告,不胜诧异。特命令我向贵方做郑重声明下列意见:(一)烟台市早于一九四五年八月二十四日为本军部队收复。烟台之日伪军队,早经完全解除武装,市区秩序早复常态。今美军突然要求在该处登陆,我方认为毫无必要,至于要求我军部队与当地政府撤离该市,尤属无法理解。因此,请美军总部转报贵方有关司令部,转令烟台海面美海军陆战队勿在烟台登陆。(二)美军如未经与本军商妥竟然实行在该处强行登陆,因而发生任何严重事件,应由美军方面负其全责。"①

在叶剑英参谋长发表声明的同时,中共中央于 10 月 6 日发出《关于坚决拒绝美军在烟登陆给胶东区党委的指示》电报:"胶东区党委并告罗、黎:美军在烟登陆,我应表示坚决

---

① 烟台市地方史编纂委员会办公室编:《烟台市志》上卷,科学普及出版社 1994 年版,第 379 – 380 页。

拒绝。……在交涉中你们应向美军作下列答复：（一）烟台已无日军，美军在烟台登陆毫无必要。（二）我军无上级命令，不能撤出烟台，关于我军撤出烟台一事，请与我上级交涉。（三）美军未得我方允许在烟登陆，则发生冲突须由美军负其全责。"① 中共胶东区委和胶东军区立即电示烟台方面，遵照叶参谋长的信件，坚决拒绝美军登陆。中央和上级的指示，更加坚定了烟台党政军领导拒绝美军登陆的信心。他们立即安排将叶剑英参谋长的信件翻译成英文，作为中文的附本，打印出来，转送给巴贝中将。当天的《烟台日报》在头版显著位置刊载了叶剑英参谋长声明的全文。

中共中央同日再次发出了《中央关于采取强硬态度拒绝美军登陆的指示》："胶东区党委、华中、晋察冀中央局并发重庆②：（一）美军在烟台登陆按中央午电处理。（二）美军还可能在威海、龙口及其他等地登陆，我军应表示强硬拒绝，建筑工事，实行抵抗。只有在不能击退美军并无法阻其登陆时，我军才予撤退，并将冲突时间、地点、人数及具体经过情形，迅速报告和公布。只有我军采取强硬态度，并在世界上引起舆论大风波之后，才能压制美军的无理干涉。但我军决不先开枪。（三）其他各区如遇美军干涉和进攻均照此办理。"

10月7日一早，海上风大浪高，设在烟台山上的警戒哨报

---

① 中共中央文献研究室编：《刘少奇年谱》(1898–1969)上卷，中央文献出版社1996年版，第509页。
② 当时毛泽东率中共代表团在重庆与国民党谈判。

告，美舰全都升了旗，暂时没有动。6点半左右，烟台山上的旗语台报告，美舰打出旗语，说"7点一刻登陆"。7点左右，两艘小艇离开美军旗舰向烟台码头驶来，7点一刻，巴贝中将一行到达码头，告诉警备部队是来向烟台当局辞行的。在外事办公厅，巴贝对仲曦东、于谷莺等说，根据他的有力的建议，金盖德上将已批准暂无必要在此登陆，特来告别，但赛特尔和他的分舰队，仍然留此，以资联络。巴贝一行回舰后，仲曦东和于谷莺乘小汽艇准备去美舰送行，因风大艇小，驶不出港口，改由旗语台发出旗语："赴舰送行，风大未果，歉甚。"美方回旗语："十分感谢。"不久，巴贝、罗克带领舰队驶离烟台海面，赛特尔的分舰队仍然泊留。在美舰停留烟台海面期间，烟台驻军和市政府多次主动派船给他们送食物、饮料等给养，体现盟军之间的关照。在巴贝离开后，双方来往增多，友善相处。

赛特尔的舰队还没有离开烟台海面，意味着美军尚未完全放弃在烟台登陆。10月9日，山东军区司令员兼政治委员罗荣桓、副政委黎玉、政治部代主任舒同签发了山东军区司令部、政治部《为增强沿海防务、准备给任何侵犯的反动势力以打击》的命令，其中强调"对盟邦军队，如未奉朱德总司令命令，坚决不许其擅自登陆。……倘有不接受我方劝告而强行登陆，显系干涉中国内政，我沿海军队要负守卫之责，应站在严格的自卫立场，予以坚决抵抗。"这一命令公开刊登在胶东解放区的《大众报》上。山东省政府、山东省临时参议会发出为反对美军接管烟台，要求尊重中国主权独立电，指出："山东军民为民族独立与主权完整已苦斗 8 年，对于任何侵害我主权之无理要求断难容忍。如美军不经我方同意，在我解放区强行登陆，我山东军民必坚持严正之自卫立场。倘因此发生不幸事件，概由美军负责。"①

全国社会各界对这一事件纷纷做出积极反应，不断举行各种集会和游行，声援烟台军民，要求美军撤离烟台，停止在烟台等地的登陆计划。据 1945 年 10 月 10 日的《烟台日报》报道，在烟台市区，自 10 月 6 日起，"各群众团体、各界人士推派代表或致函市政府和警备司令部询问请愿者，不绝于途"。在烟台的希腊、法国、意大利等 11 国 40 余名侨民联名向美国爱好民主和自由的人士呼吁和平，反对美国干涉中国内政。正在召开的胶东区参议会二届一次大会临时更改会议日程，举行特别紧急会议，当即电函还在烟台的赛特尔少将，强烈要求美军不要在烟台解放区实施登陆，不要插手中国国内事务，干涉中国内政。10 月 10 日，烟台数万人民群众集会纪念"双十节"②，胶东参议会的代表在集会上代表 800 万胶东人民的意志，向苏联、美国及全世界反法西斯盟国发出通电，反对美军在烟台登陆。当天，美国驻华两栖作战部队司令丹尼尔·巴比在重庆发布公告，声称美军不在烟台登陆，因为"美军无军事理由在该处登陆"。

---

① 见《山东革命历史档案资料选编》第十五辑，第 555 页。
② 10 月 10 日是辛亥革命纪念日，又称"双十节"。

　　美军在谋求登陆烟台的同时，企图在威海卫登陆。对这一动向，中共中央、山东分局、胶东区委早已洞悉，胶东区委指示威海市委，做好充分准备，尽量通过外交途径阻止美军登陆。胶东行署任命威海市市长于洲兼任行署外事特派员。威海市成立了由市委书记宋惠、市长于洲、警备司令张怀忠、公安局长、宣传部长等人组成的临时工作组。中共威海市委在全市做了紧急动员，号召全市人民随时准备应对可能出现的局面。

　　10月7日上午，巴贝率黄海舰队离开烟台海面。下午17时，美军黄海舰队的1艘驱逐舰驶向威海。该舰副舰长海军中校麦克亚尼士和陆军上校金田，带领30名武装士兵，分乘两艘汽艇在威海石码头上岸，要求谒见威海卫军、政长官。经过交涉，威海市公安局允许麦克亚尼士和金田带1名记者、2名士兵进入市区。威海市市长兼外事特派员于洲、胶东军区东海军分区参谋长兼威海警备司令张怀忠，在威海市外事办公厅设茶点接待了他们。麦克亚尼士声称，他们从秦皇岛过来，奉蒋委员长之命，到威海卫接受日军投降。张怀忠告诉他们，威海卫早在8月16日即被八路军收复，日伪军已被解除武装，受降接管业已完成，美军登陆已毫无意义。麦克亚尼士又说，他们长期在海上作战，士兵殊感寂寞，要求在刘公岛登陆休息游玩。张怀忠答复，军官可以不带武器上刘公岛临时休息，但士兵不得离舰登陆。威海市政府把在威海传教的法国天主教神父甘林及南斯拉夫、卢森堡在威海的神职人员叫来与美国军官会见，交谈了威海解放后的情况。麦克亚尼士一行当晚回到舰上。

　　第二天上午，美海军军官 10 余人身着礼服来到威海市外事办公厅拜访。中午，于洲市长设宴招待。美军一个副官在席间向于洲市长暗示，他们的舰长喜欢女人。于市长当即告知：八路军解放威海后，妓院已取缔，此事决不可办。美军官又提出到教堂做礼拜，于洲同意了这一要求。下午，在中方人员陪同下，美军官一行来到天主教堂做礼拜，向外籍神父询问威海卫有无苏联军队和日本军队等情况，其间有人还避开中方陪同人员单独与外国传教士接触。10 月 9 日上午，美官兵 100 余人未经允许欲从威海木码头上岸，被威海驻军和警察阻止。麦克亚尼士为此质问于洲市长，为什么不让他们的士兵登陆做礼拜，世界上没有一个国家干涉宗教信仰和宗教活动。于洲市长严正回复：维护宗教信仰是我们的一贯主张，但到了中国土地上，要尊重中国的主权，不经许可不能随便活动，何况美军有随军牧师，士兵不须到陆地上做礼拜。美方又以“盟国”的身份进行纠缠。于洲质问美方盟国是打法西斯的盟国，现在这里的日伪军已经消灭，还要强行在威海登陆，这难道是盟国应有的行为？于市长再次申明：如果要强行登陆，引起的一切后果由美方负责。美军退回舰上。这天下午 16 时，美海军一艘巡洋舰驶到威海，于洲市长和胶东军区特工部副部长兼外事特派员辛冠吾在外事办公厅会见了该舰美军代表，重申了中方的立场。

　　10 月 10 日，威海市要举行庆祝“双十节”群众大会。美方得知后提出参加活动的要求。中方允许美舰主要长官参加。

下午，威海各界群众在大操场隆重集会，纪念辛亥革命 34 周年并庆祝世界人民反法西斯斗争的胜利。在主席台上的有中共威海市委书记宋惠、市长于洲、警备司令张怀忠，美方代表应邀在主席台就座。宋惠、张怀忠在大会上讲话，号召全市人民反对内战、维护和平、积极生产、建设家园。美方代表也应邀讲话，赞扬了威海人民在抗日战争中做出的贡献和取得的胜利。会议期间，美军飞机在威海市区低空盘旋，引起会场骚动，严重干扰了大会的正常进行。中共威海市委、威海市政府当即向美方提出抗议。

几天后，美方又出新招。10 月 14 日，在赛特尔的再三要求下，由胶东行署外事特派员、烟台市代市长于谷莺陪同，赛特尔带着几名美国海军、空军军官，从烟台乘舰到威海访问，下午到达威海。于洲市长陪同他们先上了刘公岛，参观了炮台和海上风光，然后回到威海市外事办公厅。晚上，威海市政府设宴款待。美方以 10 袋面粉、1 箱香烟和糖果、咖啡等礼物相赠，并邀请威海市军、政首长第二天到美舰参观。15 日上午10 时，于洲、张怀忠等携带礼品到美舰回访。

赛特尔陪同中方人员参观了美舰，中午在舰上设宴招待。参观时，中方人员发现美军士兵人手一册《中国指南》。宴席中，赛特尔提出，威海军、政长官已经参观了美舰，按对等原则，美方要求参观威海卫陆上军事设施。于洲、张怀忠当场予以拒绝。赛特尔接着又提出来，要求美舰上的水陆两栖坦克从陆地上返回烟台，又遭中方拒绝。经双方交涉，最后同意赛特尔等主要军官乘中方汽车从威海返回烟台。10 月 16 日中午，威海市设宴为赛特尔等送行后，美方军官与于谷莺等中方陪同人员分乘 4 辆汽车返回烟台。途中，赛特尔等美军军官多次要求停车休息、喝酒，以景色优美为名进行拍照。

此后，美军再未在威海上岸纠缠，但美舰仍在附近海面游弋，直到完全撤离烟台海面时一并离开。

赛特尔一行到了烟台，即返回舰上。黄昏时分，美舰突然全部开走。烟台外事办公厅发现后派汽艇追赶，追至崆峒岛海面，见美舰往威海方向远去。烟台统一行动委员会认为，美舰突然不辞而别，可能有新的花样。不出所料，10 月 17 日晨，一股国民党军队开着炮艇和装有武器的 10 余艘船只占据了崆峒岛。这股军队是八路军解放烟台时，随日军逃亡塘沽的伪军王子善、张立业部，有 1 700 余人，在塘沽被国民党授予"山东保安第三十七旅"番号，伪军变国军。这次回来占据崆峒岛，是为了进攻烟台。他们一到崆峒岛，就劫掠过往船只，抢夺渔民财物。逃回烟台的渔民纷纷要求八路军歼灭这帮匪军。

赛特尔的舰队 17 日出现在威海海面。为了摸清美舰去向，烟台外事办公厅派秘书孙济鲁于当天上午赶到威海，在胶东军区敌工部副部长兼外事特派员辛冠吾陪同下，乘汽艇到美舰找到赛特尔，问他为何不辞而别。赛特尔诡秘地说，你们的敌人到了烟台，为了不引起误会，我们才离开了烟台。这表露出国民党军队的行动与美方之间的联系。

胶东军区决定，坚决消灭占领崆峒岛的这股伪军，收复崆峒岛。胶东军区抽调军区特务团和警备第四旅七团各 1 部，东海军分区特务二连及烟台工人纠察队 1 部，共 1 200 余人，组成联军，派人劝告岛上的伪军改邪归正。经再三劝说无效后，联军以 8 艘汽艇、10 余艘帆船和舢板编成陆海两支战斗队，于 10 月 29 日分两路向崆峒岛进发。陆战部队首先抢滩占领崆峒岛西南高地望角台，接着攻占了崆峒岛灯塔坐落的六二五高地，经 20 分钟激战，歼敌 1 个营，该营营长在逃跑中坠海而亡，陆战结束。海战部队在崆峒岛南小鱼圈展开海上战斗，战至午时，击沉敌汽船 1 艘，俘汽船 2 艘，毙敌 100 余名，俘 116 名，余者逃窜。崆峒岛海战缴获轻机枪 4 挺，迫击炮 1 门，长短枪 126 支。战斗胜利结束，崆峒岛又回到人民手中。

从 17 日开始，赛特尔的舰队在威海卫海面和荣成县荣成湾停泊和游弋，阻断了胶东解放区经威海港与辽东各港口的海上运输和联系。为使美舰早日离去，威海警备司令部采取敲山震虎的办法，在美舰活动海域进行了几次炮兵实弹射击演习，使美军有所顾忌。10 月 30 日，崆峒岛海战的第二天，赛特尔突然率舰队离开威海返回烟台，上岸拜会烟台军、政当局，当面祝贺海战的胜利。赛特尔说，美军之所以离开，是为了避免参与中国内部的斗争。随后，美舰全部驶离烟台、威海海面。10 月 31 日，烟台 2 万多军民举行崆峒岛海战祝捷大会，美军飞机没有出现在烟台上空。至此，拒绝美军在烟台、威海登陆的斗争取得了胜利。

　　11 月下旬，美海军航空兵 1 架飞机坠落在刘公岛以北的海域。巴贝中将亲自乘登陆艇来到刘公岛以东海面，派副官和翻译登陆，邀请于洲市长到舰上商谈打捞飞机事宜。洽谈时有美联社记者问于市长假如国民党军队从青岛进攻解放区，你们会怎么办？于洲市长坚定地回答：人民军队有能力从日军手中解放威海，如果有人胆敢向解放区进攻，也有能力抵抗和击退其进犯！经与巴贝商谈，于市长答应帮美军打捞飞机。之后，威海组织人员、船只，把美机打捞上岸，将美军驾驶员遗体交付美方，飞机残骸放在石码头东侧约 100 米的海滩上。美方表示感谢后，军舰驰离威海。

　　反对美军登陆烟台、威海的这场军事外交斗争，打得有理有礼有节，以胜利告终。美国作家史沫特莱在《伟大的道路》一书中记载了这一事件，并写道："美国人在烟台事件上低了头。"这场斗争的胜利具有重大战略意义。它使八路军有效地控制了胶东半岛北海岸的各个港口和海岸线，避免了胶东解放区出现南北受敌的局面；保证了山东八路军安全、及时地渡海挺进东北，使中共中央"向北发展，向南防御"的重大战略得以顺利实现。

第八章　向北发展

一、谋划东北

1945 年 8 月 11 日，苏联对日宣战的第三天，朱德总司令于凌晨 5 点在延安发布了关于配合苏联红军、准备接受日伪投降的第二号命令：

延安总部命令第二号

　　为配合苏联红军进入中国境内作战，并准备接受日、"满"敌伪军投降，我命令：

　　一、原东北军吕正操所部由陕西绥远现地，向察哈尔、热河进发；

　　二、原东北军张学思所部由河北、察哈尔现地，向热河、辽宁进发；

　　三、原东北军万毅所部由山东、河北现地，向辽宁进发；

　　四、现驻河北、辽宁边境之李运昌部即日向辽宁、吉林进发。①

总司令　朱德

一九四五年八月十一日五时

　　8 月 14 日，国民政府外交部长王世杰与苏联外交部长莫洛托夫，在莫斯科正式签订了《中苏友好同盟条约》，以及《关于中苏此次共同对日作战苏联军队进入东三省后苏联军总司令与中国行政当局关系之协定》《关于中国长春铁路之协定》《关于大连之协定》《关于旅顺口之协定》等附件，并互换了关于外蒙古问题的照会等。依据这个条约及其附件，国民党军队可以从苏联人手里接管整个东北。

　　国民党不惜拿着长春铁路和大连、旅顺的权益做交换，急着与苏联签约，主要是为了防止东北落到共产党手里。代表国民政府在条约上签字的外交部长王世杰说，国民政府在决定签署条约时，在东北没有一兵一卒，而成千上万的苏联军队已开进那个地区，如果拒绝缔结那个条约，国民政府将不能收复东北，除非用军队驱逐苏军并阻止苏军和共产党军队联合起来。显然，蒋介石是无法用军队与苏军对抗的，签订《中苏友好同盟条约》是国民党的最佳选择。条约在重庆换文后，蒋介石于 8 月 30 日任命熊式辉为东北行辕主任，并

---

　　①　中共中央文献研究室编：《朱德年谱》(1886－1976)中卷，中央文献出版社 2006 年版，第 1196 页。

将东北三省划为 9 个省和哈尔滨、大连两个市，任命了 9 省省长和两市市长。

对于东北的重要性，国共双方都十分清楚。在 1945 年 4 月开幕的党的第七次全国代表大会上，毛泽东在政治报告和多次讲话中，都讲到东北对于中国共产党的发展和中国革命的重要性。5 月 31 日，在作关于政治报告讨论的结论时，他指出：“东北四省极重要，有可能在我们的领导下。有了东北四省，我们就有了胜利的基础。”[①] 6 月 10 日，党的第七次全国代表大会全体会议，公布中央委员选举结果后，毛泽东作关于选举候补中央委员问题的报告。他向大会代表说：“关于东北问题。我觉得这次要有东北人当选才好。东北是很重要的，从我们党的发展，从中国革命的最近将来的前途看，东北是特别重要的。只要我们有了东北，中国革命就有了巩固的基础。”[②] 毛泽东作报告后，大会投票选举产生了 33 名中央候补委员，山东代表、原东北军将领万毅当选。在 8 月 11 日朱德总司令的第二号命令中，万毅等原东北军将领受命率先向东北进发。毛泽东把取得东北，看作中国革命胜利“巩固的基础”。蒋介石则把东北地区称为“革命的归宿地”。他对公布去东北任职的国民党官员说，东北不是中国革命的策源

---

① 中共中央文献研究室编：《毛泽东年谱》(1893 – 1949) 中卷，中央文献出版社 2013 年版，第 602 页。

② 中共中央文献研究室编：《毛泽东年谱》(1893 – 1949) 中卷，中央文献出版社 2013 年版，第 604 页。

地，而是中国革命的归宿地。经过本党这 30 年来不断的奋斗，我们中国革命已经快得到归宿地了。虽然毛泽东和蒋介石所说的"中国革命"内涵截然不同，但他们对东北地区的重视程度，却是非常一致。

尽管对东北地区都十分重视，但真正行动起来，国共双方的差别很快显现出来。抗战胜利时，国民党军的主力集结在中国版图上与东北地区互为另一端的西南地区。铁路在战争中大多被破坏，处于瘫痪状态，无法运兵。仅靠驻华美军的飞机、军舰，短时间内也不可能运送足够的军队去东北，而且还有华东、华北、华中等许多重要城市和地方都得运兵过去。中国共产党就不一样了，不仅东北抗联在苏联境内被编为远东红军第八十八师随苏军进入东北，在抗日战争中建立的根据地，距离东北最近的也有百公里左右。特别是共产党军队的指战员，绝大多数出身穷苦人家，行军、奔袭是家常便饭。朱德总司令的命令一下，部队很快动员集结，准备进发，他们不会等什么飞机、军舰、汽车来运送。蒋介石在重庆任命东北行辕和 9 省两市长官时，八路军冀热辽军区司令员兼政治委员李运昌已经率领部队和 2 500 多名地方干部越过长城，与苏联红军配合解放了山海关。与此同时，中共胶东区委派出的先遣队也在辽宁庄河县登陆，攻占县城成立了县政府，并继续向周边扩展推进。

更为重要的是，自九一八事变后，日本扶持伪满政权统治东北，把日、华、满作为 3 个国家处理相互关系。国民党在东北不仅无一兵一卒，对撤进关内的东北军部队也始终不予信任，最终把于学忠部调出山东后予以分解拆散。国民党中央对东北的抗日和收复，也未做过什么有效工作。共产党则不一样，不仅领导东北抗日联军开展艰苦卓绝的武装抗日斗争，不断派干部加强被几经破坏的满洲省委的工作，而且中国共产党高层对东北地区早已高度关注，其战略眼光和运作能力都比国民党高出一筹。

在抗日战争相持阶段的后半期，中共主要领导人已经在考虑如何进入东北、收复东北的问题。1942年7月，刘少奇在山东考察指导工作时，毛泽东和他曾在电报中探讨过战后为争取国共合作建国，把八路军、新四军转移到东北的问题，并指出"山东实为转移的枢纽"[①]。

1944年9月1日，毛泽东主持党的六届七中全会主席团会议，会议的重要议题之一，就是关于开展满洲工作，提出准备派一批干部到满洲工作。9月4日，中共中央就关于开展满洲工作问题，分别对晋察冀分局、山东分局发出指示，指出满洲工作之开展，不但关系中国未来局面至巨，而且已成刻不容缓之紧急任务。要求晋察冀分局及冀中区党委、冀热区党委，山东分局及胶东区党委各成立一满洲工作委员会，负责动员和领导一切可能的力量开展满洲工作。

---

① 中共中央文献研究室编：《毛泽东年谱》(1893－1949)中卷，中央文献出版社2013年版，第392页。

10 月 7 日，毛泽东在党的七届六中主席团会议上讲话时指出：这几个月我们的作战，特别是在山东有很大发展。今后主要发展方向是南方，同时要注意东北，还要准备苏联打日本①。在干部配备上，主要的是注意南方，同时注意东北。11 月 23 日，会议讨论国共两党谈判、国内形势等问题时，毛泽东说：中国的国土蒋介石丢在哪里，我们就到哪里，还要准备几千干部到满洲去②。1945 年 4 月 5 日，苏联宣布废除1941 年签订的《苏日中立条约》。毛泽东在批转给晋察冀分局的一项指示中说：苏联终止苏日中立条约表明，苏日战争爆发已经为期不远，远东形势已发生重大变化，现在即加紧进行主力军、地方军的训练与扩大，以便能抽出若干主力，用于开辟东北。

在 1945 年 4 月至 6 月召开的党的第七次全国代表大会上，毛泽东在政治报告《论联合政府》中指出："在沦陷区中，东北四省沦陷最久，又是日本侵略者的产业中心和屯兵要地，我们应当加紧那里的地下工作。对于流亡到关内的东北人民，应当加紧团结他们，准备收复失地。"③ 在党的"七大"期间，毛泽东不仅在多次会议上强调收复东北"中国革命就有了巩固的基地"，而且明确要求"要准备 20 到 25 个旅，15 万到 20 万

---

① 中共中央文献研究室编：《毛泽东年谱》(1893 – 1949)中卷，中央文献出版社2013 年 1 版，第 549 – 550 页。

② 中共中央文献研究室编：《毛泽东年谱》(1893 – 1949)中卷，中央文献出版社2013 年 1 版，第 561 页。

③ 《毛泽东选集》第 3 卷，人民出版社 1991 年版，第 1089 页。

人，脱离军区，将来开到东北去"①。

在中共中央关于开展满洲工作、加紧那里的地下工作、准备派兵收复东北的总体战略中，山东是一个重要的前进基地。中共山东分局对东北工作一直没有放松。1944 年 8 月 12 日，罗荣桓、黎玉致电毛泽东汇报山东执行中央十大政策的情况中就提到："经过商业关系对东北十几个大商埠都可以开展工作。加强这一工作的领导，向东北发展是有希望的。"这个汇报中还提到，在年节时，胶东、滨海都召开了"海外商人座谈会"，到会三四百人以上，胶东各县委都召开了同样的会议。这里说的"海外"，并不是通常所指的外国，而是指的东北。胶东与辽东隔海相望，互称"海北""海南"。中共胶东区委和胶东各县委当时都设立了海外工作部，其职能和中央要求设立的满洲工作委员会一样，是做东北地下工作的领导机构。

1945 年 8 月 11 日朱德总司令在第二号命令中，命令山东军区原东北军万毅部向辽宁进发。8 月 12 日，中共中央又致电山东分局：万毅东北军速即完成出发准备，待命开往东北②。当天，山东分局致电中央军委，报告了原东北军万毅部的情况，该部现为山东军区滨海支队，东北籍干部已不足百人，如何执行赴东北任务，要求明确指示③。同时，山东军区在部署

---

① 中共中央文献研究室编：《毛泽东年谱》(1893 – 1949)中卷,中央文献出版社 2013 年版,第 601 页。

② 中共中央文献研究室编：《毛泽东年谱》(1893 – 1949)中卷,中央文献出版社 2013 年版,第 3 页。

③ 黄瑶主编：《罗荣桓年谱》,人民出版社 2002 年版,第 429 页。

向日伪的五路大反攻作战时，留下万毅支队等待中央命令。8月18日，中央军委致电罗荣桓、黎玉、肖华：万毅支队即调东北，东北干部凡能调动者尽可能调至万部①。8月22日，中央军委再次致电山东分局：中央决定从山东调两个团（万毅支队在内），冀鲁豫调一个团，冀中调一个团，共四个团，归万毅指挥开赴东三省。电报要求山东的两个团在10天内准备完毕，即行出发。

8月22日，刘少奇就迅速争取东北为中共中央起草致山东分局电：立即抽调大批干部到东北去，进行建立地方党与地方政权、发动与组织群众、出版报纸等工作②。8月26日，中共中央发出了毛泽东起草的致山东分局电："林彪、萧劲光二同志昨日飞抵太行转赴山东。分工：罗荣桓为书记兼政委，林彪为司令员，萧劲光为副司令员，如罗因病必须休养时，林代理罗之职务。"③同日，中央发出关于派毛泽东、周恩来、王若飞赴重庆同国民党进行和平谈判的通知。28日，毛泽东离开延安赴重庆，刘少奇代理中央主席。29日，中共中央致电晋察冀分局并告山东分局、晋冀鲁豫分局、华中局，要求晋察冀和山东准备派到东三省的干部和部队应迅速出发。这封电报提出：

---

① 中共中央文献研究室编：《毛泽东年谱》（1893－1949）中卷，中央文献出版社2013年版，第8页。

② 中共中央文献研究室编：《刘少奇年谱》（1898－1969）上卷，中央文献出版社1996年版，第478页。

③ 黄瑶主编：《罗荣桓年谱》，人民出版社2002年版，第437－438页。

"山东干部与部队如能由海道进入东三省活动，则越快越好。"① 当天，中共中央书记处致电山东分局：由胶东派一批干部，经海运去满洲开辟工作。② 在上述一系列电报指示中可以看出，到8月底，中共中央还没有把山东军区主力部队大规模调往东北的指令，而派林彪到山东工作，在照顾罗荣桓身体状况的同时，明显是要加强山东现有的领导力量。林彪是9月23日行至河南濮阳时，接到中央要他北上的命令，于是改道去了东北。8月下旬至9月中旬，山东军区在按中央命令抽调去东北的干部和部队的同时，主要作战力量正在投入全省的五路大反攻。

毛泽东在8月26日主持中共中央政治局会议上的讲话中，在讲了决定去重庆谈判后说："要充分估计到蒋介石逼我城下之盟的可能，但签字之手在我。必须作一定的让步，在不伤害双方根本利益的条件下才能得到妥协。我们让步的第一批是广东至河南，第二批是江南，第三批是江北，要在谈判中看看。在有利条件下是可以考虑让步的。……东北行政大员由国民党派，我们去干部，一定有文章可做。如果这些还不行，那末（么）城下就不盟，准备坐班房。"③ 这个讲话是毛泽东赴重庆之前向中央政治局集体的一个政治交代，是经过他深思熟虑的。他在这个讲话里已经提出了中共在南方可以让步和收缩，

---

① ② 黄瑶主编：《罗荣桓年谱》，人民出版社2002年版，第438页。
③ 中共中央文献研究室编：《毛泽东年谱》（1893－1949）下卷，中央文献出版社2013年版，第14页。

但在北方一定要占优势，要去东北做文章的战略思路。这为不久后中央确定"向北发展，向南防御"的重大战略奠定了基础，但对是否向东北大批派军队，那时还未确定。在这次政治局会议后的当天，中共中央发出关于同国民党进行和平谈判的党内通知，指出："至于东北三省为中苏条约规定的范围，行政权在国民党手里，我党是否能派军队去进行活动，现在还不能断定。但是派干部去工作是没有问题的。"① 8 月底前，朱德总司令的命令、刘少奇起草的中共中央给山东分局等单位的电报中要求派的部队，数量都不大，中央尚未做出派大部队进入东北的战略安排。

冀热辽军区李运昌所部经山海关进入东北后，因电台的问题，一段时间内中央没有收到他们的情况报告。9 月 1 日，中共胶东区党委所派吕其恩、邹大鹏率领的赴东北先遣队在占领庄河县城后，发回的情况报告由山东分局转报到中央。此后十几日，胶东先遣队关于东北情况的电报不断传到中央，使在延安的刘少奇等人决定加大向东北派兵的力度。9 月 11 日，中共中央致电山东分局，决定从山东抽调 4 个师 12 个团，共 2.5 万至 3 万人，分散经海道进入东北活动。同时，刘少奇致电在重庆的毛泽东，报告了中央的这一决定，并向毛泽东建议，派一名"有名的军事指挥员"和一名"最高负责人到东北去领

---

① 中共中央文献研究室编：《毛泽东年谱》(1893－1949)下卷，中央文献出版社2013 年版，第 15 页。

导"。

9 月 13 日，刘少奇电告毛泽东，中央初步拟定组织东北中央局，以彭真为书记，以便迅速开展东北工作。当天深夜，毛泽东、周恩来复电同意。这标志着中共中央对东北工作的领导进入了一个新的阶段。

这时，八路军冀热辽军区第十六军分区司令员曾克林所率部队在收复山海关和锦州后，曾克林率领 4 个连乘火车进入沈阳活动，并在沈阳招兵扩伍；胶东军区先遣队收复庄河后，又分兵解放周边地区并建立民主政权。这些行动引起了国民党政府的恐慌和美、英等国的关注。国民党政府再三向苏联政府提出抗议，指责苏方违反《中苏友好同盟条约》；美国和英国也向苏联施加外交压力。此时，苏军远东部队与延安尚未建立电报联系，苏方又急于和中共中央进行沟通，驻沈阳的苏联红军找到曾克林，告诉他驻长春的苏军马林诺夫斯基元帅要派代表去延安。对中国共产党方面来说，这当然是求之不得的好事。9 月 14 日上午，曾克林陪同马林诺夫斯基元帅的全权代表贝鲁罗索夫上校、翻译谢德明中校，乘苏军一架运输机飞抵延安。

朱德总司令立即在王家坪总部会见了苏军代表，熟悉俄语的伍修权等陪同会见。贝鲁罗索夫上校告知，他此行只是来传达马林诺夫斯基元帅的四点声明：按照红军统帅部的指示，蒋介石军队和八路军进入满洲，应按照特别规定的时间；在红军退出满洲之前，蒋军和八路军不得进入满洲；因八路军单独部队已进至沈阳、平泉、长春、大连等地，苏军统帅请朱总司令命令各部队退出苏军占领之地区；苏军不久将撤退，届时中国军队如何进入东北，应由中国自行解决，我们不干涉中国内政。在叙述了以上声明后，贝鲁罗索夫对朱德说，马林诺夫斯基元帅不论对总司令个人还是对八路军，均抱深厚之同情。朱德交给贝鲁罗索夫一封信，请他转交马林诺夫斯基元帅。信中表示：会按照贝鲁罗索夫转达的意见，在红军撤退后再进入满洲，并命令已进入沈阳、大连等各点的八路军退出红军占领地；热河、辽宁之各一部，在1937 年中日战争爆发时即有八路军活动，并创有根据地，请允许该地区之八路军仍留原地。会后，刘少奇向贝鲁罗索夫提出，中共中央想派几位同志去沈阳与苏联红军建立联络，希望能搭他们的飞机一起走。苏军代表答应了这一要求。

在延安的中共中央领导人刘少奇、朱德、任弼时、彭真、陈云、张闻天等人听取了曾克林关于东北情况的汇报后，召开了政治局会议，一致认为，现在蒋介石的军队还未进入东北，这是迅速派人去占领的大好时机。政治局会议决定：立即成立东北局，以彭真为书记，陈云、程子华、林枫、伍修权为委员，马上随苏军飞机去沈阳，东北一切党的组织和党员必须接受其领导；从华中、华北派遣 100 个团的干部，不带武器、穿便衣去东北，不要经过苏联红军驻扎的地方，不要被苏、英、美等发现。按照苏军的要求，政治局会议决定已进入沈阳、大连等城市的单个部队撤出转入农村。刘少奇将上述情况迅速报告了在重庆的毛泽东。

在中央政治局谋划占领东北时，党的一些高级将领也向中央提出了重要建议。其中对中央决策影响最大的，是中共中央候补委员、新四军第三师师长兼政治委员黄克诚于 9 月 14 日致电中共中央的《对当前局势及军事方针的意见和建议》。①建议主要说：我军数量虽大，但精干坚强的主力不多，占领地区大，主力分散，除山东外，突击力量均很薄弱，很难独立长期支持大规模战争。为了取得连成一片的大战略根据地，有利于进行长期斗争，军事上应集中主力决战，向东北派出大部队并派有威望的军事领导人去主持，迅速创建总根据地，支援关内战争。黄克诚在建议中认为，向东北派的部队至少 5 万人，最好 10 万人，在从各地调往东北的部队中，山东应调 3 万至 5 万人。同时他建议在关内以晋、绥、察和山东为两个战略根据地，其他各地区为这两大根据地的卫星，还建议江南新四军一个师的主力应调回江北。黄克诚的师离山东最近，他对山东情况比较了解。他这个建议涉及山东的重点是：山东八路军突击力量强；从山东调大部队进东北；山东要建成战略根据地；新四军一部向北调。

在延安主持工作的刘少奇收到黄克诚的电报后，第二天即 9 月 15 日，又收到毛泽东、周恩来从重庆发来的电报："浙东、苏南、皖南三地部队须立即开始注意控制北上通路，保证北上安全，并准备在将来适当时机渡江北上，请通知华中拟具体意见。"②

① 黄克诚：《黄克诚军事文选》，解放军出版社 2002 年版，第 373－375 页。
② 中共中央文献研究室编：《毛泽东年谱》(1893－1949) 下卷，中央文献出版社 2013 年版，第 25 页。

　　毛泽东、周恩来关于在南方战略收缩的意见，表明他们对战后中共战略发展方向的思考已有重大变化。加上黄克诚的建议，促使延安的中央政治局领导人加快了战略调整构想。9月17日，刘少奇为中共中央起草了发给毛泽东、周恩来的电文，提出：东北为我势所必争，热、察两省必须完全控制；我们全国战略方针必须确定向北推进、向南防御，否则我之主力分散，地区太大，处处陷于被动；建议新四军江南主力立即转移到江北，调华东新四军主力 10 万人到冀东，或调新四军主力到山东，再从山东、冀鲁豫抽调 10 万人到冀东、热河一带。①毛泽东、周恩来当天复电，表示完全同意力争东北的方针，并指出，东北及热河、察哈尔控制在手，全党团结一致，什么都不怕。②

　　接到毛泽东的电报指示后，刘少奇于 9 月 19 日召开政治局会议，讨论战略方针和部署等问题，将全国战略方针确定为"向北发展，向南防御"。当天夜里，中共中央向各中央局发出指示电，正式告知"全国战略方针是向北发展，向南防御"③。"向北发展"，就是大力发展东北、华北共产党的军事力量，建立巩固的革命根据地，以支持全国解放区和国统区人民的斗

---

　　① 中共中央文献研究室编：《刘少奇年谱》(1898－1969)上卷，中央文献出版社 1996 年版，第 493 页。

　　② 中共中央文献研究室编：《毛泽东年谱》(1893－1976)下卷，中央文献出版社 2013 年版，第 26－27 页。

　　③ 中共中央文献研究室编：《刘少奇年谱》(1898－1969)上卷，中央文献出版社 1996 年版，第 495－496 页。

争。"向南防御"，就是在南方收缩战线，集中力量对付国民党的大举进攻，保证主力完成向北发展的任务。后来的事实证明，"向北发展，向南防御"确实是一个高瞻远瞩的战略方针。

在临沂等待林彪来接任山东军区司令员的罗荣桓接到了率山东军区机关和主力部队及一批干部去东北的命令，林彪行至河南濮阳接到命令，都转道去了东北。

调山东的部队和干部去东北创建根据地，确实有许多有利条件。山东离东北近，交通便捷；东北人里原籍为山东的比例大，山东干部和部队过去，便于发动群众，开展工作；在抗日战争期间，尤其是后几年，山东党组织特别是中共胶东区委一直在东北开展地下工作、建立党和抗盟组织，并在这一过程中培养了一批熟悉东北情况、在东北有一定群众工作基础的干部和党员。

二、海外支部和抗盟

据中共大连地方史记载，自1926年1月起，至抗日战争结束，中国共产党先后建立过大连特别支部、大连地方委员会、大连市委、关东县委等党的组织。在白色恐怖下，大连地方党组织虽然多次遭到敌人的彻底破坏，但每次被破坏后，就会有共产党员去建立起新的组织。这些不同时期的大连地方党组织，曾分别隶属过中共北方区委、中共中央、中共满洲临时省委、中共满洲省委和奉天特委、中共哈尔滨特委等。在《中共大连市组织沿革表》上，从 1942 年 6 月到 1945 年 10 月，中共大连地方党组织名称为：中共胶东大连支部；在 1945 年 8 月至 10 月，与胶东大连支部并存的，还有一个中共胶东抗盟总会大连分会总支委员会。这两个地方党组织都隶属于中共胶东区委。也就是说，从 1942 年 6 月起的 3 年多的时间里，中国共产党在大连的地方组织是在胶东区委领导下开展工作的，直到 1945 年 10 月中共中央东北局组建大连市委为止。

九一八事变后，东北沦陷，日本扶植起伪"满洲国"，把日本、东北、关内，称为"日、满、华" 3 个国家。日本在东北实行军事占领、殖民统治、奴化教育，疯狂捕杀共产党人。共产党在东北地下组织的生存环境，比关内恶劣得多，满洲省委也屡遭严重破坏。山东的一些共产党员为躲避在当地的搜捕，有不少跑到东北，其中一些与东北的党组织接上关系后，就参加了东北地下党的工作。如 1926 年入党的中共山东省委委员王永庆，"八七"会议后在家乡潍县组织武装斗争，因叛徒出卖在济南被捕，1929 年 7 月他在济南监狱里参加了邓恩铭等同志组织的越狱行动，成功逃脱。为躲避敌人搜捕，潜往东北，与中共满洲省委领导丁君羊、杨一辰等接上关系，先后担任中共满洲省委委员、职工运动书记、抚顺特支书记、大连特支书记等职，1933 年因汉奸告密，被日本殖民当局逮捕，经受酷刑，坚贞不屈，壮烈牺牲。

1933 年 10 月至 11 月，因叛徒出卖，大连、奉天等地的中共党组织遭到严重破坏。1934 年 1 月，中共满洲省委在给中央的报告中，请求中央从山东派干部到大连工作，报告说："大连最近遭破坏，尚派不出人去，如山东、青岛有同志因环境不尽适宜，派到大连是最合适的。"① 满洲省委的这个要求是很实际的，当时山东有大量的人到东北谋生，有些是在东北落户，有些是年初去年末回，主要是走海路，渤海海峡两边交通顺畅，便于人员往来。山东人在东北的乡亲多，便于落脚、隐蔽和活动。而对山东一些被敌人公开搜捕的共产党员来说，到东北躲避是个比较好的选择，那里不是国统区。

1941 年，为了早日打败日本侵略者，中共中央决定把党的组织和党员分成两部分，一部分深入敌后开展游击战争，另一部分潜入日本占领区开辟党和群众工作，也就是要开辟白区工作。这年冬天，延安抗日军政大学二大队政治主任教员吕明仁被派到中共胶东区委工作，担任宣传部长兼区委党校校长。他带来中央一个指示，要胶东区委抽调一批熟悉东北情况，尤其是熟悉大连情况的党员干部到那里开展工作。吕明仁是辽宁省庄河县人，九一八事变后曾随其兄吕其恩流亡山东，在烟台第八中学读书。后来参加革命去了延安。他对大连、烟台的情况都比较熟悉，所以在抗战胜利后的 1945 年 9 月，他在中共胶东西海地委书记兼军分区政委任上被派往东北开辟新区，担任阜新地委书记兼军分区司令。

在 1941 年冬天，胶东区党委按吕明仁带来的中央指示，

---

① 大连市史志办公室编:《中国共产党大连历史大事记》(1919.5 - 2000.12)，大连出版社 2001 年版，第 32 页。

挑选派往大连做白区工作的干部时，正在中共山东分局党校学习的中共莱阳县委委员、县民运部长左友文被选中。

左友文是莱阳县大山乡苇夼村人，庄户人家出身，童年丧母，少年丧父，在磨难中长大。他 1932 年加入中国共产党，担任莱阳县委委员，分管两个区的工作。1933 年 12 月，中共莱阳县委遭到敌人严重破坏。短短一个月内，40 多名共产党员和进步人士遭到逮捕和杀害。左友文等党员均遭到通缉，在当地很难隐藏，而且与上级党组织失去联系。为了躲避敌人搜捕，一些党员远走他乡。1934 年秋，左友文在海阳听说一些党员去了大连，便也去了大连，且偶遇本村佃农朱振国。在朱振国帮助下，他找到了也逃到大连的党员张更秀，才知道从莱阳转移到大连的党员有 10 多人。左友文迅速把在大连的莱阳党员组织起来，坚定大家的革命信念。左友文和同志们商量，先派一名党员回胶东找组织，其余的暂留大连，等候上级指示。但几经波折，未能与胶东党组织取得联系。抗日战争爆发后，在大连的党员纷纷要求返回胶东参加家乡抗战，左友文也是归心似箭。考虑再三，他决定亲自回胶东找党组织，临走时告诉大家，共产党员要有铁的纪律，不见通知，千万不要轻举妄动。左友文回到莱阳后，历尽艰辛，终于同新的莱阳县委接上关系，便立即通知已经在大连待了 3 年的莱阳党员们返回胶东，投入抗日斗争。

1941 年冬，左友文在中共山东分局党校学习结束，返回胶东。恰在这时，中共胶东区委要抽调一些熟悉东北情况的干部去大连开展工作，认为左友文熟悉大连情况，是合适人选。1942 年春，左友文按中共胶东区委的指示，穿长衫、戴礼帽来到大连，以原昌商店管账先生的身份为掩护，开展秘密工作。他和陆续来到大连的党员取得联系后，于 1942 年端午节，公历 6 月 18 日在海河口小西果园里，召集党员开会，成立了中共胶东大连党支部。左友文在支部会上当选为书记，从莱阳过来的党员张更秀、赵恩光分别当选组织委员和宣传委员，支部直属中共胶东区委领导。

此时，中共满洲省委等东北党组织在大连没有组织活动，胶东区委大连支部成为我党在大连唯一的一个地方组织。当时大连处于日伪的统治下，党的活动处于十分困难的境地。左友文和支委们认识到，要完成胶东区党委交给的任务，重新打开大连地区党的工作局面，必须坚决贯彻党的白区工作方针，认真总结大连党组织 4 次被严重破坏的教训，探索出敌人统治区里的地下工作办法和路子。

支部成立后，左友文于当年夏天回胶东汇报工作。胶东区党委在听取左友文的工作情况汇报后，指示大连支部：今后的主要任务，仍然是隐蔽埋伏，发展组织，积蓄力量；经济上要自力更生，在条件允许时给胶东在大连搞物资的同志以帮助；在对敌斗争中，要注意分化瓦解敌伪爪牙。左友文回到大连后，向支部传达了区党委的指示，他们自筹资金，兑下了西岗区一家商号，取名德成商店，作为党的地下联络机关，经理、伙计都是地下党员。这家商店对面是伪满大连西岗巡捕警察大院，楼上和左邻右舍住得都是日伪人员。大连支部利用敌人"灯下黑"的麻痹思想，在敌人眼皮底下，以经商为掩护，召开会议，开展工作，掌握情况，发展壮大组织，一直坚持到抗战胜利。

1943 年秋，左友文再次返回胶东，向中共胶东区委汇报请示工作。回到大连后，根据区党委"长期隐蔽，发展组织，保存力量，等待时机"的指示，党支部决定扩大工作范围，派出党员到金县的农村、沈阳的工厂开展工作，秘密发展党员。1944 年夏秋之间，中共胶东区党委按照中央和山东分局关于开展满洲工作的指示，向大连支部发出"掌握工人力量，控制铁路沿线，等待时机，组织武装，里应外合，配合主力解放东北"[①] 的指示。大连支部根据这一指示，确定把工作重点放在苦力工人和盐业工人之中。支部派出支部委员赵恩光等几名党员，打入日本陆军仓库等处的"苦力窝棚"，发展群众骨干。他们利用工人中山东来的穷人多这个有利条件，在工人中谈论日伪烧杀掠夺中国人民的罪行，宣传共产党、八路军在山东打鬼子和为根据地人民谋幸福的事实，启发工人们的觉悟。从中培养、发展了 10 几名党员，并将这里的日军战略物资储备情况，及时报告给中共胶东区委。支部委员李彭华在干岛子盐场、杏树屯盐场团结工人，带领盐工进行歇工、怠工等斗争，从中培养发展党员，扩大共产党和八路军的影响，为建立工人

---

① 大连市史志办公室编：《中国共产党大连历史大事记》(1919. 5 - 2000. 12)，大连出版社 2001 年版，第 40 页。

武装打下了良好的基础。

为了使党员队伍免遭敌人破坏，左友文以身作则，要求支委和所有党员严格遵守白区工作纪律。发展党员必须单线联系，绝不允许发生横向关系；布置任务、传达指示、汇报情况，要全凭嘴讲、脑子记，不准记笔记，不留片纸；同志之间接头和向上级联系，一律使用代号和暗语。这种严谨的作风和严格的纪律，保证了胶东大连支部在日本统治的残酷环境下，能够坚持斗争而始终未被敌人破坏。从支部成立到抗战胜利的3年多时间里，胶东大连支部发展党员60余人，同时培养了一大批积极分子。

为了加强对东北地区的工作，中共胶东区委在1941年设立海外工作部，由于谷莺担任部长。同时成立了胶东海外各界抗日同盟总会，于谷莺兼任总会主任。胶东区建立的海外抗日机构和组织，其工作范围的"海外"所指，就是渤海海峡北侧的东北地区，首先是大连地区和辽东半岛。在派遣左友文到大连建立地下党组织的同时，中共胶东区委于1942年9月另派张寿山到大连，组建胶东海外各界抗日同盟总会大连分会。总会给张寿山的任务是"适当发展组织，长期隐蔽，储备力量，等待时机成熟时，组织武装，配合我军收复失地，建立人民政权"[1]。为防止遭受敌人破坏，中共胶东大连支部与大连抗盟分

---

① 大连市史志办公室编：《中国共产党大连历史大事记》(1919.5 - 2000.12)，大连出版社2001年版，第39页。

会由胶东区党委和胶东海外抗盟总会分别单独领导，在大连不发生横向的联系。

张寿山，原名张绪芝，山东荣成县人，1926 年毕业于荣成县立师范学校，是个知识分子。1940 年 2 月，因不愿在家乡为日伪做事，逃至大连。在大连期间，目睹了日寇的种种法西斯罪行。1941 年 6 月返回山东，7 月参加了刚成立的胶东各界海外抗日同盟总会的工作。他到大连后，以认同乡、结拜兄弟等方式，有针对性地启发教育了一些骨干人士，在其中发展抗盟会员，并通过会员团结教育一部分群众。1943 年春，胶东海外各界抗日同盟总会大连分会正式成立，张寿山担任主任。当年 4 月，张寿山等人筹集资金，在马栏屯开了一家隆兴茶庄，张寿山出任经理，店员全是抗盟会员，把茶庄作为大连分会的指挥联络机关。到 1945 年苏联红军进驻旅大时，大连抗盟分会已建立了 21 个工作点。

为了加强东北方面的工作，中共胶东区委海外工作部抓住胶东解放区有众多"闯关东"的人春节回乡的时机，布置各地委、县委海外工作部召开东北还乡探亲者座谈会。从 1942 年起，连续 3 个春节，胶东解放区各级党委召开此类座谈会上百次。通过这种方式，挑选发展抗盟会员近 4 000 人。对发展为抗盟会员的，再进行秘密工作训练，由区、地、县委海外工作部的负责人亲自谈话和授课。这些人返回东北各地后，在亲朋好友中发展会员、建立组织。到 1945 年，东北地区的抗盟会员发展到 3 万余人。

　　1944 年春天，为了加强党对大连抗盟分会的领导，中共胶东区委派张世兰到大连，在抗盟分会中建立党的组织。张世兰原名李元绍，山东荣成县俚岛人。抗战爆发后，中共胶东特委在荣成发动了黄山起义、埠柳乡校起义和古迹顶起义，他响应共产党的抗日号召，参加了荣成县第一个抗日武装游击小组，于 1939 年 9 月加入共产党。经过在中共胶东区委党校学习培训，由东海地委统战部推荐，胶东区党委决定派张世兰去大连抗盟分会工作。为了不暴露身份改名张世兰。1944 年春节过后，他随回荣成探亲的大连西田电器行二掌柜张富云去了大连，并以张富云妻弟的身份住在西田电器行，帮着干点零活。经过一段时间，对大连的情况有所了解后，才到隆兴茶庄和张寿山等接上了关系。这年 7 月，胶东海外各界抗日同盟总会负责人张坚从胶东去通化地区开展工作，路过大连时，在隆兴茶庄发展张寿山加入中国共产党。8 月，张世兰又发展宋天鹏入党，组成了中共大连抗盟分会的党小组，张世兰担任小组长。从此，大连抗盟分会在胶东区党委的直接领导下，更加积极稳妥地开展活动。到大连解放时，大连抗盟会分会中有 16 人加入了共产党，成为胶东抗盟大连分会的核心力量。

　　1944 年 9 月，根据中共中央指示和山东分局部署，胶东区党委成立城市工作部，于克任部长；并根据中央指示成立了直属中央城工部领导的满洲工作委员会；同时要求胶东各地委和有关的县委建立城工部。1945 年 1 月，中共胶东区东海地委城工部先后派于青松、宫润海到大连开展工作。于青松在大连机械制作所秘密宣传革命思想，考察和培养积极分子。宫润海在大连同聚窑厂、南关岭化石场等处的工人群众中开展工作，建立联络站，搜集情报，培养和发展力量。这一时期，从山东和冀热辽解放区通过不同渠道派往东北工作的党员干部不断增多。

1945 年 8 月 8 日，苏联出兵东北。中共中央主席毛泽东立即在延安发表《对日寇的最后一战》声明，号召中国的一切抗日力量举行全国规模的反攻。8 月 11 日，中共中央又发出《关于日本投降后中国共产党任务的决定》，要求各级党委立即布置动员一切力量，向敌、伪进行广泛进攻。左友文通过收音机秘密收听到这些消息后，深受鼓舞。为落实胶东区党委关于"里应外合，配合主力解放东北"的指示精神，连续两天召开党支部会议，分析形势，决定发动日本陆军仓库的苦力工人和盐业工人，夺取枪支，建立武装队伍。

8 月 16 日，党支部委员赵恩光把周水子日本陆军仓库做苦力的工人组织起来，成立职工会，打死了民愤极大的工头，从仓库里拿出 400 多支步枪、4 挺机关枪，组成 200 余人的工人武装，编成了 3 个中队，驻扎在革镇堡、周水子、大辛寨子一带。8 月 18 日，党支部委员李彭华返回杏树屯盐场，向党员和工人骨干力量传达了胶东大连支部的决定，迅速把工人组织起来，夺取日伪警察的枪支，建立起 90 多人的武装队伍。胶东东海地委派到旅顺的宫润海，也在三涧堡机场把一部分工人组织起来，分成 3 个小组带回大连，分头搜集枪支，准备建立工人武装。9 月初，大连支部决定派李彭华回胶东区委请示工作，由赵恩光率领 300 余人的工人武装队伍，到庄河与吕其恩、邹大鹏领导的胶东挺进东北先遣队汇合，合编后投入东北解放战争。

8 月下旬，根据党的队伍扩大和革命形势发展的情况，张世兰召开党员会议，成立了由 8 人组成的中共胶东海外各界抗日同盟总会大连分会总支委员会，张世兰任书记。总支委员会第一次会议着重研究了组建武装队伍的问题。到 9 月中旬，建立起了一支 600 人的武装队伍，队伍名称定为"第十八集团军山东省胶东第五支队"，编成 1 个营、4 个连。其中 2 个连驻在甘井子一带，2 个连驻在王家沟。由于和苏军没有联系，加上反动势力从中造谣中伤，苏军不明真相，张世兰被混入苏军管辖下的沙河口治安队中的反动分子枪杀，抗盟驻王家沟的队伍也随即解散。

10 月中旬，韩光受东北局委派到大连任市委书记，他把胶东抗盟大连分会的张寿山、李继先两同志找到沙河口苏军警备司令部汇报工作，消除了彼此的误会。抗盟驻甘井子的两个连，获得苏军承认后，张寿山等人又把王家沟被解散的队伍和其他的抗盟会员 300 多人集中起来训练，在甘井子组成一支新型的人民武装警察大队，协助苏军维持治安，打击汉奸、特务等反动分子。11 月末，大连市公安总局成立，随肖华渡海进入东北的山东军区滨海第三军分区司令员赵杰奉调出任局长。总局从甘井子武装警察大队里抽调出 300 多人，作为建立大连市公安总局和改造所辖各公安局的骨干。

杀害张世兰的几名凶手很快落入法网，受到应有的制裁。

战友们把张世兰安葬在大连市西郊王家沟的西山脚下。胶东海外各界抗日同盟会辽东总会在墓前建立纪念碑，让后代铭记这位牺牲时年仅 25 岁、从胶东派到东北从事抗日工作、为人民解放事业献出自己生命的共产党员。

1945 年 10 月初，成立不久的中共中央东北局派原中共中央东北工作委员会常务副书记韩光，到大连同苏军交涉有关中共山东部队乘船到东北，路过大连请给予方便等事宜。10 月 12 日，韩光返回沈阳，向东北局书记彭真等领导汇报了大连情况。东北局认为，掌握大连对控制东北有着极为重要的作用，要抓住时机，尽快搭起大连市党、政、群领导机构的架子。当即任命韩光为中共大连市委书记，从首批到达辽宁的干部中调人增派大连。韩光随后带领一批干部重返大连，成立了中共大连市委。最初因干部不够，市委以"工委"名义开展工作。首批组成大连市委的 7 名委员中，从山东过去的就有 4 名，3 名是山东派到东北的干部，原胶东区党委情报科科长陈云涛、原山东军区滨海第三军分区司令员赵杰、原胶东军区政治部敌工科科长张致远，1 名是随吕其恩从延安到胶东，作为胶东先遣队成员渡海到大连的中央党校学员吕赛。11 月初，胶东大连支部书记左友文增补为中共大连市委委员。

从胶东派到大连工作的干部，在大连市委成立前一直是向胶东区党委汇报、请示工作，许多人在好长时间里还是把胶东区党委当娘家。因而在接管大连日伪产业时，有了这样一个故事：中共胶东区委派出的干部在接收日本人办的大连远东榨油厂时，厂里一个日籍工程师不肯与其他日侨撤离，却不时地留意工厂院里放置的一个四面焊死的大铁箱。这引起了接收干部的注意，当把箱子打开后，接收干部大吃一惊，里面装着 84 盒 1 234 片甲骨。接收干部立即向胶东区党委报告此事，而那个日本工程师已不知去向。考虑到当时大连在苏军占领下，敌特众多，社会情况复杂，胶东区党委书记林浩、胶东区各救会会长张修己亲自出面安排，把这批甲骨运到胶东栖霞根据地保存。后经多方保护转运，于 1950 年送交山东省古代文物管理委员会，1954 年由山东省博物馆收藏，成为馆藏国宝。

中共大连市委建立后，胶东区党委和山东其他有关部门派到大连的人员及所建立的组织，相继与市委接上关系，在大连市委统一领导下投入到新的工作中去。

三、海上先遣队

1945 年 8 月 24 日，中共山东分局根据中共中央指示，致电胶东区党委书记林浩，令其派出干部带一部分部队，以东北义勇军的名义，走海路去东北了解情况和开展工作。胶东区党委立即着手组建挺进东北海上先遣队。

　　1945 年 6 月中共"七大"闭幕后，时任中共中央党校校务部副部长的吕其恩和也在中央党校校部当科长的柳运光、中央党校学员吕赛一道，受中央派遣，来到胶东，准备渡海去东北开展工作。吕其恩和柳运光都参与组织了 1937 年 12 月胶东天福山起义，都是中共胶东区委成员，都是中共"七大"的正式代表，1940 年 10 月到达延安后，在中央党校学习、工作。中共胶东区委接到山东分局的指示后，迅速组成了以吕其恩为司令员、邹大鹏为政委、于克为副司令员、柳运光为政治部主任的挺进东北海上先遣队和临时工作委员会的领导班子，从区委的联络部、社会部、城工部、统战部和胶东军区的有关部门选调了一批得力干部，配备大功率电台和电台机要服务人员、后勤服务工作、警卫人员等约 40 人组成先遣队。

　　先遣队派吕赛带一个排的兵力先行到东北登陆探查情况。吕赛等从海上漂泊到了大连，因未能和苏联红军接上关系，没有给先遣队发回信息。

　　先遣队到达烟台后，胶东区党委和胶东军区又配备了两个排的兵力，护卫渡海北上。

　　先遣队司令员吕其恩的老家是辽宁省庄河县王家岛村，政治委员邹大鹏是辽阳县人。吕其恩利用王家岛人与烟台渔行的贸易往来关系，找到了两艘机帆船。先遣队按照上级不以八路军身份进入东北的要求，把全队人员的信件、书籍、日记等凡是可能暴露身份的东西，全部在组织的监督下销毁。8 月 25 日下午，先遣队分乘两艘机帆船出港，船驶出不久，遇到大风浪。在听取了掌舵人的意见后，吕其恩、邹大鹏等商量决定，返回烟台。

8月26日下午，先遣队再次出发，驶向王家岛。船老大对这条航线熟门熟路，在海上躲开了美国海军舰艇后，一艘船在半路出了故障，只好由另一艘船牵引航行，影响了速度，原计划在27日上午到达，延误到27日晚上抵达王家岛。

吕其恩的老家就在岛上，登岛后先遣队的指挥部和电台都设在他家里。当天晚上，先遣队就突袭了岛上的伪警察所，逮捕了伪警长和警员，收缴了全部武器，立即对王家岛实行军事封锁，切断了与外界的联系。28日上午，先遣队的电台队长韩彬架起电台，与胶东军区、山东军区联络，报告了登上王家岛的消息。

先遣队在岛上走访了部分老渔民、教师及有爱国思想的进步人士，了解岛上群众的生活、生产情况和庄河县伪政权的情况。之后，先遣队召开了群众大会，建立了王家岛人民政权，并根据群众要求，将欺压勒索民众的伪警长公审后处决。经过宣传队的宣传、走访、发动，加上王家岛人因打鱼常去胶东沿海，对八路军和解放区有所了解，岛上的群众开始觉醒，表示愿跟共产党和八路军走，当即有10余名青年报名参军。

庄河县的县治在庄河镇。先遣队经侦察得知，庄河镇仍在敌伪政权控制之下。在苏联红军进入大连和安东（今丹东）后，县里的日本人就逃走了。伪县长关德权纠集一伙人成立了"庄河治安维持会"，等待国民党中央军来接收。远在长春的国民党东北党务督导员办事处主任罗大愚派人与关德权联系，挂出了国民党庄河县党部的牌子，筹划迎接中央军。

由于先遣队封锁了王家岛，外面不知道岛上的变化，一艘庄河县水上警察派出所的巡逻艇在 28 日驶进王家岛。先遣队扣押审讯了艇上的 5 个人。其中一人是吕其恩的表兄、少时同学姜泽新，因他要回岛探亲，庄河县警察局派了这艘艇送他，姜泽新这时的身份是军统沈阳站大连潜伏组的中校组长。吕其恩对姜泽新细心教育、晓之以理，给他剖析形势，帮他认清前途，姜泽新表示愿意提供帮助，并告知他在进岛之前已和伪县长关德权取得联系。先遣队又把在岛上的伪屯长吕天昌争取了过来。先遣队的领导认真分析了眼前的情况，决定利用姜泽新、吕天昌，冒充东北军第五十一军挺进东北先遣队，智取庄河城。

8 月 29 日，先遣队"押着"姜泽新、吕天昌经两个小时航行抵达庄河县打拉腰子口岸。先遣队上岸后，首先控制了打拉腰子伪警察所，并在主要路口布岗设伏。在伪警察所里，先遣队叫吕天昌用派出所电话与关德权通话，然后由姜泽新告知，东北军第五十一军挺进东北先遣支队前来接收庄河，已经在打拉腰子码头登陆。约 1 小时后，关德权派伪警务科长等赶到打拉腰子迎接和探视。先遣队借机派人与吕天昌跟着来人进城，拿着预先制作的东北军第五十一军挺进东北先遣支队的证件，与关德权接洽。

30 日，关德权带着随从及庄河镇伪镇长等人和 4 辆大卡车前去迎接。先遣队经一夜休整后，也正在向县城进发。两方在董家屯相遇后，关德权请先遣队全部人员登车。4 辆大卡车载着先遣队浩浩荡荡开进县城，一直开到伪县公署大院，伪县政府的官吏毕恭毕敬列队欢迎。当天下午，韩彬带领电台人员和摇机班、警卫班人员进驻原日本人副县长住的一幢两层小楼，架起电台与胶东军区和山东军区进行无线电联络。山东军区为了减少中间转报环节，使中央尽早了解情况，给先遣队传来了与延安联络的波长、呼号和联络时间，其联络时间每天 1 小时，为晚上 21 时至 22 时。

31 日，吕其恩等人在与伪县长关德权交谈中，了解到县政府还存有几百支枪，就告知他日伪的武器全都在收缴之列，主动交出来可以算作立功，将来从轻处理。关德权赶忙叫人打开仓库，将库存武器全部交出。先遣队意外得到 200 多支崭新的日本三八大盖、十几挺机枪和上万发子弹。

9 月 1 日清晨，先遣队队员出早操时，有人情不自禁地唱起了《八路军进行曲》，暴露了身份。吕其恩、邹大鹏等当机立断，采取紧急措施，软禁了关德权，把城内伪警察全部缴械，就这样没响一枪，智取了庄河城。

当天晚上，先遣队的电台与延安联络上了。胶东区派先遣队时，考虑到东北地形复杂、距离遥远，特地配备了大功率电台，这时发挥了作用。先遣队当即向延安发出了吕其恩、邹大鹏签署的"顺利登陆接管庄河"的电报，报告了东北的有关情况和他们的建议。延安收到电文后，随即回电表示祝贺。这份电报比曾克林 9 月 14 日随苏军代表乘飞机抵达延安早了两个星期。而延安在冀热辽军区的部队进入东北，甚至到达沈阳后一直没有他们的消息，其所带电台的功率不够是个重要原因。

据时任先遣队机要科科长张宪文回忆：我们直接和中央联系，说我们到东北了，到了庄河县了，苏联红军只在大中城市，连县城都没占；苏军只控制大城市，对八路军在乡村的活动不干涉；八路军可以在城市里以非武装组织的形式活动。电报还建议中央尽量多派部队到东北。胶东军区挺进东北海上先遣队的这封电报，是进入东北的八路军部队直接向党中央发出的第一份电报，使中央及时了解到当时东北地区的状况及苏联红军对八路军进入东北的态度。

胶东区党委在派出吕其恩、邹大鹏的先遣队后，所属的北海地委又派出一支武装小分队乘木船抵达旅顺，开展侦察工作。不久，胶东区党委书记林浩根据先遣队和其他侦察队伍的汇报，致电中共中央和山东分局，汇报了先遣队在东北开展工作的情况，建议山东分局速派部队和干部从海上去东北，以争取时机，更好地支援东北解放区的工作。

9 月 11 日，中共中央根据胶东区党委和先遣队的报告，电示山东分局："据胶东区党委派人在大连侦察报告，我党我军目前在东北极好发展，为利用目前国民党及其军队尚未到达东北以前的时机，迅速发展我之力量，争取我在东北之巩固地位，中央决定从山东抽调四个师十二个团共 2.5 万至 3 万人，分散经海道进入东北活动,并派肖华前去统一指挥。"① 部队进入东北后,"首先进入乡村、小城市及红军尚未占领之中等城市和交通线,发动群众,壮大力量,建立地方政权,改编伪军,组织地方武装,协助红军建立民主秩序"②。从中央这一电文可以看出,胶东海上先遣队向胶东区党委、山东分局和党中央发出的侦察电报,对中央快速确定进军东北的战略部署起到了重要作用。先遣队更是将中央这一电报指示立即付诸实施。

接管庄河县城后,先遣队为了避开干扰、提高效率,特地与上级商定调整了电台联系时间。与延安商定联系时间改为每天凌晨 1:00 至 2:00,与胶东军区和山东军区的联络时间改为每天上午 9:00 至 10:00。先遣队派出小分队,迅速缴获了青堆、孤山、塔岭、平山、桂云、明阳 6 个伪警察所的全部枪械,消灭了县内的伪政权。还在大连至安东的公路上逮捕了庄河县日本副县长岛赖久一郎等十几名日本官员。9 月 12 日,先遣队召开庄河县伪县公署人员会议,宣布解散"庄河治安维持会",成立庄河县民主联合政府,吕其恩出任县长。这是抗战胜利后东北地区建立的第一个人民民主政权。庄河县民主政府召开群众大会,公开审判并处决了民愤极大的日本副县长岛赖久一郎。吕其恩县长发布扩军布告,庄河县很快形成参军热潮,一个月内参军的达 1 000 多人。

---

①② 黄瑶主编:《罗荣桓年谱》,人民出版社 2002 年版,第 440－441 页。

在庄河短暂休整后，9月17日，先遣队派胶东区党委情报科科长陈云涛等人带领小部队向西先后接收了城子坦、貔子窝、普兰店等地的日伪政权，把这一地区设置为一个县，取名新金县。9月25日，召开大会宣布成立新金县民主政府，陈云涛担任县长，并在大会上宣读了施政纲要。陈云涛是山东黄县人，1926年在青岛加入共产党，九一八事变之前在东北担任过中共满洲省委委员，回胶东后担任过胶东区党委海外工作部部长，长期做情报工作，对东北情况比较熟悉，所以被派到东北工作。陈云涛组建新金县民主政府不久，在10月份东北局重建中共大连市委、11月成立大连市民主政府时，他成为光复后第一届中共大连市委委员、第一届大连市副市长。

为了保证中央9月11日电报关于调大部队渡海北上战略步骤的实施，先遣队又解放了岫岩、瓦房店等地，为八路军由胶东半岛从海上登陆辽东半岛创造条件。先遣队在庄河等辽东沿海地区迅速组织不同规模的渔船近百只，按胶东区党委的要求前往栾家口、龙口、黄河营等港口运送部队和干部。9月15日，中共中央东北局成立，进入沈阳办公。9月下旬，山东军区给先遣队转来了东北局的电台波长和呼号，先遣队立即与东北局建立了联络。这样，先遣队电台联络的上级单位增至4家。

从胶东出发时100多人的先遣队，进入辽东后不仅先后和胶东区、山东分局、延安党中央、东北局建立了电台联络，使上级及时掌握有关情况，还解放了大片地区，建立了民主政权，广泛发动群众，发展壮大了队伍。9 月 28 日，中共中央军委发出致东北局并告罗荣桓、黎玉等的电报中提到，万毅5 000人及吕、于等在庄河地区新发展之 3 000 人，应背靠朝鲜鸭绿江，以宽甸、桓仁、通化、辑安为后方，分散布置于营口、浑河及沈阳、永吉铁道以南，包括辽东半岛及辽宁省南部海岸。从中可以看出，以吕其恩为司令员、于克为副司令员的胶东挺进东北海上先遣队，在进入东北一个月后，已发展成 3 000 人的队伍。

10 月下旬，先遣队在短短两个月的时间里完成了赴东北侦查的任务后，奉命离开庄河，奔赴安东、沈阳等地投入解放东北的新战斗。先遣队控制设立的庄河县打拉腰子、新金县貔子窝（又称皮口）等口岸，成为八路军从海上挺进东北的主要登陆口岸。胶东挺进东北海上先遣队向延安发出了最早的一份关于东北地区情况和苏军态度的电报，建立了东北地区第一个人民民主政权，打通了八路军挺进东北的海上通道，为开辟和建立巩固的东北根据地、最后取得东北解放战争的胜利，做出了重要的历史贡献。

四、陆海并进闯关东

按照中共中央"向北发展、向南防御"的战略部署和延安向各军区、各中央局及有关党委的一系列指令，从各解放区抽调的八路军、新四军，分陆、海两路挺进东北，形成了"十万大军闯关东"的历史大进军。

闯关东是旧社会尤其是清朝到民国年间山东、河北、热河、河南等地老百姓的迁徙求生之路。当人们在自己家乡因天灾人祸活不下去时，不得不背井离乡，去地广人稀、土地肥沃、物产丰富但又天寒地冻、山高林密的东北地区，谋求一条活路。这是一条饱含血泪、充满风险、考验意志的路。在闯关东的人里，山东人最多，占总人数的 70% – 80%。在东北地区，山东人无所不在。

1945 年秋冬，八路军、新四军如此大规模地闯关东，与历史上穷苦人民闯关东的目的和意义大不相同。这次共产党领导的人民军队闯关东，是为了东北人民和全国人民的翻身解放和新民主主义革命的胜利，是为了让关内外的穷苦人都能过上好日子。

经过山东走陆路进东北最大的一支队伍是黄克诚的新四军第三师。这个师是皖南事变后，在盐城重建新四军军部时，由八路军第五纵队改编的，黄克诚被任命为师长兼政委，同时兼任中共苏北区委书记、苏北军区司令员兼政委。黄克诚在 9 月 14 日向中央发出建立东北总根据地的建议电报后，于 9 月 23 日接到中央命令，要他率新四军第三师 4 个主力旅、3 个特务团，共 3.5 万人开赴东北。黄克诚不同意留下武器去东北，他认为这么多的部队，到了东北一旦拿不到武器无法打仗。他坚持：一要带上棉衣，二要全副武装。当第三师进入山东境内后，新四军军部要求他协助山东部队作战，黄克诚再次向中央建议，不在山东停留作战，尽快赶往东北，获得中央批准。后来的事实证明黄克诚是的建议是正确的，他的第三师全副武装到达后，立即就能打仗，东北并没有充足的武器。黄克诚率第三师从苏北淮阴出发，从南到北穿过山东西部，在山东八路军的配合下，未与山东敌人接仗，经承德，出冷口，于11月25日以减员3 000人的代价到达锦州附近地区。

中共中央下达给各中央局、分局、区党委、有关部队关于向东北派部队、派干部的文电一个接着一个。

9月17日，中共中央书记处致电刘伯承、邓小平，决定原准备去湖南及新四军第五师工作的文年生、张启龙部速去东北，愈快出发愈好。

同一天，中共中央致电山东军区，指示山东军区政治部主任肖华，"立即率干部数十人着便衣经大连到沈阳与东北局接洽，不得迟误"[1]。

9月18日，彭真和陈云致电中共中央并转万毅、罗荣桓、黎玉、许世友，就走海路进东北提出具体意见。东北局派人去大连就此事与苏军沟通协调。

延安和山东以外其他解放区的许多部队都接到了赶赴东北的命令。

延安抗日军政大学1 000人和由中央军委副参谋长、延安炮兵学校校长朱瑞率领的炮校1 069人，陕甘晋绥联防军教导

---

[1]　黄瑶主编：《罗荣桓年谱》，人民出版社2002年版，第442页。

第二旅的两个团 3 350 人，也奉命出发，经晋北、察热地区，于 11 月中旬到达辽宁。

一些原先执行"向南发展"任务，已经南下的部队，也掉头向北进发。如：三五九旅由王震率一部分先行南下湘赣边界，其余 3 300 余人组成南下第二支队，另有陕甘晋绥联防军警备第一旅的 3 000 人，原计划都要南下与王震会合。9 月中旬，当他们进至河南林县时，晋冀鲁豫军区司令员刘伯承、政治委员邓小平突然命令他们，掉头去东北，放下重武器，轻装北上。这两支部队于 10 月底分别到达本溪、抚顺和锦州地区。

晋察冀军区派李运昌率冀热辽军区部队先行出关进入东北后，又先后调派冀中第三十一团、六十二团、七十一团，冀东第十五团进入东北，出关兵力 10 400 人。

吕正操率领的晋绥军区第三十二团 600 余人，于 10 月中旬较早地到达沈阳。晋冀鲁豫军区第二十四团 1 500 人、太岳支队 600 人，在 10 月下旬到达东北地区。

由于抗战胜利后的一些干部、战士产生了胜利后要过太平日子的思想，有些人对国民党政府还抱有幻想，一些战士对离开老区、远离家乡、远征东北有思想障碍。各部队在出发前和行军中，加强了思想动员和形势任务教育，但还是有一些战士开了小差。新四军第三师减员的 3 000 人，基本上都是开小差跑了。其他部队减员比例基本差不多。所以出发时的人数与到达东北的人数是不一样的。减员最少的是山东军区的部队，尤其是走海路进东北的部队。这和山东军区在部队里做的工作和山东人与东北的熟悉程度有很大关系。据统计，在克服了长途跋涉、时间紧迫、天气较寒、衣单被薄、水土不服、保障不足等种种困难，历尽千辛万苦胜利到达东北指定地区的部队，总人数为 10.8 万人，其中山东部队 6.7 万人。

　　山东军区的部队是中共中央向东北调兵的重点力量。这是因为，中共山东分局、尤其是胶东区委，在抗战后期贯彻执行中央关于开展满洲工作的指示做得最有成效，在东北有一定的工作基础，此次进军东北，在所有先头侦察部队中，中央收到的第一份侦察电报就是由胶东军区先遣队发出的；东北人里原籍山东的比例大，山东部队过去容易与当地群众结合；除了冬天天气比山东寒冷，穿戴要厚实外，山东人和东北人在性格、饮食、衣着、习俗上比较接近，部队过去容易适应；另外，从海路北上，既可以免去陆地长时间行军的种种困难，又有利于争取时间。

　　9 月 19 日，中央发出由刘少奇起草的致各中央局关于"向北发展，向南防御"的指示电，电文中明确指示："山东主力及大部分干部迅速向冀东及东北出动"①，第一步从山东调 3 万兵力到冀东，协助冀热辽军区开辟热河工作，完全控制冀东、锦州、热河；另由山东调 3 万兵力，进入东北发展。成立冀热辽中央局，扩大冀热辽军区，以李富春为书记，林彪为司令

---

　　①　中共中央文献研究室编：《刘少奇年谱》(1898－1969)上卷，中央文献出版社 1996 年版，第 496 页。

员。罗荣桓到东北工作。将山东分局改为华东局，陈毅、饶漱石到山东工作。这封电报同时报给在重庆的毛泽东。

毛泽东当日复电，同意陈毅、饶漱石去山东，罗荣桓、肖华去东北，林彪去热河，并要求以快为好。

9月20日，中央发出致山东分局并罗荣桓、黎玉转林彪的电报，再次强调："发展东北，控制冀东、热河，进而控制东北，除开各地派去之部队和干部外，中央是完全依靠你们及山东的部队和干部，原则上以山东全部力量去完成这个任务。""时间非常紧迫，望你们迅速动作，越快越好。你们的部队和干部应寻找一切可能的道路，立即出动，进入东北及冀东。罗荣桓与肖华希望能很快到东北。林彪很快能到冀东。"①

9月22日，林彪在冀鲁豫军区的濮阳致电中央军委并转罗荣桓、黎玉，提出为了掌握冀热辽，保证顺利占领东北，"我与萧劲光等为争取时间起见，拟不去山东，关于山东出征部队的转移，留守部队的组织，干部的配备问题，请罗、黎、肖迅速决定处理"②。第二天，中央电令林彪转赴东北。

9月24日，罗荣桓、黎玉致电中共中央并林彪、萧劲光、彭真，报告调赴东北和冀东部队的情况："（一）山东已决定调赴东北及冀东之部队：胶东六个团，万毅两个团，由胶东经海上赴东北。万毅、吴克华已于22日起程。肖华可于数日内赶

① 中共中央文献研究室编：《刘少奇年谱》(1898－1969)上卷，中央文献出版社1996年版，第498页。
② 黄瑶主编：《罗荣桓年谱》，人民出版社2002年版，第444－445页。

到海岸。（二）渤海三个团由刘其人率领，已要其从渤海经海上进到冀东，拟在东亭登陆。滨海主力两个师，走此路线，准备参加机动作战，可于本月底开始向渤海运动。（三）其余抽调十个团的干部，将不断由胶东出口。"① 电报还对津浦路作战的兵力安排提出了意见。

9月29日，中共中央发出由刘少奇起草的致罗荣桓、黎玉、彭真、陈云并告许世友、林浩的电报，明确指示山东分局和东北局："在胶东和辽东立即采取必要的办法组织部队和干部渡海，是目前决定一切的一环，必须在二十天至一月内渡过两三万部队和干部，否则决不能完成你们的战略任务，因山东部队和干部如须从陆路进入东北，两个月还不能到达，那时国民党军必然进入东北。""你们双方必须用全力迅速组织渡海，决不能容许片刻迟缓。"② 按照中央的电令，山东加快了进军东北的速度。

9月底，山东军区政治部主任肖华按中央指示，从蓬莱县栾家口码头走海路经长岛到达大连，赶往沈阳向彭真、陈云领导的东北局报到。按照要肖华带司、政、供各一部得力干部"精干指挥机构"的要求，山东分局和山东军区调派给肖华同行的有：中共山东分局社会部部长、山东省政府秘书长兼公安厅厅长刘居英，鲁中军区第二军分区司令员兼政委吴瑞林，滨

① 黄瑶主编：《罗荣桓年谱》，人民出版社2002年版，第446页。
② 中共中央文献研究室编：《刘少奇年谱》（1898－1969）上卷，中央文献出版社1996年版，第504－505页。

海军区滨北军分区政委兼滨北地委书记刘西元，滨海军区第三军分区司令员赵杰，一一五师后勤部长吕麟等几十位军政领导。派随肖华北上的 1 000 余人部队于 10 月初到达安东地区。

大部队走海路进入东北，确实快捷，但在没有现代化交通工具的情况下，如何在短时间内调动几万部队和干部渡海北上，是一项十分繁重的工作。中共山东分局从抽调部队和干部的范围到行军路线的确定，从整编部队到思想工作，从后勤保障到运输安排，一件件地作出部署。为了做好海运工作，山东军区成立了海运指挥部，指令胶东军区负责海运工作，指定胶东军区司令员许世友为总指挥，在龙口设立海运办事处。为了保障海运的安全和供应，胶东军区组织部队消灭和驱赶了蓬莱以北长山列岛、烟台崆峒岛等岛屿的敌人，控制了渤海海峡，在海上各岛屿设立兵站，屯集粮草，形成海上进军东北的一系列跳板。经与先行到达东北的部队协同，在胶东半岛的龙口港、蓬莱栾家口港设置起渡场，在辽东半岛的庄河、兴城等地设置登陆场，开辟了一条海上通道。

为了摸清长山列岛以西渤海海面情况，山东军区电令渤海军区派人出海侦察。渤海军区第三军分区副司令员黄荣海带领 4 个连乘船侦察到天津以南海面，寻找了从渤海到冀东的海运路线，侦察了美国军舰运送国民党军队到塘沽的情况，向山东军区做了详细汇报。

胶东区党委发动解放区军民为渡海部队准备船只、粮食、便衣、棉衣等物品。当时胶东沿海没有大型船只可以征用，况且大船目标大，容易在海上被美国军舰扣押。胶东区征集到小汽船30余只，每只可载七八十人；小帆船140余只，每只可载二三十人。为防止船只被美国军舰扣押，船只分头集结在沿海的一些小渔港里。因为中央要求部队不穿军装去东北，胶东区党委和行署组织沿海群众为渡海部队赶做便衣和冬装，号召群众捐献衣服，仅龙口港的码头工人就献出500多件衣服。妇女们不仅要做衣服，还要没白没黑地为几万大军赶做路上的干粮，为经过的部队做饭。担负运送部队渡海的船工，包括胶东先遣队在庄河组织来的船工，在船小人多，天气靠看、风浪靠躲，还要避开美国军舰的情况下，连续跨海往返，圆满完成了海运任务。在整个海运过程中，仅有山东军区第七师参谋长石潇红等30多人所乘的木船中途不幸触礁遇难。5万多部队和干部是船工们用小汽船和木帆船安全送到大海北面的辽东半岛。

山东军区首先渡海北上的大部队是吴克华率领的胶东部队和万毅支队。他们在9月22日、23日从蓬莱栾家口和龙口港上船渡海。胶东军区副司令员兼山东军区第五师师长吴克华、政治委员彭嘉庆率领第五师2个团、第六师3个团、胶东军区和所属军分区的5个基干团，共10个团的兵力跨海北上。这10个团的胶东子弟兵，在山东军区司令部1945年11月24日的统计表上是21 569人。在第四野战军战史的统计中是18 500人，另有1个营编在万毅滨海支队的第二支队里。

在战争年代，情况复杂，形势多变，出发的人数和实际到达的人数必然会有变化。王奎先，1945 年时任胶东军区北海独立一团团长，9 月下旬，奉命率该团一营护送胶东军区副司令员兼第五师师长吴克华、滨海军区副司令员兼滨海支队支队长万毅去东北，他的任务是把首长护送到栾家口上船，他带一营留在胶东，团政委李道之带二营、三营去东北，但到了海边后，吴克华对他说："老王，跟我去东北吧。"他稍作考虑后就答应了。这个干部在原先去东北的人员中是没有的。周光，这位参加过中央苏区反围剿和长征的老红军，1945 年时任胶东军区西海独立一团团长，9 月份打完平度城战斗后，奉命率团开到栾家口，改编为第六师第十七团，准备渡海去东北。这个团出发时有 1 700 多人，在栾家口待命时，上级要求一个班只带一支枪，其余武器全部留下。团里的炮兵连、补充营、机枪兵、伙夫、马夫也全留下，上船时只有 1 300 余人。到了大连后，大连市公安局又留下他们一个营当警察。真正编入东北民主联军时，这个团只剩下两个营又 1 个连。当然有些减员是因为有人开了小差。1944 年参加八路军的周开源，当时是威海独立营二连六班的战士，1945 年 8 月解放威海后，威海独立营编入东海独立三团。有一天突然通知部队要出发去东北，团里给各连的连长、指导员开会，统一思想。听说要漂洋过海远离家乡，许多人想不通，思想有波动，他们连的二排长和三连的指导员就开了小差。团里马上加强思想教育，巩固部队，保证了成建制上船出发。不管怎么说，在开往东北的 11 万部队里，除了黄克诚率领的 3.5 万新四军，八路军里进入东北兵力最多的就是胶东部队。这支部队组成了东北民主联军第四纵队，后来整编为第四野战军第四十一军，为人民解放事业南征北战，从东北打到华南。

　　10 月 13 日，中共中央发出由刘少奇起草的致陈毅、罗荣桓、黎玉等关于第二期向东北出兵的指示电：中央决定第二期再向东北出兵 5 万人，主要由山东部队中抽调；海运不要停顿，如前期部队已运完，后续部队须跟进，以迅速完成计划为目标；第三期出动计划及山东、华中部队的部署与作战，请你们妥为筹划电告。① 10 月 16 日，中央军委电告胶东区委并陈毅、罗荣桓、黎玉，通报蒋军一部 10 月 15 日到营口、锦州两处试探登陆，东北形势十分危急，要求："集中一切船只星夜赶运，不得片刻迟缓。如果海岸部队已运完，即由胶东抽最强、最近部队继续赶运，不得停止。""陈、罗、黎应密切注意胶东海运情况，立即令第二期向东北出动部队向胶东海岸前进，以便渡海。"② 当天，中央军委又两次电示陈毅、罗荣桓、黎玉："蒋军一部十五日在营口、锦州试探登陆被拒，后继多少不明，望令在乐亭之杨国夫师星夜兼程向山海关、锦州前进，归沙克指挥，参加消灭蒋军之作战，愈快愈好，不可稍

---

①　中共中央文献研究室编：《刘少奇年谱》(1898－1969) 上卷，中央文献出版社 1996 年版，第 513 页。

②　黄瑶主编：《罗荣桓年谱》，人民出版社 2002 年版，第 453－454 页。

延。""刘其人师如已到达冀东，命令其在杨国夫师后跟进，星夜兼程赶到山海关、锦州一带。"①

按照中央的要求，山东军区调兵东北就是一次大搬家。山东的 5 个军区，除了鲁南军区部队因津浦路战役没有抽调，其余 4 个军区的主力大部调往东北。胶东军区部队和万毅的滨海支队于 9 月份渡海后，渤海、滨海、鲁中军区的主力部队于 10 月份起相继从陆海两路开往东北。

渤海军区的两个师 12 000 人是从陆路进东北的。渤海军区司令员兼山东军区第七师师长杨国夫，带领第七师的 3 个团，于 10 月 6 日奉命从商河出发，赶到山海关，参加了山海关保卫战。由渤海军区直属第五团、第四军分区独立团和第二军分区回民支队等渤海军区基干部队新编成的一个师，在师长兼政委刘其人率领下，与第七师同时奉命，从渤海走海路到达冀东后，直插承德，参加热河战斗。这两个师是打进东北的，于第二年 2 月先后到达北满地区。冀东来的十九旅随山东第七师也到达北满，3 支部队合并编为东北民主联军第七师的 3 个旅。当年又与新四军第三师七旅合并，编为东北民主联军第六纵队，后整编为第四野战军第四十三军。这个军在解放战争中从松花江一直打到海南岛。

中共鲁中区委书记、鲁中军区政委罗舜初带领的山东军区第三师和警三旅 12 000 多人，于 11 月下旬不带武器从莱芜出

---

① 黄瑶主编:《罗荣桓年谱》,人民出版社 2002 年版,第 453－454 页。

发，由龙口渡海，在辽宁庄河县、新金县一带登陆。第二年1月与冀热辽军区第十六军分区曾克林部合并编为东北民主联军第三纵队，后整编为第四野战军第四十军。这个纵队在东北解放战争期间，是连战连捷的常胜部队，曾在辽沈战役的辽西会战中一举端掉廖耀湘的兵团指挥所和三个军部，使10万敌军群龙无首，被敌军称为旋风部队。

滨海军区的山东第一师和第二师按照命令分头进军东北。第一师师长梁兴初、政治委员梁必业奉命于10月5日从诸城率全师8 000人马出发，经河北过山海关，千里跋涉进入东北。第一师3个团里有两个团是红一方面军三军团四师的血脉，抗战时编为八路军一一五师的六八五团、六八六团，参加平型关之战后，转战山东，后与山东部队1个团合编为山东军区第一师。在山东的六七年里，山东的英雄儿女与红军血脉的结合，使这个师成为山东八路军的主力部队。一进东北，这支操着山东口音、流着红军血脉的部队，就和兄弟部队在秀水河子全歼来犯之敌5个营，打了东北战场的第一个歼灭战，此后在历次战役中屡建战功，是东北野战军中的头等主力师。滨海军区的山东第二师7 800多人在师长罗华生、政治委员刘兴元率领下，于10月8日从郯城出发，经龙口渡海在辽宁西部的兴城登陆，当时因山海关形势紧张，部队未经休整即投入锦州以西地区的战斗。在解放战争中，这个师因善于攻坚突破和野战进攻，也是东北野战军的头等主力师。这两个师与万毅率领先期到达东北的滨海支队，在山东时都在滨海军区，到东北又被编在一起，成为东北民主联军第一纵队，即后来的第四野战军第三十八军，是解放军的王牌主力部队。后来在朝鲜战场上，这个军被称为"万岁军"。

山东军区去东北的部队，还有军区机关、军区特务团、教导团等 4 000 人。

在主力部队向东北进军的同时，各解放区按中央要求调出的军事、政治、技术和地方干部 2 万多人，也分头分批进入东北，在中共中央东北局的统一领导下，分赴东北各地，发动群众，建立政权，扩大武装力量。山东军区抽调的成为 30 个团骨干的 6 000 名军队干部，分批从海路和陆路进入东北。胶东区抽调的 3 000 余名地方干部，在胶东天福山起义的组织者之一、时任中共青岛市委书记林一山带领下，随部队从海路进入辽宁，在大连和辽南地区开展工作，林一山出任中共辽南省委书记兼军区政委。原胶东区党委派在大连等地工作的党员、干部，直接就划给当地的党组织领导，这部分人其实也是山东派往东北的干部，但没有进行过统计。

尽管中央催促罗荣桓速去东北，可他无法立即动身，因为接替他工作的陈毅还在途中。山东的局势对于中共全国战略布局甚为重要，罗荣桓在离开前对山东的党政军工作做了周密安排。为执行中央电令，他带病坚持工作，令肖华先行渡海北上，各部队分海陆两路出发。10 月上旬陈毅进入山东，10 月 20 日中央决定由陈毅兼山东军区司令员。罗荣桓是 10 月 24 日率指挥机关乘汽车离开临沂北上的，离开前夕，把一条虎皮褥子送给陈毅，要他铺着防潮，因为北方的炕如果不烧火的话，凉气会伤人。

罗荣桓一行于 10 月 25 日在诸城宿营后，因诸（城）胶（县）公路已破坏，改为步行。由于罗荣桓病重，只能坐担架前进。10 月 29 日行至胶县大金家沟宿营后，罗荣桓还惦记着山东的局势。第二天，他在大金家沟致电中央军委，就中央要山东第二期出 5 万兵力去东北陈述自己的想法："为兼顾山东之坚持，华中入鲁部队未全部赴鲁前，首先争取出足 4 万人，迅速开动，待华中部队到达后，再设法抽调 1 万人跟进"，"陈黎对此计划有何意见，希复电以便部署部队开进"。① 10 月 31 日，胶东军区南海军分区司令员贾若瑜到胶县王家河头村迎接罗荣桓一行，11 月 1 日乘南海军分区的汽车进入莱阳城，11 月 3 日到达烟台。

罗荣桓在烟台听取了拒绝美军登陆的情况汇报，视察了烟台港口。11 月 5 日，胶东军区司令员许世友送罗荣桓一行到龙口码头，乘汽船渡海。

从 1939 年 3 月率一一五师师部和主力一部进入山东，到此次乘船离开山东，罗荣桓在山东大地战斗了 6 年零 8 个月。他率领八路军，广泛发动群众，建立抗日民主政权，发展人民武装，粉碎了日伪一次又一次的"扫荡"，扭转了山东抗日的被动局面，巩固和扩大了抗日根据地；1944 年和 1945 年组织了

---

① 黄瑶主编：《罗荣桓年谱》，人民出版社 2002 年版，第 456－457 页。

一系列攻势作战，指挥山东军区五路大军进行的大反攻，收复了除济南、青岛少数城市之外的山东大部地区，控制和主导了山东局势。罗荣桓和山东人民结下的深厚友情，山东人民永远不会忘记。

11 月 6 日，罗荣桓一行因风大，在砣矶岛兵站停泊过夜。11 月 7 日继续北上，夜间在大连海面遇到苏联军舰盘查，说明身份后苏军放行。11 月 8 日，在胶东先遣队新设置的新金县的貔子窝口岸登陆。踏上关东的土地后，罗荣桓和他指挥进入东北的 6 万多山东子弟兵一起，开始了新的征程。

第九章　停战之前

一、华东的红色心脏

在决定罗荣桓率领八路军山东军区机关和主力部队挺进东北的同时，中共中央对山东的党和军队领导机构与负责人进行了重大调整。决定把中共山东分局改为华东局，华中局改为分局，受华东局指挥；新四军军部及大部主力北移山东，军部与山东军区机关合并；陈毅、饶漱石等到山东工作。这就把山东解放区和华中解放区、山东八路军和华中新四军领导机构统一起来了。

到抗日战争后期，山东和华中的抗日根据地在共产党领导下都取得了很大的发展。日本宣布投降时，山东解放区和华中解放区面积达到 31 万平方公里，人口 6 020 万人，主力部队和地方武装 52 万人，还有 100 多万民兵。山东解放区建立了全国第一个共产党领导的省政府，从省到乡建立起完备、统一的民主政权体系。山东解放区拥有 12.5 万平方公里土地、2 400 万人口，山东八路军总兵力达 27 万人，民兵 50 万人。山东的共产党员发展到 22 万人，形成了从中共山东分局、大区党委、地委、县委、区委、乡村支部自上而下、统一完备的党的组织体系。这使山东成为共产党领导中国革命的重要根据地，山东的党、军队和人民成为中国革命的重要力量。

陈毅在延安参加党的"七大"后，按中央原定方案，要返回华中工作，9 月下旬，走到冀鲁豫边区的河南濮阳时，接到了中共中央新的电报命令。电报说："因中央有新的部署，决定新四军主力及陈、饶二人均到山东工作，望你及你所率军事干部取捷径直到山东接替罗荣桓的职务，以便罗能迅速去东北。"① 按照中央新的命令，陈毅和他带领的宋时轮、傅秋涛等人改道东去，于 10 月 4 日赶到峄县山东军区第八师师部，当晚乘吉普车到达临沂城，与罗荣桓、黎玉、舒同等亲切会合。

临沂城当时是山东解放区的首府，中共山东分局、山东军区、山东省政府、山东省临时参议会等山东党政军机关的驻地。

陈毅到达临沂、罗荣桓要离开山东去东北，都属重大机密，没有欢迎、欢送大会。他们的会面，在山东军区一座严加警备的普通房子里。陈毅和罗荣桓是井冈山时期的红军老战友，在抗日战争的艰苦岁月里，他们两人作为山东、华中两大

① 中共中央文献研究室编：《刘少奇年谱》(1898－1969) 上卷，中央文献出版社 1996 年版，第 501 页。

相邻抗日根据地的主要指挥员，相互支援、相互关心，情谊更加深厚。1943年春，代理新四军军长的陈毅得知罗荣桓尿血，由于山东根据地医疗条件差，做不出明确诊断，便拍电报给中央，建议让罗荣桓到新四军来诊治，他那里有个叫罗生特的奥地利医生，是泌尿科专家，医术很高明。经中央批准，罗荣桓于5月底到达新四军军部所在地苏北盱眙县黄花塘，治疗不到一个月，因罗荣桓牵挂山东战局，于6月20日坚持返回山东。这年秋天，陈毅记挂罗荣桓的病情，便派北京协和医学院毕业的专家黄农，陪同罗生特到山东为罗荣桓治病，罗生特就这样跟随罗荣桓，后来从山东又去了东北。这次两人相见，罗荣桓不顾身体病痛，连续几天向陈毅详细介绍了山东的敌我形势和省情，介绍了山东的干部配备情况、留在山东的各部队的素质和战斗力、将领的脾气秉性等等，谈了自己对山东今后发展的看法和意见。他们共同讨论了山东分局与华中局合组为华东局、新四军军部与山东军区机关合并后的机构与干部安排、阻击徐州方向国民党军北上的作战方案、山东根据地的建设发展等党政军工作的重点。

在与罗荣桓重逢相处的几天里，陈毅看到罗荣桓的病没有治愈，十分担心。10月9日，他和黎玉、舒同电报请示中央，说罗荣桓之病至今未能治好，时重时轻，如去东北带病工作，恐难支持，建议迅速送他去苏联治病。他们给中央提这个建议，是考虑到罗荣桓马上要去东北，当时苏军占领东北，去苏联会方便些。后来中央回电，让罗荣桓先去东北，是否去苏联治病视情况再定。①

　　10 月 20 日，中共中央任命黎玉代理中共山东分局书记；陈毅任副书记、新四军军长兼山东军区司令员。罗荣桓离开山东前，陈毅在收下罗荣桓送给他的虎皮褥子时，幽默地说："人说老虎屁股摸不得，今后我要睡在老虎的身上了。"话外之意，是他今后要同国民党这只老虎打交道了。

　　9 月下旬，中共华中局代理书记兼新四军政治委员饶漱石率领华中局机关、新四军军部向山东进发，新四军的淮南第二师第四、第五旅，淮北第四师第九旅，皖南、皖中第七师共 4 万余人也同时北移山东。10 月初，先头部队到达临沂。10 月 25 日，华中局机关、新四军军部进抵临沂城。

　　中共山东分局与华中局会合后，组建了中共华东中央局。经先后几次发出相关领导干部到华东局任职的电报后，中共中央书记处于 12 月 18 日批复，由饶漱石、陈毅、黎玉、张云逸、舒同组成华东局常委会，饶漱石任书记，陈毅、黎玉为副书记。12 月 3 日，中央军委决定新四军军部兼山东军区领导机关，陈毅任军长兼山东军区司令员，饶漱石任政治委员，张云逸任副军长兼山东军区副司令员，黎玉任副政治委员。华东局成立后，山东分局撤销，原属山东分局的胶东、渤海、鲁中、鲁南、滨海 5 个大区党委，直属华东局领导。为加强华中地区的领导和斗争，10 月份成立了中共华中分局和华中军区，分别

---

　　①　刘树发主编：《陈毅年谱》上卷，人民出版社 1995 年版，第 448 页。

隶属华东局和新四军兼山东军区。饶漱石到山东不久，即去北平参加军事调处执行部的工作，直到 1947 年初才返回山东。

新成立的中共华东中央局机关驻在临沂城西门里路原德国医院的旧房子里，新四军军部兼山东军区机关驻在同一条路上的原德国天主教堂后院，两个机关隔路相望。从这时起，中共华东局和新四军军部兼山东军区，就在临沂统一领导和指挥山东、华中两大战略区的党政军工作。临沂城从山东解放区的首府，成为华东地区的红色心脏。山东八路军和进入山东的新四军，是这颗心脏的主要血脉。

新四军苏浙军区第二、第四纵队和苏中军区教导一旅奉命北上，11 月上旬行至江苏涟水合编为新四军第一纵队，随后移至山东莒县待命。第一纵队原先的任务是开赴东北，后因形势变化，中央军委于 12 月 6 日解除其开赴东北的任务，留在山东。9 月下旬向山东开进的新四军第二师第四、第五旅和第四师第九旅，10 月中旬到达峄县后，合编为新四军第二纵队。加上从皖南开来的新四军第七师，北移山东的新四军部队为第一纵队、第二纵队和第七师共 6 万余人。在山东八路军主力挺进东北后，新四军军部和主力一部进入山东，对于加强共产党在山东的军事力量，巩固和发展山东解放区，起到了重要的保障作用。

这 3 支新四军部队，不少是当年红军主力北上后留在江南坚持斗争的队伍，抗战中改编为新四军部队又发展壮大起来的。

叶飞任司令员、赖传珠任政治委员、谭启龙任副政治委员兼政治部主任的第一纵队，辖3个旅9个团，22 000余人。第一旅的前身是原新四军第一师第一旅，抗战时期在苏中地区作战，1945年春南下浙西，编为苏浙军区第四纵队，抗战胜利后北撤至苏北。第二旅原为新四军苏南部队，其第四团就是由新四军老六团挺进上海近郊西撤时，留在常熟阳澄湖畔的36名伤病员发展起来的，在日伪军进行苏南"清乡"时转移到苏中。第三旅的前身是战斗在浙东的苏浙军区第二纵队，抗战胜利后奉命北移，这次编入第一纵队；浙东区党委的部分人员也随部队到达山东，编入第一纵队政治部。

罗炳辉任司令员、赵启民任政治委员、韦国清任副司令员的第二纵队，辖3个旅9个团，26 400余人。其中第四、第五旅的前身是土地革命时期红二十八军的一部分。抗日战争爆发后，在皖西北坚持斗争的红二十八军鄂豫边游击队3 100余人改编为新四军第四支队。1938年5月，新四军江北指挥部成立，第四支队为江北指挥部的主力部队，开辟了安徽定远一带的津浦路西抗日根据地，其所辖的第八团在战斗中发展扩编为第五支队。1941年1月，江北指挥部改编为新四军第二师，第四、第五支队改编为第四、第五旅。1945年9月，第二师师长罗炳辉率领第四、第五旅和第四师第九旅渡淮河沿洪泽湖北进淮阴，从新安镇越过陇海路到达鲁南。第四师第九旅的前身是1938年12月组建的八路军山东纵队鲁南的陇海游击队，后与兄弟部队合编为八路军第五纵队第三支队，皖南事变后改编为新四军第三师第九旅，之后又改隶新四军第四师。第九旅进鲁南，应该说是回到山东了。

谭希林任师长、曾希圣任政治委员的新四军第七师，也辖3个旅9个团，近2万人马。这个师是在皖南事变后，中共中央军委重建新四军时，由新四军第三支队、皖江地区的无为抗日游击队、皖南事变突围出来的部分部队编成的。第三支队的前身是红军在福建的闽北、闽东、闽西几支游击队。抗战爆发后，这几支游击队编为新四军赴皖南作战。第七师成立后，开辟了巢（湖）无（为）根据地和含（山）和（县）桐（城）游击根据地，1943年师部又兼新四军皖江军区机关。1945年10月，这个师从皖江出发，北上山东。

来到山东的新四军指战员大多是江苏、浙江、江西、皖南等地的南方人。山东人民对他们的到来既热烈欢迎，又热情关怀，但他们刚刚到来时，还是让山东老区的干部群众吃了一惊。有人悄悄说，这些兵，说话听不懂，好像外国兵；不少战士长得小巧还留长头发，好像学生兵；许多人带着五颜六色的绸面丝棉被，有的穿着绸衬衣，好像少爷兵。这样的部队能打仗吗？但在了解到这是流着红军的血脉、经过3年艰苦卓绝的游击战争，在抗战中威震大江南北的叶挺、陈毅指挥的队伍后，大家肃然起敬。新四军从南方初到北方，生活环境大大改变，吃的用的都不习惯。华东局要求各地像欢迎子弟兵归来一样欢迎新四军，在生活上好好照顾他们。

鲁南、鲁中、滨海等区的各级党委、政府，认真执行华东局的指示，尽量安排照顾好北上新四军的生活。那时，山东供应部队的粮食主要是小米、玉米、高粱和数量不多的小麦面粉。南方人吃惯了大米，在他们眼里，面食是点心，高粱是酿酒用的。许多人吃不惯高粱煎饼、小米饭和大葱、大蒜。尤其是高粱煎饼，又干又硬，咬不动、嚼不烂。有的战士说笑话："反攻、反攻，反到山东，高粱煎饼卷大葱。"连队的炊事员不会淘小米，做出的小米饭里沙子多，战士的怨言多。当地的干部了解到这些情况后，立即组织会做饭的群众，到各个连队的厨房里教炊事员怎么淘小米、做小米饭，怎么做玉米面、小麦面的面食。部队加强思想教育，指战员们努力尽快适应山东的生活环境，后来在条件艰苦时，部队吃地瓜干、豆饼末、花生皮甚至糠菜，也没有闹情绪的。

在《粟裕战争回忆录》第十九章《真正的铜墙铁壁》里，粟裕将军深情地回忆道："原华中部队进入山东后驻扎的临沂地区的人民群众，在天寒地冻的严冬季节，给部队以热烈地欢迎和无微不至地亲切关怀、照顾，那种深情厚谊、鱼水之情，使全体指战员感到无比的温暖。临沂地区的人民，宁肯自己吃糠、吃地瓜叶，甚至以树叶、野菜充饥，也要把用小麦、玉米、小米、高粱做的煎饼送给部队。宿营时，有的群众把刚结婚的新房也腾给我们住。妇救会'识字班'的妇女到各班去问寒问暖，抢着缝衣服、鞋袜；许多老大娘把自己赖以换取油盐的鸡蛋拿出来，甚至杀了老母鸡，送给部队的伤病员。……但是，对蒋介石他们又有着刻骨的阶级仇恨，要求部队多打胜仗，多消灭敌人，保卫解放区，扩大解放区，解放还在苦难火海中的人民。他们这种坚定鲜明的阶级立场，崇高炽烈的革命感情，使原华中野战军的同志受到了生动而实际的教育。对部队的思想转弯，起到了有力的促进作用。人民对子弟兵的热爱、关怀，始终是鼓舞部队前进的巨大力量。"北移山东的新四军部队与山东军区留在山东的八路军部队，经过调整和整编，逐步形成了以野战部队为主体，与地方部队和民兵武装相结合的武装力量体制，在中共华东局领导下，在山东人民支援下，迈上了新的战斗历程。

二、激战津浦路

抗日战争胜利后，国民党一方面在重庆和共产党谈判，另一方面调集大批兵力向共产党领导的各个解放区推进和攻击。国民党的 17 个军 47 个师约 40 万人，分头向山东、华中解放区进攻。1945 年 10 月 11 日，第十二军和骑二军在日军及伪军吴化文部改编的第五路军配合下，乘八路军主力挺进东北、新四军尚未到达山东之隙，沿津浦路北上，一部到达济南。吴化文部万余人进至滕县、兖州、泰安，第九十七军进至临城，第五十九、七十七军及由伪军郝鹏举改编的第六路军进至韩庄、台儿庄、贾汪一线。国民党在陇海路以北一百多公里的津浦路地段集结重兵，企图打通津浦路，进军华北、东北。

10 月 12 日，中央军委致电陈毅、罗荣桓等："目前山东与华中的中心任务（除出兵东北外）就是截断津浦路，阻止顽军北上，并力求消灭北上顽军之一部或大部。"[1] 要求新四军北移山东的主力和原山东军区部分主力，迅速组成津浦前线野战军，在徐州、济南间组织战役。10 月 15 日，陈毅兼任司令员、黎玉兼任政治委员的津浦前线指挥部成立，当天晚上，指挥部移驻邹县香城，着手组织津浦路徐（州）济（南）段战役。

津浦前线野战军由即将到达鲁南的新四军第二师第四、第五旅，第四师第九旅和第七师等部，与山东军区留下的第八师等一部主力组成，共 7 万余人。指挥部决定，趁敌大军主力尚未完全到达、部署尚未就绪之机，先对吴化文部及与吴部互为依托的日伪军进行打击。部署山东军区第八师及鲁南军区部队攻歼邹县、临城之敌，山东军区第四师及鲁中军区部队攻歼兖州、泰安间之敌，切断铁路，开辟战场。命令新四军北上部队加快进军速度，会同山东部队迎歼继续由徐州沿津浦路北进的敌军。陈毅在香城召开的团以上干部动员大会上响亮地说："此山是我开，此树是我栽，谁敢来摘果，把枪缴下来！"[2] 会后，这几句话传遍前线各部队，"不缴枪，不投降，不准过路"成为指战员的战斗口号。

10 月 18 日，津浦路战役在南北两线同时打响。

---

① 中共中央文献研究室编：《刘少奇年谱》(1898－1969)上卷，中央文献出版社1996 年版，第 512 页。

② 刘树发主编：《陈毅年谱》上卷，人民出版社 1995 年版，第 449 页。

南线作战的山东军区第八师发起攻击邹县县城。城里的守敌是吴化文部一个团和伪军改编的山东保安第十八旅，还有日军的米仓中队。在县城附近的十里铺、界河、纪王城、下看铺等据点还有部分日军。18日凌晨，第八师二十二团在发起猛烈攻击后，经过连续4次爆破，仅用25分钟就从县城东门突入，接着又突破西门，后续部队迅速跟进，向纵深扩大战果，伪军、顽军在强大攻势下纷纷放下武器。日军米仓中队据守碉堡，负隅顽抗。进攻部队的敌工干部送去通牒，令其投降，米仓竟然拒绝。攻城部队组织爆破，将碉堡炸毁，30多名日军被炸死。邹县火车站和县城周边据点的日军，看到县城已失，纷纷缴械投降。此役歼灭俘获山东保安十八旅旅长王宪焯以下2 500余人，日军300余人。缴获九二步兵炮2门，平射炮、迫击炮4门，八八式小炮17门，轻重机枪40多挺，步枪2 000多支。攻克邹县县城后，我军控制邹县车站南北铁路20余公里，把国民党北进部队挡在滕县一带，为下步作战争取了有利阵地。

担负北线作战的是山东军区第三师、第四师及鲁中军区部队。第四师于18日向大汶口车站的敌军发起进攻并占领车站，控制铁路线10余公里。23日，鲁中军区第六团在宁阳县大队及民兵配合下，包围了驻葛石店的伪军。战斗开始，伪军拒不投降，被进攻部队压缩进了炮楼。国民党宁汶泰肥东自卫团获悉葛石店伪军被围，赶去救援，被民兵阻击后调头回窜。炮楼被第六团用炮火摧毁，葛家店被攻克。此战毙敌75人，俘400

余人，缴获 490 余支枪。29 日，泰西军分区独立旅在宁阳县大队配合下，经两个半小时激战，攻克宁阳县城，毙伪军 370 人，俘 600 余人，缴获大量枪械、子弹，1 辆汽车，4.5 万公斤小麦。当地党委、政府组织民兵、群众配合部队作战，几天工夫就将兖州、临城段及大汶口附近段的铁轨拆除。

10 月 22 日，中央军委致电新四军、山东军区、津浦前线指挥部陈毅等，指出：战斗将越打越大，因此，第一，我军必将占领地段向南北扩展，创造出利于打运动战的战场；第二，山东、华中各组织一个 3 万人至 4 万人的野战军，并争取打几个好的歼灭战。① 此时津浦前线野战军的兵力尚未集齐，山东军区在鲁中的第三师、警三旅很快要北上去东北，已占领的津浦路各要点又要有主力部队坚守。指挥部认真分析了敌情，认为国民党主力部队尚未到达，吴化文的第五路军处在北进的运动之中，对其伏击围歼比较有把握。于是，指挥部决定以鲁南的山东军区第八师、刚进鲁南的新四军第四师第九旅、第二师第五旅，在滕县界河一带设伏，围歼北进的吴化文部。这 3 支部队进入伏击阵地的同时，将山东军区第四师布于邹县以南、两下镇以北山地，阻击可能逃窜之敌。

吴化文以日军打头阵，率领北进部队于 11 月 2 日抵达界河。3 日晨，吴化文留下 1 个团在界河防御，大部队继续沿公路北进。下午 13 时，日军和吴化文的先头部队进入伏击圈。

---

① 刘树发主编：《陈毅年谱》上卷，人民出版社 1995 年版，第 449 页。

伏击部队将走在前头到济南去集中的日军放过去后，集中火力攻击吴化文部队，敌军顿时惊慌失措，分头夺路溃逃。各路伏击部队和阻击部队将敌逃路全都截断，穿插切割、分部歼灭。吴化文见败局已定，仓皇逃脱。

到黄昏时分，界河伏击战胜利结束。此役将吴化文的第五路军总部、第一军军部及所率3个师4 000多人全歼。其中：俘房其军长于怀安、两名师长及以下3 000多人，击毙其1名师长及以下600多人，重创日军1个大队，缴获轻重机枪50多挺，枪2 000多支，炮7门，攻占了界河村，沉重打击了敌军北犯的气焰。

界河伏击战的胜利，使兖州至滕县间的铁路大多成为解放区的路段。11月11日，中央致电陈毅、黎玉，祝贺界河伏击战的胜利，同时指出："为准备战胜必然要来的大举进攻，除集中与整训部队外，必须创造更广阔的战场，向南北扩展铁路线的占领区，拔除临、滕、邹、兖地区的据点，广泛发动群众，给民众以经济利益。国民党正在重庆开将领会议，实行全国反共，惟调集大军于邹、滕地区尚须时日，你们应利用此间隙创造战场，将创造战场的任务当作战略任务。"[①] 当天夜里，山东军区第八师第二十三团向临城、夏镇之间的柏山据点发起进攻。守敌在山顶修建的大碉堡易守难攻，战至凌晨4点，临城来援之敌已与打援部队交火，虽歼守敌大部，但碉堡仍未攻

---

① 刘树发主编：《陈毅年谱》上卷，人民出版社1995年版，第451页。

克。为全歼守敌，一营二连机枪班长陈金河拿起一枚特大型快速手雷，匍匐进至敌炮楼下，用绳子拴住拉弦，滚向隐蔽处拉弦，不料绳子断了。此时援敌的炮火迫近，陈金河为了战斗胜利，冲上去一手把手雷摁在炮楼上，一手拉弦，只听一声巨响，炮楼被炸开缺口，陈金河光荣牺牲。进攻部队的战士们呼喊着冲上去，将守敌全歼。陈毅听到消息后，称赞陈金河是彻头彻尾的共产主义战士，全体指战员掀起学习陈金河的热潮。新中国成立后，地方人民政府把柏山改为金河山，在山上修建了烈士陵墓。

为了贯彻中央 11 月 11 日电报指示，津浦前线野战军主力于 11 月下旬向南移师，准备向韩庄、滕县段和临城、枣庄线的国民党军及日伪军据点发动进攻。新四军北上部队负责攻击韩庄、临城、枣庄间的据点。山东军区第八师和鲁南军区部队攻击滕县城及官桥、孟家仓之敌。

新四军部队按照津浦前线指挥部的部署，于 11 月 26 日展开攻势。两天时间，攻克临城火车站，拔掉韩庄及临城、枣庄之间敌人据点多处，歼敌 2 000 多人，并将临城包围，切断了滕县与临城、临城与徐州之间的联系。驻守临城的国民党第十九集团军司令陈大庆，为了打通与徐州国民党军的联系，于 12 月 1 日命令抗日战争中鲁南铁道游击队的死对头、已经投降的日军临城铁道警备大队长小林，率部 1 500 人向南面的徐州方向出击。侦知日军动向的新四军第七师预先设伏，当小林率部进入伏击圈后，第七师发起强大的军事攻势和政治攻势，迫使日军集体投降。

滕县之战是山东军区第八师在津浦战役中打的一场硬仗。滕县城守敌是国民党第十九集团军第二前进指挥所、暂编第一师，加上吴化文第五路军的后勤留守处、伪军改编的山东保安第二师、国民党滕县地方武装共 9 000 余人。滕县城南面的官桥、孟家仓两地各有暂编第二师的 1 个团驻守，以及一些收编的伪军、未撤离的日军。山东军区第八师决定由南向北，先打孟家仓，再打官桥，最后解决滕县城。

第八师第二十四团担负首先攻歼孟家仓守敌的任务，第二十三团、二十二团分别监视官桥、滕县之敌，阻其出援，并分担主攻官桥、滕县的任务。11 月 25 日，第二十四团冒雨发起攻击，攻击部队在泥水里勇猛地爆破、冲锋，全歼守敌，切断了官桥、滕县守敌向南的退路。

紧接着，第二十三团向官桥守敌发起攻击。官桥是个火车站，国民党第十九集团军暂编第二师的师部就在这里。这个几百户人家的小镇上，南面挂的是国民党的青天白日旗，西北角的日军还挂着日本的太阳旗。当攻击部队向国民党暂编第二师师部顺利推进时，位于侧面的日军突然开火，与国民党军的火力形成交叉网，敌军机枪、小炮全都用上，使攻击部队遭到很大伤亡。第二十三团敌工科长李振华用日语喊话，命令日军速派代表来领取通牒。日军代表过来后，李振华厉声喝问："你们违背了投降宣言，知道应负什么责任吗？"日军代表不敢抬头，再三说："请宽大，请宽大，完全出于国军的要求。"李振华命令道："想取得宽大不难，你部迅速离开镇子，撤到车站北面，向我军投降！"300 多名日军撤走后，官桥守敌被迅速歼灭。

孟家仓、官桥战斗，共激战两昼夜，我军生俘国民党暂编第二师师长康乐三以下 2 000 多人、日军 300 余人，缴获山炮 2 门、炮弹千余枚，轻重机枪 30 多挺，步枪 2 000 多支，子弹 15 万发，还有其他战利品。这一仗，是抗战胜利后山东共产党军队与国民党正规军的首次交锋，即全歼第十九集团军 1 个建制师。战后，山东军区第八师以缴获的 2 门山炮为基础，立即成立了 1 个山炮连，用牛车拉着山炮去打滕县城。

这时，兖州到临城 100 多公里铁路线上，敌人只剩下 1 个孤立的滕县城。滕县城墙高大坚固，四关外围工事亦十分坚固，碉堡林立，火力点密布。按原定作战计划，山东军区第八师担任主攻，新四军第二师第五旅阻止临城可能北援之敌，第四师第九旅攻歼临城东南陶庄、小窑之敌。第八师师长兼政治委员王麓水与副师长何以祥研究决定，由第二十二团担任主攻，从东门突破，第二十三团攻击西关、西门，第二十四团攻击北关、北门。进攻时间定在 12 月 12 日晚上。

为了在战前进一步掌握敌情，12 日下午，王麓水师长带着主攻团团长王吉文到城外前沿观察，城里守敌发现后突然向他们发炮，1 颗炮弹在他们面前爆炸。王麓水这位参加过中央苏区五次反"围剿"和长征的老红军被炸成重伤，不幸牺牲。王吉文团长也身负重伤。何以祥副师长接到这一噩耗的报告后，命令第二十二团参谋长毕庆堂代理团长指挥部队，立即向陈毅报告。陈毅强忍悲痛命令何以祥指挥部队按原定计划攻城。

为了不影响部队的情绪，何以祥命令封锁王麓水师长牺牲的消息。当天晚上，攻城战斗打响。从官桥缴获来的 2 门山炮和原有的迫击炮、步兵炮首先开火，很快摧毁了城东门敌人的前沿工事、城门楼，炸开城门，突击部队勇猛攻入。战至子夜，北门、南门也相继攻克，残敌被压缩在城西。经过两昼夜多的激战，敌暂编第一师师长李华于 14 日凌晨 2 时率所部 3 000余人投降，滕县古城解放。此战全歼滕县守敌 9 000 多人，俘虏日军 100 多人、国民党军 7 600 多人；缴获山炮 6 门，轻重机枪 180 挺，枪 5 700 支，子弹 50 万发，汽车 9 辆等众多战利品。

负责攻歼临城东南小窑、陶庄的新四军第四师第九旅传来捷报。第四师副师长韦国清负责指挥，先派兵佯攻国民党第三十六师何志斌部的驻地西陶庄，第九旅旅长滕海清率部猛攻小窑。小窑驻有何志斌的 1 个支队 900 余人，还有 200 余日军。经一夜激战，黎明时，除守敌支队长等少数化装逃出，其余近 900 人和所有日军被全歼。接着，第九旅集中兵力猛攻西陶庄，何志斌在外援无望、再战必亡的情势下，被迫率 3 000 人起义。不过其本性未改，9 天后叛变，率部逃往临城，被解放区地方武装消灭 2 000 多人后，残部逃入临城。

为配合津浦前线作战，山东军区部署其他方向的部队，分别展开行动。山东军区第五师和胶东南海、北海军分区独立团，奉命阻击沿胶济路西犯的国民党第八军。这个军乘美国军舰在青岛登陆后，在赵保原部配合下，于 11 月 20 日沿胶济路西进，一部窜踞即墨、蓝村，一部窜至胶县。当天夜里 23 时，胶东军区部队向西犯之敌展开攻击。此次胶济路阻击战打到 12 月 15 日，胶东军区部队沿路节节阻击，破路毁桥，激战于朱阳、蓝村一带将敌阻于潍县以东。

山东军区第五师和胶东军区部分基干武装西出潍县，协同第四师、第九师和鲁中军区基干武装，攻占了淄川、博山等地，歼敌 1 700 余人。渤海军区部队和民兵，破坏了济南、德州间的铁路。冀鲁豫军区的部队于 10 月 17 日攻克菏泽，歼敌 2 000 余人；12 月 30 日攻克郓城，歼敌 3 000 余人；1946 年 1 月再克巨野、成武、单县等城镇。

滕县战役后，12 月 27 日，津浦路徐（州）兖（州）段沿线据点的日军 4 000 多人，因津浦铁路已切断，慑于人民军队的强大攻势，被迫缴械投降。12 月 30 日晚，鲁南军区警八旅乘势攻打曲阜城，于 31 日全歼守敌 800 余人，解放曲阜城。

津浦路战役历时 70 多天，全歼国民党第五路军总部、第一军军部和 6 个师 28 000 余人，挫败了国民党打通津浦路的企图，有力地配合了中国共产党在停战谈判中争取和平的斗争。

三、反甄审

国民党接管青岛两个月后，发生了一场青岛青年教师和学生反甄审的民主运动。青岛的师生与宁、沪、平、津等地师生的反甄审斗争相互呼应，打破了国统区人民对国民党政府抱有的幻想。

1945 年 9 月，国民党政府召开了抗战胜利后的全国教育善后会议，会上决定对收复区专科以上师生，中、小学教员和中等学校毕业生进行甄审。会后，国民政府教育部公布了《甄审收复区中等以上学校学生之办法》，规定对原沦陷区的毕业生、肄业生、在校生和教员一律进行甄审训练，甄审科目一律考三民主义、国文、英文、数学、史地、理化 6 门功课，还要标点批注国父遗教和蒋介石的《中国之命运》，并要呈交研读报告及论文。此办法一出，激起收复区广大学生、教师的极大不满，迫使他们不得不为争取读书和生存的权利而起来斗争。

上海学生在国民政府教育部长朱家骅到上海时，发起集体请愿，提出"人民无伪""学生无伪"等口号，要求教育部取消甄审办法，争取读书的权利。北平学联组织专科以上学生，先后召开 4 次反甄审大会，并在 10 月份发出《给收复区全体青年同学的一封信》，号召收复区的同学团结起来开展反甄审斗争，直到当局撤销甄审办法。天津各校学生纷纷上书市教育局，要求收回成命，但无下文。在先后 4 次召开各校反甄审代表会议，成立全市反甄审委员会后，天津学联发动 21 所学校 3 000 多人，于 12 月 31 日包围了天津市教育局，反对甄审。

山东境内国民党真正能管理的收复区学校，主要集中于济南市和青岛市。国民党济南市政府在 12 月 18 日成立了一个小学教员登记甄审训练委员会，布置对小学教员进行甄审训练，后在全国反甄审斗争的形势下，这项工作无甚进展和扩大。青岛是国民党中央直辖特别市，是各地反甄审斗争中唯一发生枪杀血案的城市，青岛的反甄审斗争在全国造成了重大影响。

按照国民政府教育部的甄审办法，国民党青岛市教育局下达了对青岛日伪时期的高、初中毕业生和中小学教师进行甄审的办法，规定未经甄审合格的学生与教师，一律不承认学籍、教龄，不能继续求学、报考大学和任教。11 月，国民党《青岛公报》刊登了教育部的甄审办法，还公布了进行甄审的两条理由：一是沦陷区的教育散布着奴化毒素，使学生们养成奴化的性格、崇日的心理、堕落的生活；二是沦陷区学生所得的毕业证书，均为伪组织发给，在法律上无任何效用。青岛市教育局又制定了对小学教员的"登记甄审训体办法"，规定对在敌伪学校任职的小学教职员予以甄审，经考核后才能任教。登记期限为 11 月 20 日至 12 月 19 日。训体内容为总理遗教、总裁言行、中国国民党政纲与政策、抗战事迹等。12 月 4 日，青岛市教育局又发布公告，规定中学生在 12 月 5 日至 15 日办理甄审登记，25 日按国民政府教育部定的 6

门科目统一进行考试。

国民党当局公布的甄审办法不仅使广大师生面临失业、失学的威胁，而且在政治上被强行按上"附逆"的印记，引起广大师生的强烈不满和抵制。从 11 月下旬起，青岛师范学校、市立中学、市立女中、礼贤中学、崇德中学、文德中学等校毕业生就多次集会，派代表到市教育局交涉，均被拒绝。进入 12 月后，一些学校成立了毕业生联谊会、教员学生联谊会，多次推选代表到市教育局，向市教育局长孟云桥提出，三民主义、总裁言行等在沦陷期间没有学过，要求先补习，后甄审。孟云桥以无钱、无人、无场地为由拒绝。代表们提出当局只要派人授课就行，其他的事自己解决，仍然遭到拒绝。市教育局强硬答复：甄审是教育部的命令，不能变更，逾期不登记，一切责任自负。市教育局还致函市社会局，对学生们成立的社会组织"未经该局许可勿准立案"。

青岛当局随即对崇德中学、文德中学、台东镇小学、北京路小学、江苏路小学 5 所学校的教职工进行甄审，裁撤了台东镇小学校长等教职员四五十人，代之以与当局有关系的新教员。新派去的教师除了工资，每人每月还发 6 市斗补助粮，而原有的教师没有补助粮。这一行径激起广大师生强烈不满，纷纷要求取消不合理的甄审。

12 月 16 日，青岛市各校师生代表三四百人在黄台路小学礼堂集会，决定自 17 日起罢教、罢课，集体请愿。当天晚上，大家分头上街张贴标语，呼吁社会各界给予支持。16 日夜里

10 时起，张贴标语的师生上街行动，国民党青岛市政府已提前侦知，出动大批军警，手执枪棍进行镇压，撕毁和没收标语，殴打贴标语的师生，当晚抓捕 20 多人。

16 日夜里 23 时左右，在湖南路上贴标语的文德中学 20 岁女教师费筱芝与另外两名师生被警察抓到，在警察搜查盘问时，费筱芝突然抽身逃跑，警察追赶时，从江苏路来了几个青岛保安总队士兵堵截，当费筱芝又掉头逃跑时，被士兵开枪击倒，躺在血泊中。后有 1 辆美军吉普被路人拦下，将费筱芝送到青岛医院，但费筱芝因流血过多，抢救无效而亡。费筱芝血案激起了公愤，成为青岛反甄审运动进入高潮的引爆点。

第二天，崇德中学、文德中学和北京路、江苏路、黄台路、台西镇等小学率先罢课，市立中学、市立女中、礼贤中学等 10 余所学校师生接着响应，5 000 多名学生迅速加入斗争行列。青岛社会各界舆论大哗，纷纷谴责杀人凶手。18 日，青岛各校代表开会，决定向青岛当局提出查办主使犯、缉拿凶手、保障青年生命、保障教职工生活和职位等请求，印发了《告青市同胞书》《告全国同学书》《告各机关书》，并致电教育部，就青岛当局不准先补习后甄审、未经甄审先裁撤教职员、枪杀费筱芝等事提出申诉。同时利用驻青岛的国民党第八军与青岛当局的矛盾，呼吁第八军给予同情和支持。19 日，学生代表将费筱芝遗体从青岛医院移至胶州路东本愿寺停放。学生代表轮流守灵，国民党第八军派兵前来站岗，各校师生络绎不绝前来吊唁。

为了尽快平息学潮和消除社会舆论压力，国民党青岛当局被迫作出让步。市长李先良到医院勘察，决定将费筱芝从优棺殡，表态要迅速逮捕肇事人犯，严惩法办。李先良、葛覃、孟云桥等在师生的"十项请求细目书"上签字，释放了16日晚抓捕的师生，许诺为被裁撤的教员复职等。市教育局两次发出通告，通知延期进行甄审登记，并对礼贤、崇德、文德、圣功4校学生免予甄审。

在社会各界压力下，青岛当局于12月21日下午，在国民党第十一战区青岛军警联合稽查处，组织了临时法庭，对费筱芝一案进行党、政、军联合侦审。师生代表和新闻界百余人参加庭审。师生代表在法庭上陈述事实真相，要求查办主犯、严惩凶手，并质问当局："学潮为何发生？难道青天白日之下，青岛人民的生命就如此没有保障？堂堂教师可以被任意枪杀街头？"法庭依次传讯对质，结果警察和青岛保安队士兵相互推诿，都不承认是自己开的枪。庭审至晚上19时仍无结果，法庭以案情复杂为借口，宣布延期再审。

此时，美国特使马歇尔来华调处国共停战谈判，国民党中央需要在国统区粉饰太平。以费筱芝血案为爆发点的青岛学潮引起了国民党中央政府的重视。国民政府教育部长朱家骅、国民党中央宣传部长吴国桢等致电青岛市政府、市党部，查问情况，严令要"妥为处理，期即平息"。北平行营主任李宗仁也发电查问青岛学潮，指示要安定秩序、恢复上课。

迫于学潮压力和国民党中央部门及一些大员的查问，青岛当局对费筱芝一案进行了再次开庭审理。这次庭审，事发现场的师生和送费筱芝去医院的美军士兵出庭作证，在事实面前，开枪击倒费筱芝的青岛保安总队士兵不得不低头认罪。庭审后，临时法庭将案情上报国民政府司法部，以青岛保安总队与地方武装警察相同为借口，推给地方司法机关判决，将杀人嫌犯移交给青岛地方法院。

青岛当局为了扭转舆论压力，在毫无事实依据的情况下，宣称张贴反甄审标语的人有共产党嫌疑，对费筱芝是"误伤"。国民党青岛市党部机关报《民言报》上还发表社论，攻击"反甄审斗争是非法的"，训斥学生"不要撒野"，威胁恐吓学生。同时又派人收买教员学生联谊会的个别骨干，制造破坏反甄审斗争的流言，故意拖延对杀人嫌犯的审判，使一些师生对斗争结果失去信心。

费筱芝血案和青岛师生的反甄审斗争，得到了中国共产党和国统区各大城市师生的声援，来自全国各地的慰问信件纷至沓来。延安《解放日报》、重庆《新华日报》、山东《大众日报》、胶东《大众报》等都陆续刊载消息，发表社评，严厉谴责国民党青岛当局枪杀费筱芝的恶行，支援青岛师生的反甄审斗争。中共中央华东局发出《关于青岛学生运动的指示》①，要求以费筱芝惨案凶手为主要打击目标，力争实现"惩凶""保障人权""取消甄审"等要求。山东青联总会向全省青年

---

① 见《山东革命历史档案资料选编》第十六辑，第 206－208 页。

学生发出声援青岛师生的号召。宁、沪、平、津等地学界来电来函悼念声援。青岛的工人、学生和各界市民纷纷为安葬费筱芝捐款。

转眼间新年已过，青岛当局依然采取拖的办法，对师生所提问题没有给予解决。1946年1月12日，教师学生联谊会在东本愿寺举行了费筱芝追悼大会。会场庄严肃穆，灵前摆满了人们送的花圈，棚壁上挂满了挽联，但在灵堂的横幅上，贴了4张无字的大白纸，表达了师生们的悲愤。数千名师生和市民前往吊唁。教师代表、学生代表在会上控诉了当局镇压学生、滥杀无辜的罪行。

召开追悼大会的第三天，因为市长李先良等对自己签了字的师生"十项请求"拖着不办，青岛市八九千师生齐集第三公园，要求李先良出来答复问题。李先良躲在市政府不到场，派人把师生代表骗到市政府进行"谈判"，对师生进行威胁并暗中扣押。学生们见代表迟迟不归，恐有不测，便要去市政府要人。此时，队伍中的中共青岛特支成员当即商量对策，为防止当局找借口镇压，让联谊会组织师生整队出发，去市政府请愿。游行队伍有秩序地举着标语，奏着军乐，高呼口号，经中山路等主要街道前往市政府。路旁成千上万的群众围观，喊口号给学生鼓励。交通公司、电业局、四方机厂、颐中烟草公司等单位的工人，中途纷纷加入游行队伍，到达市政府时请愿队伍已有1万多人。

面对市政府门前高呼口号的上万群众，青岛当局如临大敌。起先在大门前支起两挺机关枪，后又悄悄撤掉。李先良开始时躲在办公室里不肯出来，在请愿群众的强大声势逼迫下，不得不带着卫兵出来与群众见面。但他不肯回答学生们提出的问题，激起现场群众的愤怒，大家振臂高呼："打倒贪官污吏！""枪毙凶手！"李先良见势不好，转身躲了回去。教育局长孟云桥跑出来，代表市政府表示接受师生所提的大部分要求，于次日上午作正式答复。师生们整队返校。

这次市政府门前大请愿后，为了平息学潮，青岛当局履行了对师生的部分许诺，判处杀害费筱芝的凶手 10 年徒刑。同时，采取为教员学生联谊会提供办公场所，为其中的骨干介绍工作、吸收加入三青团等手段，分化瓦解联谊会的骨干力量。市教育局下令全市学校提前放寒假，使师生离校。

反甄审斗争席卷了国统区的大中城市，迫使国民政府教育部修改了甄审办法，降低了甄审要求。青岛的反甄审斗争使青岛当局放弃了原定的甄审方案，承认了青岛教员学生联谊会为合法组织，惩办了杀人凶手，许诺保障教员的最低生活待遇。1945 年 12 月底，教育部开设了济南临时大学补习班青岛分班，接受了师生先补习后甄审的要求。青岛市教育局要各校提前进行期终考试，开办补习班。补习班期满考试及格者，发给甄审合格证，甄审实际上已流于形式。到 1946 年暑假，国民党教育部在各地开办的临时大学学生都升入国立大学，甄审办法不了了之。

反甄审斗争是青岛光复后，在国民党统治下爆发的第一次大规模学生运动。这场斗争持续时间长，参与人数多，声势浩大，影响全国。中共青岛地下党组织将在斗争中暴露的骨干护送到解放区，对未暴露的人员和进步师生做了妥善安排，并从中发展力量。这场斗争使抗战胜利后国统区的人们看到了国民党政权的本质，为以后解放战争中的学生民主运动提供了经验，打下了基础。

四、人民的纪念

抗日战争的胜利，是无数抗日将士流血牺牲换来的。他们是民族的脊梁，人民的英雄。

早在 1943 年，在抗日战争的艰难岁月中，共产党领导的山东战时工作推行委员会就颁布了《山东省抚恤阵亡将士荣誉军人暂行条例》《山东省民兵奖励抚恤暂行办法》，并在战争条件下认真实施。抗战胜利后，在山东国统区里，接收大员们忙着大搞抢位子、抢金子、抢房子、抢车子、抢女子的"五子登科"，国民党军里那些为抗战牺牲的烈士和遗属无人过问。共产党领导的山东省政府，商得解放区山东省临时参议会同意，又修改提高了省战行委 1943 年对阵亡将士、民兵和荣誉军人的优抚标准，颁令施行。[①] 山东省政府和山东军区政治部还联合发出通知，要求各地为烈士建立墓地，每一烈士墓前要立

---

① 见《山东革命历史档案资料选编》第十六辑，第 529 - 531 页。

碑，上刻部别、职别、姓名、年龄、籍贯、牺牲时间等，以备将来转运和"永垂纪念"。

具有光荣革命传统的山东人民，对为民族解放、为人民利益而捐躯的烈士，始终心怀敬仰。即使在敌强我弱、环境残酷的抗战最艰难的岁月中，山东的共产党、八路军、民主政府和抗日群众，也尽可能地为烈士建墓树碑，缅怀其功绩，祭奠其英魂。

山东境内最早建立的纪念一个大区抗日烈士的纪念碑，是位于掖县蒋家村北青牛岭上的"胶东八路军历次战役牺牲将士纪念碑"。这是八路军山东纵队第五旅及五支队为纪念抗战以来在胶东牺牲的将士，于1940年11月建立的。碑的正面刻着"胶东八路军历次战役牺牲将士纪念碑""民族解放的先锋，无产阶级的前卫"，并刻有"中华民国二十九年十一月七日"的立碑时间。背面的碑文中赞颂"为胶东抗战而死难的共产党员和八路军将士们，他们都是革命的忠杰，中华民族优秀的子孙"。碑的两侧刻有领导天福山起义、在雷神庙战斗中英勇牺牲的中共胶东特委书记理琪等85位烈士的英名，更多烈士的英名没能刻上，只好用了个"等"字。1940年11月12日，八路军山东纵队第五旅旅长吴克华、政治委员高锦纯等胶东区党、政、军、民近万人参加了立碑典礼和追悼大会。

纪念碑落成这年春天，汪精卫投靠日寇在南京建立了伪政权。对日伪满怀仇恨的胶东军民专门刻了汪精卫夫妇跪着的石像摆在碑前，并在碑文中写道："日寇汉奸卖国贼在这些英雄面前战栗溃退了。"敌人对这座纪念碑恨之入骨，1941 年 3 月，敌人侵入这里时，把碑推到，把跪在碑前的汪精卫夫妇石像也砸了。抗战胜利后，这座纪念碑被重新竖起。

1943 年以后，尽管国民党的山东省政府和正规军撤到省外，在共产党的领导下，八路军和山东人民开始扭转省内抗战局势，根据地不断扩大，对修建抗日烈士陵园和纪念建筑更加重视。到 1945 年抗战胜利前后，已建成多处抗战烈士纪念场所。

1943 年 7 月，鲁中区党政军民修建的、占地 33 万平方米的"万松山革命烈士陵园"，在沂南县依汶乡万松山南麓落成，当时安葬了 130 名烈士。中共鲁中军区党委、鲁中抗联，山东党、政、军领导人罗荣桓、黎玉、肖华、范明枢等为陵园题词。

1943 年冬天，冀鲁豫边区第十区党、政、军、民修建的"鲁西南革命烈士陵园"，在曹县西北安陵堌堆建成。冀鲁豫军区第十军分区司令员赵基梅、鲁西南工农青妇联合会题写了挽词。

1944 年 5 月，中共鲁南区委、鲁南行署决定在苍山县西北文峰山建立"银厂惨案"纪念碑，并在山上修建烈士陵园，后定名为"鲁南革命烈士陵园"。"银厂惨案"发生在 1941 年 10 月 27 日，因日寇"扫荡"临郯平原地区，中共鲁南区委书记、鲁南军区政委赵镈率区党委机关，转移到位于山区的银厂村休整，被驻鲁南的国民党第五十一军三三七旅六八三团侦知。国民党军竟勾结日伪荣子恒、王洪九等部，在内奸策应下，趁夜包围突袭银厂村。当时村里只有 1 个警卫连，寡不敌众，在突围中，30 多人牺牲和被俘。赵镈被敌人抓住并验证身份后，英勇不屈，被敌人活埋在九女山。1944 年 10 月 27 日，是"银厂惨案"3 周年纪念日，"银厂惨案烈士纪念碑"在文峰山烈士陵园落成。这一天，赵镈烈士的遗骨也从他牺牲处的九女山迁到陵园安葬。赵镈烈士墓前镶嵌的铜像，是鲁南民众捐献 40 公斤铜钱熔铸的，铜像下方铸有"赵镈同志遗像"6 个字。

1945 年，冀鲁豫边区中共冀南区委、冀南行署在莘县大王寨丈八村西北，修建了"鲁西北革命烈士陵园"，又称丈八烈士陵园，当时占地 5.86 万平方米，建有纪念塔。冀鲁豫边区党、政、军领导人题写了碑文，陵园的纪念碑上还刻有冀南行署的祭文。陵园北面修建了在抗战中牺牲的冀鲁豫军区第七军分区政委兼七地委书记肖永智、鲁西北地委书记张炳元、八路军一二九师筑先纵队政治部主任史钦琛等 23 名烈士的陵墓。

在莘县张鲁镇南 1 公里处，是"马本斋烈士陵园"。1944 年 1 月，鲁西北军分区司令员兼回民支队司令员马本斋奉命率回民支队奔赴陕甘宁边区，但因连年与日寇作战，身怀疾病，马本斋因病情恶化未能随师成行，不幸于 2 月 7 日逝世。3 月 17 日，中共中央在延安为这位著名的回族抗日英雄举行了追悼会。毛泽东、朱德、周恩来题写了挽词。当地人民献出 10 亩良田，安葬了这位民族英雄，为他修建了陵园。

　　山东解放区的党、政、军、民为抗日烈士修建的陵墓和纪念建筑，遍布全省各地。国民党在山东没有修建抗日烈士的纪念建筑，在国共内战中进犯解放区时，还肆意破坏抗日烈士陵园和纪念物。1945 年在单县修建的"湖西区革命烈士陵园"，是苏鲁豫交界的微山湖以西地区几个县抗日烈士的纪念地。1946 年国民党军队进犯单县，竟将陵园严重毁坏，新中国成立后才得以重修。

　　到抗战胜利的 1945 年，山东境内修建规模最大的烈士陵园，是位于栖霞县桃村灵山的"胶东革命烈士陵园"，这也是当时全国最大的抗日烈士陵园。

　　1945 年初，为了纪念抗日战争中在胶东大地牺牲的两万多名烈士，中共胶东区委，八路军胶东军区司令部、政治部，胶东区行政公署，胶东临时参议会，胶东各界抗日救国联合会，胶东人民武装自卫委员会共同发起修建胶东抗日烈士纪念塔、纪念堂、烈士墓的倡议，得到全区人民和军队的一致拥护。胶东临时参议会在胶东《大众报》上刊发了募捐号召，胶东各地群众迅速掀起了捐款、捐地、献粮、献工的热潮。

　　胶东抗日烈士纪念塔是陵园的标志性主体建筑。中共胶东区委、胶东区行署、临参会向各地、县党政机关、群众团体发出了建塔通知，成立了建塔委员会，由胶东军区政治部主任彭嘉庆担任主任委员，区党委宣传部长谭佑铭、胶东各界抗日救国联合会主任张修己担任副主任委员，工程主管部门为胶东行署。当时正处于抗战最后阶段，从战略位置考虑，胶东区决定将塔址定在胶东半岛的腹地牙山地区。这里是老根据地，一般不会因战事影响工程。建塔委员会在实地考察了几十座山头后，最后选定了牙山山脉东侧前怀的灵山。灵山海拔 310 多米，山势峻峭秀丽，左右缓长，山后有隘口与牙山余脉相连，山下是大面积相对平坦的开阔地。在灵山顶上建塔，十几里外都能看到。

1945 年 5 月 1 日，胶东抗日烈士纪念塔开工建设。在没有机械设备、没有汽车运输的情况下，要在高山顶上建 1 座 20 多米高的石砌纪念塔，工程的艰巨程度可想而知。建塔的石料，是从周边的村庄山上开采的花岗岩，就地取材以节省工本和时间。运输石料的马车是从莱阳、黄县调来的，石料运到山下，再逐步转运至山上进行细加工。石匠大多来自乳山、文登和荣成，他们扔下家里的活计，来到工地一干就是几个月。工程员和瓦工们共同发明了一种名叫"土牛"的土法起重机，把几百斤重的大方石一块块地运到塔上，盘旋着砌到塔顶。工人们以"烈士流血我流汗"的精神，夜以继日，忘我工作。

8 月 15 日，刻有 5 716 位烈士英名和建塔序文的主体工程完工了。碰巧，这一天日本天皇宣布无条件投降。第二天，工地负责人骑马到司令部报捷，刚进门，建塔委员会主任、胶东军区政治部主任彭嘉庆就问："纪念塔建成没有?""昨天已建起来了。"彭嘉庆说："早建成纪念塔，日本鬼子早就投降了!"大家高兴地笑了起来。

11月7日，胶东抗日烈士纪念塔的落成典礼在牙前县桃村灵山隆重举行。中共胶东区委书记林浩，胶东军区司令员许世友等出席大会，胶东各地烈、荣、军属代表应邀参加，10万军民参加了这场隆重典礼。从此，灵山改名为英灵山。

胶东抗日烈士纪念塔高21.37米，用960块花岗石砌成。塔身呈六边菱形椎体。当年冬又在陵园东岭修建了1座"烈士名录永垂千古"塔，塔上刻有烈士英名11792个。第二年又在园内修建一座"烈士芳名塔"，上刻烈士英名3342个。3座纪念塔共刻有20850位抗日烈士的英名。建塔的同时，修建了占地44万平方米的胶东革命烈士陵园。陵园里有中共胶东特委书记理琪、王文，战斗英雄任常伦等11座著名烈士墓，修建了烈士纪念堂、烈士骨灰堂。

任常伦是胶东家喻户晓的山东军区一等战斗英雄，1940年参加八路军，与日伪作战120余次，1944年11月在长沙堡战斗中牺牲。1945年建塔之初，建塔委员会就决定将任常伦遗体迁入陵园安葬，并建1座烈士铜像。胶东根据地的军民听说后，争相捐献铜器，纷纷捐出家里的铜勺、铜锁、铜脸盆、铜钱等，儿童团员们到处捡铜弹壳捐献。任常伦的铜像高2米、重5000斤，在当时的工艺条件下，很难整体浇铸，大家集思广益，将头、胸、臂、腿、脚等分成8个部位分别浇铸，然后合成一体。建成后的任常伦铜像，手持步枪，站立在高2.6米的石质方座上，英姿勃发。

胶东抗日烈士纪念塔的序文中，胶东党、政、军、民满怀对烈士们的敬仰之情，回顾了抗战中成千上万的先烈用鲜血和头颅保卫人民的利益，惩罚民族侵略者及民族叛卖者的英雄事迹。序文中说，烈士们"当与敌人搏斗时，不怕流血牺牲，前仆后继，视死如归；当受命工作时，则是不避艰险困难，积劳尽瘁，献身革命；为减轻人民负担时，他们就放下枪杆，拿起镢头，一面生产，一面战斗。他们时时不忘群众，并依靠群众，而又教育和提高群众，他们视群众如父母，如手足；他们保护群众利益，如同保护自己的眼睛一样，他们与群众的关系，如血肉，如家人。总之，他们的生与死，言与行都一切为着民族解放，一切为着人民利益，因而他们的一切都成为我们后死者的榜样。他们的英名和伟绩如同日月一样的千秋永存"。①

谁能继承革命先烈这种"一切为着人民利益"的精神，谁能像烈士们那样视群众"如父母、如手足"，与群众"如血肉、如家人"，谁就能获得群众的全力支持，向着光辉的目标，在征途上克服种种艰难险阻，无往而不胜。

五、和平需要保卫

转眼到了 1945 年末。经过重庆谈判签订了"双十协定"后，国共双方依旧军事冲突不断。在山东，津浦路上、胶济路

---

① 《胶东抗日烈士纪念塔序文(代序)》，见《山东革命斗争回忆录丛书·胶东风云录》，山东人民出版社 1981 年版，第 4 页。

上仍然处于交战状态。

美国出于东亚整体战略的考虑，担心国共内战如果爆发，共产党会占据大半个中国，这对美国不利。杜鲁门总统委派刚刚退役的五星上将马歇尔前往中国，调停国共军事冲突。马歇尔于 12 月 20 日飞抵上海，第二天到南京会晤了蒋介石。接着又飞到重庆，会晤了中共代表周恩来、叶剑英、董必武。在美国人的斡旋下，中断了 1 个多月的国共谈判，于 12 月 27 日重新开启。马歇尔希望在 1946 年 1 月 10 日，也就是国民党要召开全国政治协商会议前，国共双方能签订停战协议。

谈判一开始，希望避免内战的中共方面提出了立即"无条件停战"、组建联合政府的建议。而蒋介石坚持有条件停战，必须先统编中共军队，再成立联合政府，其中一个很重要的条件是先恢复交通线。这就是要中国共产党在北方解放区给国民党军队的调运让出通道，包括山东境内的津浦铁路、胶济铁路等。

马歇尔是希望先"无条件停战"的，但他的目的是为了支持蒋介石国民政府。1946 年的新年之夜，马歇尔经过一番颇费心思的斟酌，给蒋介石和毛泽东同时发出了一份备忘录，要求双方：停止一切军事冲突；停止一切军事调动，国民党军队为接收东北在东北境内的调动例外；停止一切破坏交通的行为；一切军队维持现时位置。

共产党方面对马歇尔的备忘录表示了支持。蒋介石在马歇尔的劝说下，也表示愿意停战。于是，美国总统特使马歇尔、国民党代表张群、共产党代表周恩来组成的谈判小组坐了下来。经过几天的连续谈判和国共双方代表与各自最高领导的沟通，终于在 1 月 10 日凌晨完成了停战协定文件。

由于中国地域广大、部队分散，加之受通信手段的限制，停战令下达到所有部队需要时间，各方同意把停战协定的生效时间定为 3 天后的 1 月 13 日午夜 12 时。1 月 10 日，蒋介石和毛泽东分别向国共双方的军队和党政系统下达了停战命令。

久经战乱的中国人民看到了和平的希望。

但是，国民党的作战部队接到了在停战协定生效前迅速抢占军事要点的命令。受到攻击的共产党军队也接到了守住阵地、寸土不让的命令。

在山东境内，晋冀鲁豫军区第二纵队自 1 月 4 日起攻打聊城，外围作战已经完成，定于 13 日发起总攻。12 日，刘少奇从延安发来电报，要求 13 日必须停止战斗。接着，刘伯承、邓小平又电令 13 日部队必须撤出战斗。前线司令员陈再道在已把聊城城墙打开缺口的情况下，命令部队撤出战场。

停战协定生效前的一场激战，发生在山东解放区南部津浦路以东地区。在蒋介石星夜前进、抢占战略要点的命令下，国民党在徐州地区聚集 10 万兵力，自 1 月 7 日起，分 3 路大军，在大批飞机的配合下，向山东解放区的峄县、枣庄方向大举进攻。中路的第七十七军、五十九军从贾汪向东北进犯至中山、望山一带，侵占黄邱套山区；左路的第五十一军进犯韩庄、多义沟，后续第六十四军进至柳泉，第五十八军、二十八军尾随跟进；右路的第六路军进至台儿庄。

为了保卫山东解放区，山东野战军在华中野战军第六纵队的配合下，于 1 月 9 日发起反击作战。战至停战令生效的 13 日，夺回黄邱套山区，攻克韩庄，包围兖州、临城、枣庄，歼敌 2 000 多人，迫使国民党军退返徐州附近。山东野战军第八师由滕县南下，包抄到右路敌军侧后，在强大军事压力下和政治争取下，由伪军改编的国民党第六路军郝鹏举部 1 万余人，被迫在台儿庄马兰屯宣布反正。此役挫败了国民党军于停战令生效前打通津浦路北上的妄举，牢牢守住了山东解放区的南大门。

山东抗日战争历时八年，作为被侵略的一方，调查战争损失情况，是战后政府的应尽之责。

到 1945 年底，国共在山东的控制范围，双方当时的说法基本是吻合的。山东省档案馆存有一份 1945 年末或 1946 年初制作的《山东省行政组织系统表》，详细列出了共产党山东省政府所辖 5 个行政公署、17 个行政督察专员公署、117 个县、6 个市、3 个特区、6 个办事处等行政区划单位。但这个行政区划与国民党的区划是不一样的，因此这张表有个说明，以便与国民党的行政区划相对照。说明中记载：山东旧县城 108 个，我占 94 个，何思源占 14 个，何占之县城只是城区一点，外围乡村均为我占①。这里说的 108 个"旧县城"，就是指的国民党

---

① 见《山东革命历史档案资料选编》第十六辑，第 61 页。

在山东的县级行政区划。据国民党方面 1945 年 9 月至 1946 年 3 月《山东省政府工作报告》民政部分中的记载：1945 年 9 月能掌握 35 个县市，至 12 月底即降为 24 个县市，翌年 1 月 13 日后又降至 14 个县市，这其中能控制全境者只有济南市和昌乐县，县城占有县境大部分由共产党占领者为 12 个县。① 双方的统计都显示出山东省境内除济南、青岛及少数县城外，已基本上被共产党的解放区覆盖。

受省内控制地域的范围所限，国民党山东省政府对抗战损失的统计只能采用典型调查和社会战前战后状况估算的方法。共产党山东省政府对解放区的抗战损失统计工作进行了全面布置。

日本投降 1 个月后的 9 月 12 日，山东省政府主席黎玉签发了山东省政府关于调查八年战争损失的指示，此后又在 10 月 12 日、12 月 7 日、12 月 11 日先后发出关于调查八年战争损失的补充通知、补充指示和布告。省政府统一制定了战争损失损害调查表，要求各地区以村为单位挨户调查，以县为单位统计，由各行政公署汇总到省政府。省政府指出，这一调查主要是从政治上给广大群众以深刻的教育，我们在胜利之后调查战争损失与损害，搜集敌寇罪行，向全世界控诉，是严肃而光荣的权利；要求各级行政干部依靠和运用群众路线，完成这一艰巨的工作；强调采用细密的组织工作与耐心的教育工作相结合

---

① 吕伟俊主编：《民国山东史》，山东人民出版社 1995 年版，第 948 页。

的工作方法，必须坚决反对粗枝大叶，单纯要数目字的做法。最后要求这一工作最好是在秋收完毕后冬学教育中进行，年底完成，每个月检查一次，及时指导。

1945年12月20日，延安《解放日报》刊登了山东省政府对山东八年战争损失的初步调查报告，八年中山东死亡668 143人，被抓壮丁313 259人，回乡难民22 850人，受灾受难者904 083人，急需救济1 631 174人，损失牲畜1 079 791头，损失粮食2 356 972斤，烧毁房屋1 151 186间，等等。报告中说明这个统计不包括当时山东未解放的地区，也不含括鲁中、鲁西新解放的地区，还未统计部队、机关的损失，只能算是全省一部分战争直接损失，其总值已超过1 200亿元。

随着共产党政府战后工作的逐步完善和解放区不断扩大，对战争损失统计的覆盖范围也不断扩大，到1946年4月，山东省政府制作的八年抗战中解放区人民各种损失统计概数表[①]，比1945年末公布的统计范围大了很多。1946年4月，山东省政府民政厅制作了《山东省历年面积、村庄、人口统计表》[②]，到1946年3月，全省（不包括津浦铁路西冀鲁豫区山东部分）人口为3 217.5万，其中解放区2 899.2万人，国统区318.3万人。这个数字表明，全省人口中，解放区占90%，国统区接近10%。这样统计出来的解放区人民战争损失，基本能反映出除济南、青岛以外的山东人民所遭受战争损害的大体情况。在山东省政府

---

① 见《山东革命历史档案资料选编》第十六辑，第394－395页。
② 见《山东革命历史档案资料选编》第十六辑，第404－417页。

1946 年 4 月的战争损失统计表上，解放区的总人口又升至 2 959.11 万人。按照这份统计，八年抗战中山东当时的已解放地区被害人民为 3 776 597 人，占解放区总人口的 12%，其中死亡 895 714 人，伤残 1 610 883 人，被抓 1 260 000 人；因战争造成急待救济者 11 107 000 人，占总人口之 36%，其中包括还乡难民 245 万，鳏寡孤独者 230 万，贫民 635.7 万；损失农具 5 900 万件，房屋 580 万间，衣服 8 700 万件，粮食 145 亿斤，牛驴骡马 290 万头，猪羊 2 640 万只，鸡鸭 1.45 亿只，等等。损失总值按当地现时一般价格以法币计算为 33 555 亿元。津浦路以西没有划为共产党山东省政府行政管辖的山东各县，分别由冀鲁豫区和冀南地区的解放区政府进行了抗战损失情况调查。

正如山东省政府 1945 年 9 月下达调查抗战损失的指示中所说，这个调查过程，就是对群众的教育过程，使山东人民更加珍惜来之不易的战后和平。为了这个和平的到来，山东抗日根据地军民在八年抗战中对日伪作战 7.8 万余次，毙、伤、俘日伪 53 万余人。这是共产党、八路军和山东人民共同浴血奋战取得的功绩。

为了迅速医治战争创伤，救济受难同胞，改善人民生活，自胜利后到 1945 年末，中共山东分局、华东局、山东省政府先后采取了一系列恢复发展生产和社会事业的措施。11 月 13 日，山东省政府发布《关于减租减息增资的布告》[①]，减租减

---

① 见《山东革命历史档案资料选编》第十六辑，第 12 - 14 页。

息、增加工资，在根据地早已推行，这一政策使根据地群众生活得到改善，各阶层团结益臻巩固，生产情绪普遍提高。此次布告主要面向新解放区，布告规定：自解放之时起，无论公私租佃土地，一律实行二五减租，即按原租额减少25%；抗战后解放前的债务，利之总和不得大于原本，超过原本二倍者，本利停付，债务消灭；雇工之工资按各地生活状况，以能解决自己生活外，再能养活一个人至一个半人为标准；对此法令有故意违抗，借故拖延，明减暗不减，或有挑拨造谣，破坏法令行为，当地政府应酌量情节予以处分。

战后生产的恢复离不开资金的支持。山东北海银行总行很快发出了《关于目前银行工作的指示》①，指出银行要以农贷、小工业贷款为主，目前应特别强调农贷，合作社、手工业贷款及经过破坏之中小城市恢复现有商业为主，各分行应全面照顾本战略区的农贷及工商管理局的工商业贷款。1946年1月1日，山东北海银行又制定下发了关于存款、放款、投资、汇总等业务的暂行规程。

为了提高大家的工作积极性，山东省政府于1945年12月14日发出奖励工商工作模范的指示②，对完成任务突出，经营合理，公私两利，照顾群众利益、扶助群众生产有成绩的工厂、商店和个人由政府给予奖励。山东省政府还在年内就发展教育、文化、公共卫生、民政等各项社会事业做出部署和安排。

在共产党和民主政权的领导下，占全省人口90%以上的山

---

① 见《山东革命历史档案资料选编》第十六辑，第51－53页。

② 见《山东革命历史档案资料选编》第十六辑，第43－45页。

东解放区人民，满怀希望和热情地投入到战后重建中去，各级民主政府积极发放生产贷款，救助贫困群众。据延安《解放日报》报道，仅胶东行署到 12 月底就发放农业生产贷款 1.5 亿元北海币、烟台市政府在冬赈中救济城市贫民和抗属 3.5 万人，而烟台市区人口当时也就十几万人，还发放 2 万斤棉花解决部分市民冬衣问题。解放区各城镇工商业迅速恢复，10 月份中美烟台谈判期间，美海军赛特尔少将对记者说，他看到经民主政府努力，烟台逐渐繁荣。烟台、威海两个港口商埠城市都出台了保障外侨贸易自由的政策，使法国、希腊、捷克、朝鲜等 10 多个国家的侨民安心经商兴业。12 月 22 日，山东省政府召开了全省第一次生产合作会议，对 1946 年开展全省大生产运动进行发动和安排。

一厢情愿的和平是难以实现的。随着国民党军向山东解放区的不断进攻，山东人民感到了战争的威胁，这是违背他们意愿的。

12 月 10 日，在国民党 10 万大军向山东解放区进攻时，山东省参议会驻会委员会发出了《山东省参议会驻会委员会为动员一切力量支援前线保卫和平保卫山东人民的山东告各界同胞书》①，并向省参议员和各级参议会发出紧急通知②，宣告：山东抗战的胜利和民主的建设是山东人民八年苦斗流血牺牲换来的，我们决不能让任何反动派来掠夺胜利果实，荼毒山东人民，我们有决心也有信心把一切进攻山东的反动派打出去，用人民自己的力量，保卫和平，保卫民主，保卫山东人民的山东！

---

① ② 见《山东革命历史档案资料选编》第十六辑，第 34 – 42 页。

编写资料来源

[1] 山东省地方史志编纂委员会主编:《山东省志·大事记(1840 – 1998)》,山东人民出版社 2000 年版。

[2] 山东省地方史志编纂委员会编:《山东省志·军事志(1840 – 1985)》,山东人民出版社 1996 年版。

[3] 山东省地方史志编纂委员会编:《山东省志·政权志(1840 – 1985)》,山东人民出版社 1995 年版。

[4] 山东省地方史志编纂委员会编:《山东省志·民政志(1840 – 1987)》,山东人民出版社 1992 年版。

[5] 山东省地方史志编纂委员会编:《山东省志·财政志(1840 – 1985)》,山东人民出版社 1993 年版。

[6]《山东省志》的其他有关志卷。

[7] 山东省地方史志办公室:《山东地方文献大典·电子版》中山东省和全省各市、地、区、县史志,省、市、县政协编纂的文史资料选辑,山东重要历史事件资料等文献。

[8] 山东省档案馆、山东社会科学院历史研究所合编:《山东革命历史档案资料选编》第十一至十六辑。

[9] 中共中央文献研究室编:《毛泽东年谱》(1893 – 1949)修订本中、

395

下卷,中央文献出版社2013年版。

[10] 中共中央文献研究室编:《刘少奇年谱》(1898－1969)上卷,中央文献出版社1996年版。

[11] 中共中央文献研究室编:《朱德年谱》(1886－1976)中卷,中央文献研室2006年11月第1版。

[12] 中共山东省委党史研究室著:《中共山东地方史》第一卷,山东人民出版社1998年版。

[13] 中共中央党史研究室著:《中国共产党历史》上卷,人民出版社1991年版。

[14] 中共山东省委党史研究室编著:《新民主主义革命时期中共山东党史大事记》,山东大学出版社1992年版。

[15] 中共山东省委党史研究室:《中共胶东地方史》,中共党史出版社2005年版。

[16] 山东有关市、区、县的中共地方党史。

[17] 刘大可、马福震、沈国良著:《日本侵略山东史》,山东人民出版社1991年版。

[18] 吕伟俊主编:《民国山东史》,山东人民出版社1995年版。

[19] 烟台地区行政公署出版办公室编:《胶东风云录》(山东革命斗争回忆录丛书),山东人民出版社1981年版。

[20] 张克勤、刘学艺编著:《胶东子弟兵》上、下册,黄河出版社2010年版。

[21] 何天义编著:《亚洲的奥斯威辛——日军侵华集中营揭秘》,四川出版集团、四川人民出版社2007年版。

[22]《毛泽东选集》第3卷、第4卷,人民出版社1991年版。

[23] 罗荣桓著:《罗荣桓军事文选》,解放军出版社1997年版。

［24］黄瑶主编：《罗荣桓年谱》，人民出版社 2002 年版。

［25］《罗荣桓传》编写组著：《罗荣桓传》，当代中国出版社 2006 年版。

［26］刘树发主编：《陈毅年谱》上册，人民出版社 1995 年版。

［27］《陈毅传》编写组著：《陈毅传》，当代中国出版社 2006 年版。

［28］大连市史志办公室编著：《中共大连地方史》上卷，大连出版社 1996 年版。

［29］大连市史志办公室编：《中国共产党大连历史大事记》，大连出版社 2001 年版。

［30］大连市史志办公室、大连市民政局编：《大连英烈》第 1 辑，大连出版社 1991 年版；《大连英烈》第二辑，大连出版社 1992 年版。

［31］潍坊市外事与侨务办公室、潍坊市人民对外友好协会编：《放飞和平》，山东文艺出版社 2005 年版。

［32］曹剑浪等著：《中国国民党军简史》，解放军出版社 2010 年版。

［33］烟台警备区军事志编纂委员会编：《胶东军事志》(1840－1985)，军事科学出版社 1990 年版。

［34］1944 年、1945 年《解放日报》。

［35］1945 年《大众日报》、胶东《大众报》《烟台日报》《战友报》等解放区报刊。

后 记

　　《山东 1945》的编写耗时两年，查阅资料两千多万字，先后到 20 多个市、县、区进行调查。本着坚持历史的准确性、严肃性的原则，所用资料都来自正式出版的各级政府组织编纂的史志，各级党史研究室编写的党史，各级政协编辑的文史资料选辑，党和国家领导人的年谱、文选、传记，当年解放区出版的报刊等。

　　本书编写过程中，得到山东省文史研究馆、山东人民出版社、山东省新华书店的大力支持，得到国家图书馆、上海图书馆、山东省图书馆、山东省档案馆提供的优质服务，在此深表谢意！

　　在编写过程中，张群峰、李炳志、朱孔泉、田云南、董怀海等同志帮忙搜集资料；李炳志、宋大伟、刘鑫等同志给予了许多具体帮助。尤其是李炳志同志，对全部书稿进行校对，付出了很多时间与精力。山东人民出版社安排了十分专业的责任编辑，在编审中更正了书稿中的错漏，受益匪浅。在此一并表示感谢！

　　由于水平有限，书中难免有错，欢迎大家批评指正。

金延铭
2015 年 5 月 6 日